大前純一 編

Nasima Saedaqha
Pablo Carrillo
Mike Hull
Peter Weise & Susann Scherbarth
Kai Wakako
Sharrie Naylor
Uchida Atsuko
Margaret McKey
Takano Takako
Kuswandono
Roger De Freitas

地球、そこが私の仕事場

愛知万博・地球市民村の40人、大いに語る

Arnel Banasan
Sarah Cohen
Jeff Condit
Jim Nollman
Jude Oh（呉泰勲）
Ogura Yoshikazu
Imazu Akira
Tsukuda Masatoshi
Ferdous Lily
金洙枩 & 趙載国
Amba Jamir
Emma Bennison & Angela Jaeschke
Akibe Tokuhei
Ariya Rattanawichaikul
Zorayda Tan
Ardhendu Chatterjee
Okumura Izumi
Takeuchi Yumiko
Roger Mclennan
Greg Michel
Marco Kusumawijaya
Wendy Brawer
Ben Dewhurst
Furuhashi Keiichi
Ota Koji
Shibata Hisashi

Earth as my workplace

海象社

愛知万博（愛・地球博）の地球市民村について

愛知万博の柱の一つとされたのが、「市民参加」だった。地球市民村は、その市民参加を象徴する企画として、国際的に活動するNPO／NGOに参加を呼びかけて実施された。国内のホスト団体と海外のパートナー団体が「ユニット」をつくり、5ユニットが同時に展示をし、1カ月ごとに交代し、半年間に計30ユニットが出展した。

村としてのテーマは、「持続可能性への学び」。大量のエネルギーや資源を消費する今までの社会構造では人類社会が立ち行かなくなる、という危機感から登場した「持続可能性」という考え方を、わかりやすく、ためになる各種のプログラムを通じて、来場者に訴えることが目的だった。

自然・環境、国際協力など、持続可能性に直接関係する団体だけでなく、平和や人権、少数民族、子ども、伝統技術など、幅広い活動分野の団体が集まった。海外からのパートナー団体も、欧米先進国は無論、マダガスカル、マリ、タンザニアなどのアフリカからも、インド、バングラデシュ、カンボジア、インドネシア、台湾、韓国といったアジアからも、多くの団体と市民が集まった。中でも、戦争の傷跡が生々しく残るアフガニスタンやインド洋大津波の被災地の一つであるインドネシアのアチェ地区などで活動している当事者らは、現地の様子を生々しく伝える貴重な証言者ともなった。

会場では、それぞれのユニットが小学校の教室ほどの大きさの小パビリオンで展示や劇などを行うほか、ワークショップや講演会、それに関連する音楽のコンサートなども連日展開された。同じ展示を半年間継続した国や企業のパビリオンと違って、展示もイベントも日々新しく展開される地球市民村は、愛知万博で特徴的だったリピーターたちを多く引きつける場所となった。

地球市民村の入り口。既存の建物を活用して、市民村の運営本部などとしたため、他の派手なパビリオンと違って、とても地味なつくりだった。このため当初は来場者が極めて少なく、目立つようにとこんな正面ゲートが急きょつくられた

市民村は、渦巻き状の回廊の中心に広場とステージがあり、それを取り巻くように五つの小パビリオンなどが配置された。さらにその周辺部は、以前からあった傾斜地を利用してお茶畑をつくり、ここで育てたお茶の葉を実際に摘んで、それをお茶に仕上げるという体験プログラムも行われた

手前に有機農法でムギ類や野菜を育てる農園があり、その奥に小パビリオンが配置された

小パビリオンは、竹かごのような構造でつくられた。竹のしなりで天頂部には、1トン以上の引っ張り力が生まれ、その力でテントの屋根を支えた。日本の伝統的な植物でありながら、現代社会では有効利用されていない竹の活用方法を示すというコンセプトだった

展示は屋内だけではなく、屋外の広場でも行われた。自然エネルギーを示す展示では、風力発電の羽根がぐるぐると回った

小パビリオンの内部。竹が縦横に走る、明るい空間だった

インドのある山岳地方では木を切りすぎてしまったために、ものを干すにも地面に洗濯物を置いて干すという実演。谷底から運んできた水が入ったかめを、頭に乗せたまま作業をする

海外からのゲストらは、現地の暮らしや環境の様子を、生の姿で伝えてくれた。写真はインド北東部の山岳地帯の少数民族の皆さん。日本のいざり機そっくりの織物などを実演してくれた

捨てられるバナナの幹の皮を、ごみ捨て場から拾ってきた針金に巻き付けて作ったリサイクル人形。ケニアの子どもらの環境活動で作られた作品

アジア各地で使われている「リキシャ」も登場した。これはバングラデシュで使われているリキシャ

小パビリオン内部での表現もさまざまに工夫された。写真は、子どもの虐待防止を訴える英国の団体による寸劇

来場者に好評だったのが、メッセージを残すコーナー。これはエネルギー資源をムダ遣いしないようにするさまざまなメッセージの寄せ書き

小パビリオンの中で、子どもの来場者を相手にアフガニスタンの紙芝居をするナシマ・サイディさん

50人ほどの来場者を前に、水中マイクと水中スピーカーを使ってクジラなどと一緒に作った「音楽」を披露する音楽家のジム・ノルマンさん

上段／連日、さまざまなイベントが行われたステージ。音楽だけなく、踊りやトークショーなどが行われた
中段左／愛知万博における市民参加について語り合う関係者の皆さん。愛知万博には、開幕のずっと前から市民がどうかかわるのかが大きな課題だった
中段右／こちらは、緑を守るメッセージを書き込んだカード。書き込んだカードそのものが、また新しい展示に育っていった
下段左／この本が生まれる出発点になったのが、この公開インタビュー。アラスカの少数民族の教育に人生を捧げたマイク・ハルさんが、来場者や市民村のスタッフを前に話をしてくれた（左）。右が筆者

インドネシアのクスワンドノさんは、スライドをたっぷり使って、日本ではあまりなじみのないインドネシアの国立公園の状態について話してくれた

海外からのゲストらと地球市民村の課題について語り合った。中央で話しているのは、オルデンドゥ・チャタジーさん

毎月の最終日、こうやって全員が記念写真を撮って、村を離れていった。たまたま最終日にいたスタッフだけでも、何十人にもなった。全期間中にスタッフとして加わった市民は1万人を超えた

（写真提供：一部は、地球市民村事務局による）

地球、そこが私の仕事場

目次

第1章 育む

第2章 守る

第3章 支える

第4章 住む

まえがき

「地球が見える」と思い始めたのは、いつの頃だったろうか。アラスカの少数民族ユピックの教育に30年以上携わってきたマイク・ハルさんが、自身の歴史を語った夜だったかもしれない。ベトナム戦争当時のアメリカの若者の気分がどうだったのか。文明と自然をどのように見ていたのか。マイクさんの話は、出身地のカリフォルニアから生活の場となったアラスカへ、そして1970年代から21世紀へと、ゆっくりと移ろいながら描写していった。

ユピックと同じ少数民族であるアイヌの秋辺得平さんが、アイヌとしての誇りと文化の復権を訴える時にも同じような感覚に包まれた。秋辺さんが、私たちに向けて「和人」という言葉を繰り返しながらアイヌの世界を投げかけてくる度に、私の頭の中には日本列島の地図と歴史が浮かび上がってきた。

秋辺さんの、時に激しくなる話をそばでじっと静かに聞いているのは、タイの山岳民族アカ族出身のアリヤさんだった。鹿児島県に農業研修に訪れた際に、「牛の世話をしながら、毎晩午前1時まで勉強して日本語を覚えたのです」と後で話してくれた。タイ北部で山岳民族の子どもらを学校に通わせる寄宿舎を運営し、女性たちの自立のための支援活動を展開している人だ。

「愛知万博」、あるいは「愛・地球博」と呼ばれた、2005年日本国際博覧会のきらびやかなパビリオン群から離れた一角にできた「NPO／NGO地球市民村」は、地味な存在ながら実に多くの人々が集まっていた。

戦いの傷跡生々しいアフガニスタンで活動する人々は、タリバーン政権下のことを昨日の出来事のように語ってくれた。アフリカなどでの難民救済に働く人たちは、部族社会の緊張状態を語り、アジア各地の地域開発に携わってきた人々は、地域社会の自立について熱っぽく話をしてくれた。日本国内からも、植林活動や地域おこし、環境教育などに取り組む市民団体や、自然な出産・子育て、安全な食を支援する人々なども集まった。

日本と地球が、100メートル四方をちょっと超えるだけの空間に、ぎゅっと集まってきているように感じられた。新聞やテレビで知る世界とは別の、実に生々しい現実の空気が、この空間に「お隣さん」として集《つど》っているように感じられた。

「この人々こそが財産ではないのか」

技術の粋を集めたというロボットや映像を求めて毎日何万、何十万という人々が押しかける万博という場に、世界と日本の今とこれからを体現している生身の人たちが、隣人として存在している。大仰な宣伝文句を振りまくこともなく、ただ、「ひと」として加わっている。

すごいことだ。

自分で一人ひとりを訪ね歩いたら、どれだけの時間と費用と手間がかかるだろうか。その人々が入れ替わり立ち替わり、この「村」にやってくる。声をかけ、「あなたの場所では何が起きていて、そこであなたは何をしているのですか」と質問するだけで、生々しい現場の息吹が伝わってくる。なぜ、こんなすごい場所に、メディアの人々は目を向けないのだろうか。この空間に集う内外の市民活動の実践者たちこそ、現代社会における最大の「展示」なのではないのか。今、地球社会が必要とする「万国博覧会」は、この人々とそれぞれの地域の実情を紹介するためにこそ、必要なのではないのか。

私は「むらびと」たちと話を重ねるにつれ、この思いをますます強くしていった。

地球市民村では、五つの国内の市民団体が、それぞれ海外の提携組織と協力し合って一つずつの小パビリオンを運営する。半年間の会期中、一カ月交代で出展するので、全部で30のグループが参加した。内外合わせれば最低60の組織が加わったことになる。内外とも、複数の団体が共同して取り組んだ場合もあるので、加わった組織は100前後にはなるはずだ。

私は、開幕直後の3月下旬から4月末までの担当となった、環境教育を主たる活動としている特定非営利活動法人ECOPLUSの一員として、地球市民村に参加した。

最後は大盛況となった万博も、当初は、人出がさっぱりだった。「グローバルループ」なる回廊で結ばれる中心街から離れた地球市民村は、西部劇さながらの寒風が吹き抜けていた。村を訪れる人も、毎日数百人ということさえ珍しくなかった。

しかし、この観客の少なさが、出展団体同士の相互理解を深め、どんな人間がそれぞれの場所で活動しているのかを知る絶好の機会となった。

観客がほとんどいなくなってしまう夕方、「ないしょの企画」と称した勉強会を始めた。もちろん、誰でも参加できる公開企画。メディア関係者にも案内を出して参加を呼びかけた。

皮切りとなったのが、マイク・ハルさんだ。秋辺さんにも、アリヤさんにも話をしてもらった。次々と話をしてもらえるようになった頃、1カ月が過ぎ、私たちの出番は終わった。

私は、その後も月に一回は現地を訪ね、たまたまだけれど出会った面白そうなゲストに話を聞いて回った。当時は、聞かせてもらった内容が、本になるのか、ウェブサイトに掲載できるのか、一体どういう形になるのかも分からないままだった。でも「この村で面白いのは、内外でいろんなことをしている市民一人ひとりだ」とお願いをして、話を聞かせてもらった。

5月に戻り、6月に戻りしているうちに、もう自分としてもやめるわけにはいかなくなってきた。幸いに、地球市民村の事務局も応援をしてくれて、テープ代わりに使ったデジタルビデオのカセットが山積みになってきた。

インタビューは、やがて財団法人日本国際博覧会協会の理解を得て、博覧会終了後に、地球市民村の記録集別冊として抜粋された原稿が印刷物として関係者に配付されるまでになった。

本書は、そのインタビューの内容を広く知ってもらうことを念頭に、全文を再構成し、再現した。

この本は、特に大学生など20歳前後の人たちに、読んで欲しい。「自分探し」をしている若者たちには、すでに日本と世界のあちこちで、どのように人々が「市民」として活動し始めているのかを、本書は垣間見せてくれるだろう。定年を迎える前後のいわゆる団塊の世代の方たちにも、ぜひ読んでいただきたい。「会社」や「役所」という組織の中で、一筋に生きてきた世代の人たちからは、新しい枠組みの中で活動を始めている別の生き方をたどる人々の挑戦は、全く新しい光景となるだろう。これからの第二の人生を過ごすに当たって、ボランティアだとか市民活動だとか表現される世界が、どのような人々と構造によって支えられているのかも見えてくるはずだ。

とはいえ、本書に登場するのは40人余。愛知万博の記録とも、あるいは地球市民村の記録とも言うには、あまりにごく一部しかカバーしていない欠落だらけの記録である。博覧会会場には、そして地球市民村には、膨大な数のすばらしい市民が内外から集まったのは間違いない。その人々のごく一部を捕らえただけのひとかけらの記録でしかない。現に地球市民村には1万を超える人々が、スタッフとして入場許可証の発行を受けた記録が残っている。本書に登場する人々は、まさに氷山の一角にすぎない。

それにしても、である。

この40人という極めて限られた人々が取り組む世界ですら、ここまで幅広く、奥が深いことに感嘆せざる得ない。人は、それぞれの場所で、こんなにも一生懸命に生きているものなのか。

地球という舞台で、自分自身のためではなく、家族や集落や地域を育むために、個の利害を離れて活動している人々がいる。その人々の集積に、希望があるのではないか。「勝ち組」「負け組」という、どちらも自分のことだけしか考えない風潮が沸き立つ時代に、この人々はこの地球の上で、しっかりと生きているではないか。共通しているのは、地球だとか未来だとかいう遠大なことを言わずに、地域をしっかりと見据えていることのように思える。

急激に都市化してしまった私たち日本人には、地域という概念はとても遠くなってしまったようにも思える。しかし、ここに登場する人々の活動を見れば、命を支えるメカニズムとしての地域の存在は、不可欠のように思える。

ホリエモンのマネーゲームも、テレビ番組に登場する「地球大好き」などという軽薄な表現も、この人々には無縁である。

人と自然に向き合いながら、地道に活動を重ねる人々こそが、今と未来の地球を支えるのだと思う。

地球の温暖化とか、生態系の破壊とか、持続可能な社会づくりとか、とても大きな課題が示される。しかし、大きく見える課題も出発点は、地域にある。自分の足元を、自分たちの村を、まずどう再構成していくのか。それぞれの場所で、大きな視野を持ちつつも目の前の現実に立ち向かっていく、そんな人々のことを、「地球のむらびと」と私は呼びたい。

第1章

育む

アフガニスタンで図書館活動をする
ナシマ・サイディ　さん
Nasima Saedaqha

＊略歴　Nasima Saedaqha　アフガニスタン・ナンガハール州生まれ。内戦のため、パキスタンの難民キャンプなどで生活。アフガン戦争終了後にジャララバードに戻り、シャンティ国際ボランティア会（ＳＶＡ）の図書館活動スタッフとして働く。21歳（７月26日に、シャンティ国際ボランティア会のパビリオンでの絵本の読み聞かせワークショップの合間に、同会アフガニスタン事務所の山本英里さんの通訳でインタビュー）

私は、アフガニスタンの南西部にあるナンガハール州で生まれました。生れた村そのものは1歳になる前に離れてしまったので、その村のことはよく知りません。しかし、その村を含むカマ郡という地域のことなら、お話しすることができます。

カマ郡には52の村があり、農村地帯です。サトウキビ、小麦、米、それにタマネギやピーマン、赤ラディッシュなどの野菜を作っています。雨が降らない年は出来がよくありません。チーズを作ったり、ヨーグルトを作ったりして生活しています。山に囲まれた盆地状の地域です。女性がチーズなどを作って、それが洋服を買ったりする収入源にもなっています。男性が社会の主導権を持ち、お金も握っているので、女性が自分のものを買うお金が欲しい時はチーズなどを作って、それを売ってお金に変えるのです。

父親が亡くなり、内戦も激しくなったので、母は私を連れてパキスタンに逃げました。難民キャンプで暮らしたり、親戚を頼ったりしました。行くところがなく、木の下で夜を過ごしたこともあります。その後、私と姉は孤児のための施設に預けられ、やがて母はその施設のまかないの仕事を得て、そこで戦争が終わるまで暮らしました。その後、また親戚を頼ってアフガニスタンに戻りました。

今は、ジャララバードという街に住んでいます。日本のNGOである「シャンティ国際ボランティア会」（SVA）のアフガニスタン事務所のスタッフとして、図書館活動を担当しています。

ジャララバードは、大きな街でナンガハール州の首都です。その街のジョイハフという場所に小さな家を借りて、母と私と弟の3人で暮らしています。上の姉は結婚して、ペシャワールに住んでいます。私は毎朝仕事に行き、弟は学校に行き、母が家にいるという生活です。近くに親戚も誰もいないので、私たち家族だけで静かに暮らしています。1年以上ここで過ごしているので、やっと近所の人と知り合いになって、その人たちの家に行ったり、みんなが私たちの家に遊びに来たりということが最近はあります。

ほかのジャララバードの人と違うのは、うちは父親が早く死んでしまったので、私が稼いでいるということだと思います。今、親戚の中で仕事がなくてぶらぶらしている男の人がいると、「ナシマを見習いなさい」と言われるようになっていて、それがうれしいです。2、3カ月に1回、結婚式などがあると故郷であるカマ郡の親戚を訪ねることもあります。行く時は乗り合いタクシーで、1時間半くらいかかります。一人で行くことはできません。絶対にあり得ないことなのです。近い親戚のおじさんと一緒であれば、母なしで行くこともありますが、それ以外は母親と一緒に行きます。

私の毎日は、こんな感じです。

日の出前、今なら朝の4時に起きて、まずお祈りをします。その後に、コーランを読みます。母が朝食を用意してくれたり、一緒に作ったりします。夏の間は、仕事に行く前に英語教室に通っているので、まず英語教室に行きます。8時から仕事が始まります。

朝のミーティングなどをして、8時半くらいから近くにある子ども図書館に行きます。お昼は12時半から1時半まで事務所に戻って食事を取って、お祈りの後にまた図書館に行き、4時くらいまでいます。図書館には子どもが毎日通ってくるので、午前と午後の2部に分けて、お話を読んだり、ゲームをしたりします。折り紙とかお絵描きもします。コーランを読むとかアフガンについての勉強もします。学校に行かない子ども、また行けない子どもらのために、識字教室など特別学習もしています。遊びたい子には遊んであげたり、その日来訪する子どもによって活動は違います。

図書館は、家賃を払って建物を借りていて、一部屋は女の子の部屋、もう一部屋が男の子の部屋などに使い分けています。毎日100人から150人の子どもがやって来ます。さまざまな子どもたちが来ます。戦争でお父さん、お母さんがいない子どもとか、学校に行かない、また行けない子どもとか、貧しい子どもとかです。主に、4歳から小学生までの子どもが通常来ていますが、学校に行かないままになっていた16歳、17歳の女の子とかが別の時間に来たりすることもあります。字を教えてくれとか、コーランの読み方を教えてくれとか言って来る子もいます。

学校は、時間がはっきりと決まっていますが、私たちの図書館は自由に来れるので、仕事がある子どもたちでも来ることができるのです。生活が厳しい子どもたちは、井戸から水を運んだり、車を洗ったり、大工仕事をしたり、機械をいじったり、いろいろな仕事をしています。水道がないので、水を遠くから運ばないといけない家も少なくないのです。炊事の前に子どもらが水を運んで、おこづかいをもらうことも少なくありません。水は大変貴重なのです。ジャララバードは乾いているので、以前ほど緑はあまりありません。本当はジャララバードはアフガンの中では緑の多い町でしたが、この5年間くらいあまり雨が降らないので、緑は少ないのです。

私たちが食べているのは、肉類は高価なので普段は主に野菜です。タマネギを洗って切り、トマトを薄切りにして、それをスパイスと一緒に脂で炒めて、コショウやニンニクを入れ、ご飯と一緒に食べます。また、ほうれん草とかオクラとかを脂で煮込んで、それをパンにつけて食べます。弱火で20分くらい煮込みます。朝ご飯は、パンと砂糖入りのお茶です。パンは、毎日自分で焼いています。大きくて薄いパンです。

今、相手にしている子どもたちに関しては、次の段階として読み書きができるようにしてあげたいです。もっとほかのことも学べるようにしてあげたいのです。そして、アフガニスタンがもう少し落ち着き、機会があれば、アフガニスタンだけではなくてほかの国の貧しい子どもたちを助けてあげたいです。アフガニスタンの子どもも支援が必要です。病気の子どももいるし、教育も必要だし、衣類も必要です。海外からのお金が必要だと思います。

私自身は、母からオオカミと羊飼いの話などをよく聞かせてもらいました。

ジャララバードの図書館活動は、2年前から始まったばかりです。文化的なこともあるので、そこで女である私が働いていることに関しては、家を支えているということでほめてくれる人もいますが、そうでない人もいます。男女が一緒に食事を取ることについても、いろいろ言う人もいるのです。

私が仕事をしているのは、私の家ではまず私が働かないと食べていけないということがありました。同じ働くなら自分のためになり、経験になることをしたいと思っていました。シャンティの活動は小さいけれど、意味があると思いました。子どものための仕事であり、学校や図書館にかかわっている団体だったのでいいと思いました。今の子どもたちが大きくなって、アフガニスタンを変えていかなければならないと思います。その点、今の仕事は、ただ単にお金がもらえるという仕事とは違うと思っています。

今の子どもたちが育たないと、将来大変なことになると思います。教育の中で大切なのは、道徳、一般常識だと思います。年上を、他人を、そして両親を大切にするということです。また掃除をするとか、そういう基本的なことができないといけないと思います。そうでないと、いくら知識があってもよくないと思います。

小さい頃、水汲みが面倒で、水がなかったとうそをついたことがあり、その夜に母がオオカミと羊飼いの話をしてくれて、うそをつくのはいけないと話してくれたことを覚えています。うそをついてはいけないと言われるだけよりも、そういうお話を聞いた方が効果があると自分でも思います。

私自身は、ごく幼い時からパキスタンの難民キャンプに逃れていたので、長かった内戦の具体的なことは知らないのですが、故国へ戻ってきた時に足にけがをした人を見たり、足がなかったりする人が目に入りました。村に戻っても、学校が郡に一つしかないとか、インフラ（社会的な基盤）が破壊されていたのに驚きました。

　戦いは子どもには、精神的な影響が大きいと思います。実際に戦闘を見ているので、ダメージが大きいと思います。今でもジャララバードの市内には、至るところに内戦の傷跡が残っています。屋根がない、ドアとか窓がない、くずれている建物。ミサイルが当たった壁。カマ郡の自分たちの元の家にもいっぱい穴が開いていました。住める状態ではなかったです。

　地球市民村に来て、日本の子どもの前で活動しながら、アフガンの子どもと比較できたのがいい経験でした。ボランティアなど自分と同じような年代の人と話し合い、友だちになれたのはうれしかったです。こんなふうに、いろいろな人がいるというのが分かって面白かったです。


山本英理（ＳＶＡアフガニスタン事務所）さんの補足

　絵本自体が、偶像崇拝を禁じているイスラムの社会では神経質に問題になる部分もあります。反対する人もいないわけではありません。絵本を普及すると一概に言っても、アフガニスタンではセンシティブな活動であり、他国と比較して容易なことではありません。ただでさえ、センシティブな活動に女性がかかわっているというのは勇気のあることです。女性でなくてもある種、命がけのところがある中で、彼女がこういう活動をしているのは簡単にできることではありません。

　私たち自身、最初から「絵本です」「図書館です」と現地に入っていき、受け入れられたわけではなく、最初は民家の一角で始め、周りからもっと続けてくれ、大きくなってくれという反応が来るまでに1年余りかかりました。でも、ゲームを子どもたちとしたいと思っても、未婚の女性が人前に出て大きな声を出すのははしたない、という反応の方がまだまだ強いのです。アフガニスタンでは、絵本です、と配布しただけでは簡単には受け入れられないことを考慮しなければいけません。

　彼女たちの思いとしては、小さい頃からお話や絵本に触れていれば絵本でも自然に受け入れられるということだと思うのです。私たちの活動はコミュニティと調整・協力しながら行っています。彼女がかかわっている「ＳＶＡコミュニティ文庫」も周りで支えている人たちがいるのです。国際援助団体が攻撃の対象になりやすい中で、コミュニティなどの支えがあるということは、子どもたちの治安を守るために必要なことなのです。

　ナシマさんとは別の、シャンティ国際ボランティア会の出版チームが、パシュトゥーン語のいろいろな地域の民話を集める作業をしました。昔話を覚えている人々から聞き取って集めました。子ども向けの絵本自体は、30年以上出版されていないのです。１００話ぐらい集め、地元の教員養成大学や教育局、児童文学作家などで構成された出版委員会で適切だとされたものを出版しています。ここのパビリオンには、そのうちの14タイトルの出版物を展示してあります。パシュトゥーン語版です。

　アフガニスタンには、あまり表には出ませんが、伝統の踊りがあって公の場ではなく結婚式などでは踊っていたりするのですが、それを図書館活動に入れようとして周囲から懸念する声が上がり、まだ時期尚早かもしれないという判断から中止したこともあります。そういうところです。

　女性が外国のＮＧＯで働くことでも、特別な目で見られることも多々あります。昔の日本で呼ばれていた「職業婦人」と同じで、娼婦と同じだとされてしまうのです。

　アメリカなどとの戦争では、雨のようにミサイルが降ってきたとか、うちのスタッフも体験しています。気がついたら全部がれきになっていて、その中で赤ちゃんだけが助かった、などということもあったようです。

アフガニスタンでは戦争で親が死んだりして、昔のように親が子どもと向き合ってきちんとしつけて教えるということがなくなっています。難民キャンプでも生活が貧困で苦しく、自分たちの家族を守るので精いっぱいです。以前のように、共有して生きていくという社会構造が失われてしまったのが、戦争の残した大きな傷跡の一つではないかと思います。

＊もっと知りたい人は：シャンティ国際ボランティア会はタイやラオス、カンボジア、アフガニスタンで教育と文化を支援する活動を展開している。前身は、１９８０年にタイに逃れたカンボジア難民を救済するために設立された「曹洞宗東南アジア難民救済会議」（ＪＳＲＣ）。１９９９年に、「社団法人シャンティ国際ボランティア会」となる。タイの都市部のスラムや農村での保育園・学生寮の運営をするほか、ラオス、カンボジア、アフガニスタンで学校建設や図書館活動を展開している。アフガニスタンでは、米国などによる爆撃が始まった後の２００１年12月に同国東部で緊急食糧の配付などを実施したのを出発点に、２００３年にジャララバード事務所を開設。教育支援事業を行っている。

シャンティ国際ボランティア会

http://www.jca.apc.org/sva/

ボリビアの山岳地域で教育事業に取り組む

パブロ・カリーリョ　Pablo Carrillo　さん

＊略歴　Pablo Carrillo　ボリビア生まれ、宣教師をしていた家族に連れられペルーのリマで大学までの教育を受け、新聞社へ就職し取材経験の後に、南米各地での支援活動に入る。フードフォアザハングリー・インターナショナル・ボリビアの青少年プログラムの責任者。45歳。（愛・地球博最終日の9月25日、ようやく風邪が治って市民村に再登場したパブロさんに、英語でインタビュー）

私は、「フードフォアザハングリーインターナショナル・ボリビア」（ＦＨＩ／Bolivia）の青少年開発育成プログラム（Child Development Program）のナショナルマネジャーです。

私たちはボリビアでも最も貧しいとされる地域の３０００人の子どもたちを対象に働いています。タパカリ、カピノタ、チャイアンタ、セルカードという四つの地域です。

子どもたちの暮らしの質の向上を目指しています。向上というのは精神的向上、教育を通じた知的な向上、健康という意味で肉体的向上、そして家族との関係において情緒的な向上というすべてを合わせたものです。

子どもたちを対象とした研修を実施し、将来、地域に仕える指導者の育成を図っています。子ども連盟（Child Coalition）という計画で、未来の希望である子どもたちを育成するというのが、私たちの基本方針です。

基本的な四つの柱があります。三つはインカ文化に基づいています。うそつきにならない。盗っ人にならない。怠けものにならない。それに加えて、神と近隣、そして自分自身を愛することを教えます。これに基づいて、子どもたちを幼い頃から、地域の指導者たちとかかわらせます。

それには四つのステップがあります。まず、土地の気候や歴史など自分たちが暮らす地域について知る、次は議論などをしながら地域が抱える問題を分析し、解決策を探る、三つめはコミュニティの会議に参加して問題を指摘し解決策を提案する、四つめは地域の高いレベルでの意志決定にかかわる。

同時に、他の国の子どもたちとも関係を持ってもらうようにします。まずは南米の子どもたち、アメリカとも始まっていて、そして日本とも関係を持って欲しいと思っています。これが、子どもたちの開発育成プログラムです。

加えて、子どもたちに直接的、または間接的に関係する他の大きなプログラムも実施します。例えば社会基盤に関するもの、収入につながるプログラム、農業プログラムなどです。主に大人向けですが、子どももかかわることもあります。さらに環境関係のプログラムもしています。環境は大きな関心事です。青少年と社会基盤、それに環境が、三つの大きな柱になっているのです。

ＦＨＩ／Boliviaは、１９７８年から活動しており、代表者がいる全国組織があり、コチャバンバとスークレに二つの地方支部があります。

私自身は、ボリビアのラパス出身です。以前は別の団体で働いていましたが、ＦＨＩの理念に賛同して応募しました。最初の２カ月からとても強い影響を受けました。ＦＨＩは「地域のビジョン」と呼ぶものから始まります。もしコミュニティが自分たちの可能性、それは個々人も家族も地域全体もですが、そうした可能性に気づくなら、地域は本当に成長します。ものすごく成長すると思います。

ＦＨＩにかかわる前から個人的にも、一人ひとりの可能性というものを信じていたので、ぴったりでした。また人に助言して助けることが好きでした。自分が助言した人が、また他の人をサポートしていきます。こうしたことが、個々人がもともと持っている能力を引き出して、その人が本来できるはずのことができるようになっていきます。ですから、私はＦＨＩでとっても幸せです。

ＦＨＩに入ったのは２０００年で、それまでは、これもキリスト教系の支援組織「ワールドビジョン」で働いていました。

私はジャーナリストとしての経験も持っています。９、10年ほどフォトジャーナリストをして、その後９年ほどワールドビジョンで働き、南米やラテンアメリカ中を旅しました。全部で15カ国を回りました。写真だけでなくビデオも撮ります。ジャーナリズム・コミュニケーションは大学で勉強しました。

私は、１９５９年10月にラパスで生まれました。今はボリビアの首都ですが、もともと首都だったスークレと戦って首都の地位を奪ったのです。

ボリビアには保守党と自由（リベラル）党があって、スークレは保守、ラパスは自由党でした。ボリビアの経済はスークレの銀に基づいていました。でも新しい経済は錫《すず》に代わりました。なので、戦争や経済の変革があって首都が代わりました。１５０年以上前の話でしょうか。

10歳までの幼少期はラパスで過ごし、後の20年間はペルーのリマで過ごしました。父は宣教師で、子どもたちを相手にしていました。31歳の時、１９９１年にボリビアに戻りました。高校と大学はリマで終えていました。大学で記事を書く記者として教育を受け、リマで新聞社に入り、写真を習って２、３年ほど働き、政治やスポーツをカバーしました。面白かったですよ。その後、１９９０年にワールドビジョンに加わりました。ワールドビジョンでの役目は、英語とスペイン語の２カ国語でのジャーナリストでした。当時、すべてを英語で書いていました。

ワールドビジョンでもＦＨＩのように、カナダやアメリカ、台湾や日本にも情報を提供していたので英語が必要だったのです。それぞれの国にいるメンバーたちに、現地での活動の模様や、国々の経済などのレポートをしていました。

ＦＨＩでは、精神的な、健康的な、そして情緒的な面から３０００人の子どもたちの育成にかかわっています。例えばスピリチュアル、精神的な側面ですが、子どもたちは自分たちを取り巻く環境が永遠に同じままだと思いがちです。でも現実は変化し、それには精神性が大きく影響します。人間の精神は、行動すべてに影響します。

われわれは宇宙を理性的に捉えますが、ボリビアでは宇宙や自然は合理的ではありません。もし誰かが病気になると、ただ残念と思うだけで、なかなか医者に行こうとしません。だから精神的側面は大切なのです。われわれは、宇宙の神は理性的な神だと捉えられるようにサポートします。

次に教育的側面ですが、たいていのコミュニティには小学校はありますが、１、２年生までしか行かない子どももいます。私たちは、子どもたちが少なくとも高校までの教育を受けるべきだと話しています。チャヤという地域にわれわれが入った時、最初は小学校しかありませんでしたが、今は高校までの教育を受けられるようになっています。似たように、小学校しかない他の地域にも、考え方を変えるようにアプローチします。高校は重要だという認識を持ってもらうようにするのです。

両親はたいてい、子どもは学校よりも畑で働いているべきと考えます。確かに働くのはいいことだし、これは確かに人々の声です。でも同時に、子どもたちは教育を受けなくてはならないのです。なぜなら、例えば日本でも教育はとっても基本的なことです。教育は発展にとってもっとも根本的なことだとわれわれは確信しています。

われわれの地域では小学校はすでにあり、高校にまで拡大しつつあるところです。学校の資金援助は政府からです。FHIからではありません。教育の提供は、政府の基本的な義務ですから。FHIは、政府がその義務をきちんと果たすよう仕向けることが仕事です。それぞれのコミュニティと働きながら、FHIが直接、政府に圧力をかけるのではなく、地域からの要求として持っていきます。そのほうが、地域社会が自分たちのこととして責任感を持ちます。われわれは、それをサポートします。

FHIにとって一番大事なことは、教師教育です。小学校の教師教育は、5年前から始めました。今はケンタッキー州から二人の女性教師が一年に一度来訪してくれてプログラムを提供してくれます。今12人の教師が研修を受けていて、ここでの知識をどんどん拡大していく計画です。毎月、インターネットを使ったウェッブチャットをします。なかなかいいですよ。最初のチャットは9月3日でした。ケンタッキーの女性教師とコチャバンバに集まった研修生らとの間でやりとりします。とっても刺激的です。

ボリビアでは時折ひどい嵐があり、雪やヒョウが何週間も続くことがあります。何千もの牛や人々に影響を与えます。また大規模な火事も起こります。1月にもありました。この二つはボリビアに大きな打撃です。広範囲にわたって人々や牛が死にます。私たちは、タパカリ地区チャヤで日本から支援を受けたプロジェクトをしています。ここには、ラクヨ、ヤビコヤ、パコヤ、チカの四つの村があります。

ラクヨは大きなコミュニティですが、水道も電気もありませんでした。教育も小学校だけでした。主要な作物はジャガイモです。標高は4000メートルほどです。酸素も少ないので大きな木もありません。寒くて乾燥しています。でも、昔から人々が住んでいます。

水は川から取っていましたが、汚染されていました。今はFHIや他のNGO、EUの支援で、水道や電気があります。こうしたことも、人々と話し、彼ら自身が自分たちの可能性を認識したからこそ、機会を探し始め、そこから導かれたのです。彼らは今、とても高い意識を持っています。

ここでは、子どもたちは学校に行きたくても遠くに暮らしています。なので、ここに寮をつくりました。遠方から来る子どもたちはここで食事と寝場所を得られました。コンピュータが入った図書館、化学実験室、音楽バンドもあります。彼らは音楽好きです。

平均的な家族は、月の収入が50ドル以下です。時には収入が全くなく、自分たちが作った食べ物、ほとんどイモだけですが、それだけを食べて暮らすこともあります。貧しい地域です。

このパンフレットに貧困地図があります。栄養不足、高い乳幼児死亡率。

このプロジェクトでは四つのコミュニティから来る200人以上の子どもたちと働きます。一家族から一人の子どもです。なのでラクヨには30、40家族が住んでいると思います。

ラクヨに行くには、主要都市から車で2、3時間。幹線道路をどんどん登り、そこから外れて15キロほどを舗装されていない荒れた道を走ります。地域に車を持っている人はいません。ロバとリャマを持っているだけです。

人々は、自分たちをオリヒナリオス（先住民族）と呼び、血は混じっていますが、主にインカからの子孫です。アイマラとケチュアの二つの言葉が使われています。スペイン語も話しますが、外とのやりとりのためです。アイマラは日本語に近いですよ。難しい言語です。

彼らの多くは昔からの暮らしをしています。西洋からの影響も受けていますが、コミュニティによってはシンディカートという政府に要求する組織と、伝統的なやり方を踏襲した昔からの組織の二つのシステムがあります。どちらも必要でしょう。政府がコミュニティのニーズに注意を払わないこともあるし、伝統的な組織は人々の相互信頼に基づいたとても素敵なものです。

私たちはキリスト教の団体ですが、民族固有の歴史から学び、使えることがたくさんあります。例えばうそをつかない、略奪しない、怠けないといったことはインカの教えから来ていますが、彼ら自身がこうしたことを忘れることがあります。怠けたり、盗んだりしない、ということを守れたら素晴らしい。

土地や地域についての意識を持つことはとても大切です。先祖がしてきたことから学ぶのはとても素敵なことです。わたしたちは、つい自分たちの国や場所、資源を忘れてしまいがちです。自分たちと無縁の場所からは始められないのです。自分たち自身の場所から始めることが大事なのです。

これは、この万博においても大切なことです。テクノロジーは賢く使わなくてはいけません。テクノロジー自体は本当に素晴らしい道具です。だけれど同時に、自分たちの現実を忘れてはいけません。

ボリビアは近年、政治的に不安的な時期にあります。国が政治的に大きく二つに分かれています。一方は先住民、一方は都市の住人です。どちらもそれぞれの意見がありますが、話し合いを進めなくてはなりません。この事態は、私たちの仕事にも影響を与えています。このもつれあいで、主要幹線がふさがれてしまったりします。それでコミュニティが食料を都市に運べず、都市に物を売りにいくこともできなくなりました。深刻です。

2年前には1カ月道路が封鎖されました。本当にひどかった。こうした封鎖は頻繁に起こります。ボリビアが早く平和になってほしい。それが大きな私たちの願いです。

次には、コカインなどの栽培と使用があります。もちろん白黒はっきりとした議論ではありませんが、これも大きな問題で、私たちの仕事も影響を受けます。他には、そうですね、私たちの地域の人たちが、お金を求めて都市やコカインの栽培地に移っていくということです。時には子どもたちも連れて行ってそこで働かせるので、彼らは学校に行けなくなってしまいます。

また、時にはコミュニティの考え方が固まりすぎていることです。私たちはもっと深く入って、彼らが自分たちの現実を見つめ、よりよい状況へと変えようと動くようにしたいと思っているのですが、なかなか難しいです。希望がない、状況に絶望しているということも言えます。

コカインは、南部のチャパレというところで主に栽培されています。われわれの働く地域から6時間ほどかかります。7、8年ほど前、アメリカのピースコープの人が誘拐されました。

道路封鎖は、主に小作農による抗議行動です。都市の不満層とも連携しています。一部はミドルクラスとなった先住民、それと都市の富裕層と中間層が、中間層部分を重ね合わせつつ、対立しているのです。

日本からの支援でもっとも有効なのは教育だと思います。日本は教育が進んでいますから。われわれは、教育意識向上の分野にも力を入れていきたいと思います。日本の教育の状況、親の意識、教師教育など、幅広い分野で伝えることができます。もし日本が本気で大掛かりな教育プロジェクトをボリビアで始めたら、ボリビアは大きく変わるかもしれません。教育分野は日本はとても強く、ボリビアが弱いですから、提携協力には最適なコンビネーションだと思います。

私たちは里親となってくれる人たちと活動しています。そのやり方で、私たちは日本人をボリビアの家族とつなげます。ボリビアの家族は、日本人の里親に自分たちの課題について語り、日本人はそれらを知り、ボリビア人たちも手紙などから日本の状況を学びます。これが互いに学びあうプロセスの始まりです。

本当の支援はお金だけでなく、双方向の学び合いだと思います。お金のやりとりはいつも有効とは限りません。お金が流れるだけではなく、お金の有効利用のプロセスでなくてはなりません。

私のビジョンは、人々が自分たちの可能性に気づくように働きかけること、そしてその可能性を実現できるように訓練し、助言することです。私には3人の部下がいます。彼らが最高の人になるようにサポートすることが私のチャレンジです。そうすれば、彼らが他の人に影響を与えていきます。私が誰かに影響を与え、その誰かが他の誰かに影響を与えます。

例えば私の助手は、大学で社会民族学を学びました。最初、考え方は子どもみたいでした。なので、彼女が最大限成長できるように仕事を考えています。同じように二人のマネジャーともやっています。そうすることで、彼らが最適なやり方で思考し、他の人たちに影響を与えていくと思います。

私のビジョンは自分が影響できる地域に関していますが、こうした人々を育てていくことで、彼らがコミュニティや子どもたちに影響を与えていきます。同時に、私も子どもたちと直接かかわります。例えば2カ月前、8人の子どもたちがラパスに来て、政治的なリーダーたちと会議を持ちました。注目している何人かの子どもたちがいて、彼らとは密な関係を保ちながら、彼らが良き大人、リーダーになり、他の人たちに影響を与えていくようにしたいと思っています。

私にとって成功は、最終到達地ではなく、毎日のプロセスの中にあります。例えば今日は、私にとってとても成功的な日と言えます。それが明日に影響を与えます。時折人々は、いついつまでに成功する、と考えます。その時点に達し、ある一定の成功を見た時、彼らは寂しく思うでしょう。なぜなら、人生は、すべては何のためにあったんだ、と考えるかもしれないからです。でも成功を日々起きるプロセスだと定義すれば、もっともっと高い地点に到達することができます。

何かを終えた時に成功とする人たちの例はたくさんあります。ワールドビジョンに勤めていた時、私は二つのグループを担当していました。ある時、一人のマネジャーを呼んで、これこれ三つの点について変えて欲しいと言いました。しかし、彼はそれは不可能としました。なので、3カ月後、別の人をマネジャーに据えました。その人はがんこで、本当にどうしようもないくらい考えなしの人でしたが、でも変化の種を持っていました。その女性は「私はいつも他の人とぶつかってばかりだし、こんな仕事は無理」と言いましたが、「大丈夫、きっと見事にやるさ」と私は言いました。彼女はその時、ただのヒラ職員で何の地位もありませんでした。5年後の今、彼女は国連のボリビア代表です。オックスフォード大学で勉強し、ワールドビジョンのグローバルタスクフォースのメンバーで、未来を決定するメンバーの一人です。

私が言っているのは、こういう変化のことです。すべてのことがよりよくなる可能性を持っていて、それは本当に瞬間的なことです。ボリビア人一人ひとりがそうなる可能性を持っています。助言しサポートし人の可能性を引き出すこと、それが私が得意とすることで、情熱を持っていることです。「私よりよくなりなさい」「あなたが、なれるだけよくなりなさい」、こうした考え方が秘密のようです。さっきの女性は明らかに私よりいい、そして私はものすごくそれがうれしいです。

私が着ている服は、ポトシーの北で着られていた物です。とても欲しかったんです。小羊の毛です。私にはスペイン人と先住民族の血が混じっています。

愛・地球博に関しては、日本人の企画力・運営力にびっくりしています。これは巨大な企画ですから。いろいろな国の人たちを集めるのはとてもいいことで、南米の人たちもみんな楽しんでいます。大きすぎて複雑で、私は全体を理解していません。

ボリビアには11歳、9歳、7歳の3人の子どもがいます。男、女、男です。戻ったら、家族にいろいろ話をします。写真もたくさん撮りました。今、ホームステイをしています。それが大きな経験です。とても、よくしてもらっています。お月見とか、パーティの連続です。ボリビアでも、私は18歳のアメリカの女性をホームステイさせたことがありますが、今回の経験をもとに、もっとやりたいと思います。

＊もっと知りたい人は‥「フードフォアザハングリー・インターナショナル」（FHI）は、キリスト教系の国際支援組織。スイス・ジュネーブに本部を置き、世界で活動するスタッフは170０人を超す。スイス、スウェーデン、英、米のほか韓国や日本の組織が資金を提供。世界二十数カ国で貧困に悩む人々に食糧を届け、地域が自立していけるよう教育や開発面での支援をしている。

日本では、国際飢餓対策機構（本部・大阪府八尾市）がパートナーとして活動している。レイテ島の地滑り災害に対しても、数日のうちに現地にスタッフが飛び、食料品のほか、生活物資の支援を行っている。

フードフォアザハングリーインターナショナル・ボリビア
http://www.fhi.net/fhibolivia/
国際飢餓対策機構
http://jifh.fhi.net/
ボリビア日系協会連合会
http://www.fenaboja.com/bolivia/bc/historia_geografia.htm
ラクヨの高校開設について
http://jifh.fhi.net/frame02/ktn/２００２０２/Page4.htm

アラスカの少数民族の教育に取り組む

マイク・ハル　Mike Hull　さん

＊略歴　Mike Hull　アメリカ・カリフォルニア州出身、アラスカ州で学校教員を30年以上にわたって務める。最後の勤務地、少数民族ユピックの村ロシアンミッションで、子どもらを地域の自然と伝統の中で、地域社会と一緒になって育てるプロジェクトを展開、大きな評価を得る。59歳。

（3月28日夜、エコプラスパビリオンで公開勉強会「ないしょの企画」第1回としてボランティアやスタッフの皆さんと一緒に英語でインタビュー）

私の住むアラスカ州・ロシアンミッション村の脇を流れるユーコン川は、春には川幅が1キロ以上にもなります。雪解け水であふれ返るからです。あちこちが水浸しになります。夏、いつも雨が降ります。なので、夏には８００メートルくらいの川幅がまだあります。秋になると乾いてくるので、４００メートルくらいになってしまいます。人工的な堤防などは全くありません。

今、春と言いましたが、春は二種類あります。一つ目は今の時期、3月の終わりごろです。もう太陽は地平線の上に、毎日12時間以上姿を現しています。午前5時に日が昇り、午後9時半に日が沈むという状況です。日が長いのです。暖かくなってくるので、私たちは「春だ」と考えるのです。人々が動き始めます。でも、雪はまだ残っています。

もう一つの春は、5月のはじめ。凍結していた川で、氷が割れて一気に流れ始めます。ガン、カモ、ハクチョウなど鳥たちが一斉に戻ってきます。植物も一斉に芽吹き始めます。これが二度目の春です。3週間ほどの期間です。そして夏が来るのです。

夏は、5月の終わりから8月いっぱいまでです。気温は摂氏15度から20度くらいにまで上がります。トウヒやシラカバ、それにポプラの仲間のヒロハハコヤナギ（cottonwood）といった木々が私たちの地域にはあります。トウヒは直径30センチくらいになるでしょうか。シラカバも30センチ以上、ヒロハハコヤナギは直径50センチ、高さ20メートルから30メートルの高さになります。私たちの地域ではユピックの人たちは森の中に住んでいますが、ユピックの村で木のある場所に存在する村は三つだけです。広大なアラスカの森林地帯の端っこにこの三つの村があり、その先西側は泥と細かい砂からなるデルタ地帯になります。ユピックのほとんどは、海岸沿いでクジラやアザラシを捕って暮らしています。トナカイやヘラジカがいっぱいいたので、それを追っていくつかの集団が川をさかのぼってきたのです。何千年もの間、泥と砂が溜ってきたデルタ地帯には木は育たず草だけなのです。

私が最初にアラスカに行ったのは、高校を卒業した後の8月の終わりでした。父親が持っていた小さな飛行機に乗って二人で出発して、2週間過ごしました。父親にとっても初めてのアラスカでした。一緒に行こうと誘われ、カリフォルニア中部の町から、軽い気持ちで旅立った。カナダ経由でフェアバンクスに入りました。

その時の印象は、とにかく広くて、何もないということでした。アサバスカンと呼ばれる人々の村にも行って、まあ原始的というか、いろいろな技というか、芸術というかを見せてもらいました。セイウチの牙を弓のような道具を使って磨く技にびっくりしました。木で作った弓にセイウチの腱を使ったツルを張って、それであごで支えた牙を磨いていたのを覚えています。

この時の経験から、いつか必ずアラスカに戻ると決めました。しかし、それには何年もかかったのです。大学を出て、カリフォルニアで高校の教員を2年しました。ちょうどベトナム戦争の時期です。

アメリカ人の多くがバランスを失っていると感じていた時期です。私自身も、そう感じていました。この中で私は文明を離れて自然の中に一人だけで入っていくことを選んだのです。カリフォルニアで、まずそう行動したのです。自然の中で暮らし、人に会いに出て行くのは2カ月に一度、あるいは一日だけという日々でした。カリフォルニアの海沿いの山の中に住み、現地から出てくるのに二日、町で一日過ごして、また戻っていくということをしていた。

そこでもっとも素晴らしく感じることができたのは、季節の移り変わりが人に与える影響というものでした。私の考え方、態度、それに夢ですら、全部季節の影響を受けていました。どんなに季節というものが、私が考え、感じ、行動することに、大きな力を持っているかということに気づいたのです。

まるで私が、植物や動物と同じように反応していると思いました。冬は内向きの時期です。光は木の中に閉じこもって消えてしまい、動物たちの動きも少なくなります。それは私にも同じで、自分自身を内側に向かわせます。この経験から、私はもっと強い冬、もっと長い冬を、自然の中にこもる修行者として求めるようになったのです。

そこでアラスカに移って、インディアンの村がいくつもある南部の島にまず入りました。ここはアラスカといっても、そのイメージとは全然違う寒帯雨林の地域、雨がいっぱい降り、100メートルに達するような巨木が茂る場所でした。

私は、森の外れにある海岸沿いの自分でつくった小屋に住みました。あるインディアンの17歳の少年が私に興味を持ってくれて、私に土地や植物や動物についていろいろ教えてくれました。彼が、この村での先生になってくれたのです。

1年して、自分で地図を見て、アラスカのど真ん中の場所で、飛行機なしでは入ることができない、誰も住んでいない場所に入ることにしました。その当時として、もっとも人から離れることができる場所を、その後の数年住む場所として、地図から探し出したのです。

そこに行くには、フロートを付けた水上飛行機を借りなければなりませんでした。カヌーをその脚にくくり付けて入りました。ハワイ出身の大学の仲間である彼女には、その後結婚するのですけれど、数カ月アラスカを経験してみないかと誘いました。もちろん、彼女が来るなどとは思いもしなかったのですが。

飛行機は私たちを小さな湖に落とし、そこから5日間カヌーであちこちを動き、川に次々入っては、住むのによい場所がないかと探しました。私たちは、6週間かけて小屋をつくりました。その間、全部自給自足。彼女は、魚捕りがうまくなりました。川に魚を捕りに行き料理をしました。私は、大工仕事をしていました。

その期間が終わって、私たちはまた5日間歩いて「フィッシュキャンプ」と呼ばれる魚取りのための小さな拠点にたどり着きました。ユーコン川沿いでは、魚が岸辺に寄ってきて網で捕まえやすい場所に、先住民族の人々がキャンプを張っていたのです。そこから、バージと呼ばれる運搬船に乗って村に行き、今度は飛行機に乗り換えてフェアバンクスに戻りました。彼女はハワイに戻り、私はまた自分のキャンプサイドに舞い戻りました。

今度は飛行機が着いた場所から、尾根を超えて15マイル（約23キロ）ほど離れた場所の私のキャビンまで、飛行機で運んできた荷物を一月がかりで背負って移動させなければなりませんでした。自分のキャビンの窓枠も含めて、尺取り虫のように動かしたのです。

そう、キャビンができ、荷物も運び込みました。次にしなければならないのは、寒くなるのを待つことです。ヘラジカを仕留めても、その肉が悪くならないような寒さにならないといけないからです。そう、10月の初めだったか。初めての雪が降りました。そこで私はヘラジカを仕留めました。その年いっぱいの食料になったのです。600ポンドから700ポンド（約300キロ）の肉となったオスのヘラジカでした。そのヘラジカの肉を、その後の2カ月間、毎日3ポンドから5ポンドを食べるしかありませんでした。

12月の初めに、今度はスキーを付けた飛行機が雪の上に着陸してくれて、頼んでおいた物資を運んできてくれました。小麦や大麦の袋と缶詰めの野菜でした。

このパイロットが去った後、12カ月の間、誰にも会いませんでした。飛行機が出ていったら、もうこれで誰も気にすることはなくなりました。

12月の終わりにヘラジカの肉はなくなってしまい、1月にまたヘラジカを仕留めました。ヘラジカというのは、とても親切な獣《けもの》です。そもそも、私は狩りなどしたことがなかったのです。一頭目は、2週間にわたって私のキャビンのそばの川を毎晩横切っていました。川を渡り、湿地を歩いて移動するパターンを私は覚えました。毎晩のように同じルートでヘラジカはキャビンのそばを歩いて移動していたのです。100メートルから200メートルの距離のところでした。

雪が降ったらヘラジカを捕ろうと思っていたので、このヘラジカが獲物となるのは分かっていました。ある朝、小屋の前を見たら5センチの雪が積もっていました。さっそくライフルを持って外に出ました。ヘラジカが200メートルほど向こうで小川をばしゃばしゃ歩いているのに気づきました。

彼は私の方に近づいてきていたので、キャビンの近くの木の根元に横になって待ちました。ヘラジカは私の小屋のそばを通り、私がいる木のところで止まり、数メートル先で私に向かって頭を下げたのです。ここを撃ってくれといわんばかりに。だから、とっても親切だと思うのです。

食料の不安はなくなりました。もう一年は暮らしていける。そう思うと、自由な気持ちになり、ライフルは弾を抜いて片づけてしまいました。鳥たちは目の前にいるけれど、別に撃つ必要はない。鳥たちは自分たちの好きなようにして、雪が多くなってきたら勝手に南に飛んでいくだけ。そういう行動パターンが分かるようになったのです。

一番の仲間は、おそらく私のすぐそばいたオオカミの群れだと思いました。秋に一度、冬場には二度、キャビンのそばにしばらく止まって暮らしていました。なので、彼らの一員になってしまったような感じでした。

暗黙の了解があって、彼らは私の小屋には近づかないし、私は彼らの領域には踏み込まないことになっていました。互いのプライバシーを尊重していたかのようでした。私からオオカミは見えることは見えるし、聞こえもする。夕方になるといつも、家族の団欒のような会話を彼らはする。最後にリーダーが締めの言葉を言うと、それでみんなが静かになる。そんなふうに、みんなが話し合っているのが聞こえるのです。

ある日、その夕方の話し合いを小屋の外に座って聞いていました。みんなが静まり返った後に、私がまきにしようと木にのこぎりを入れたら、オオカミたちは一斉に立ち上がって、私に向かって叫び声を上げたのです。明らかに私に向かって吠えていました。そこで私は、のこぎりを引くのをやめました。そしたら、彼らもまた静かになったのです。

この自然の中の経験で、10歳若返ったように感じました。

何も読むものを持っていきませんでした。頭に入れるものは何も持っていきませんでした。大事なポイントでした。現地にあるものを吸収しようとしたのです。それによって、とても多くのことを学ぶことができたと思います。

自分自身を、自分の心から離すことができるようになったのです。合理的な考えというものを超えた体験です。冬という時期がそうさせるのです。何もインプットがない時期。前にも体験した、内側に向かう時期。その中で、自分自身が自分を制御しているのではないという実感を得ました。

そんな毎日で、冬はとてもよかったのです。摂氏マイナス65度から70度、もっとも寒い冬でした。何もかもが内側に押されてしまいます。あまりにも寒いので、空も色がなくなってしまいます。空がとっても薄くなってしまうのです。かすかに青いだけ。聞こえるのは、寒さが芯まで達して木が割れてしまう音だけでした。

約2カ月間、私のキャビンの中はずっと氷点下の気温でした。窓の内側には厚さ5センチの氷が張り付いていました。極端な寒さの中で、外にも行けず、結果として私は、2日も3日にもわたって眠り続けるという体験もしました。ちょっと途中で背中を伸ばすことはあっても、2日も3日にもわたってぐっすり眠ることができるのです。

いろいろなことがありました。春になって気がついたことがあります。日記を見ながら分かったのです。私の文化背景は西洋人です。何でもまっすぐに考えます。始めがあり、結果がある。その間に経過がある。西洋では、科学も宗教もまっすぐです。科学は水平線の向こうに私たちを連れて行ってくれるし、宗教はこの惑星から別の場所、つまり天国に連れて行ってくれます。どっちもリニア（線形）なのです。

春になって気づいたのは、命というのは円形ということです。カレンダーも持っていなかったので、月の場所で時期を読み取りました。夜、星の位置で時刻を知ることができるようになっていました。動物たちにもパターンがありました。それを見て、全部が丸になっていることに気づきました。「線形」の解釈は、全く違うのだと思うようになりました。

本当にいろいろなことを学んだと思います。動物も、植物でさえ、英雄のような力強さを持っていることを感じました。極地では生存すること、成長することは、それ自体が大変なことです。生きていこう、成長していこうという意志があるのです。動物も植物も驚くほど強い、成長しようという意志を持っているのです。それが私のすぐそばにありました。ほかに選択肢はない、とにかく生きるのだという意志。それに互いが反応し合っているのです。

このちょっと長い私の経験が、その後に教育の世界で生きていくことになる原動力になっているのです。ツンドラの中の寒さで感じたことが、教育者として生きることへの安堵感につながっています。

ロシアンミッションでは、今いろいろなことをしています。基礎的なことでは、今日の午後にいい実例を見たと思います。京都の中学生たちが、ユピックの踊りを一緒に踊ろうと誘われた時、みんな喜んで輪になっていました。体を使うからです。体を使うのは理にかなっていると思います。人間をある場所に縛りつけて座らせて静かにさせても、学びができるわけではありません。ユピックの子も日本の子も、一緒になって体を動かし、揺らして楽しんでいました。14歳の子どもを静かにさせるなどと、してはいけない。動きを通じて学ぶのです。

自然の叡知というのが、この万博のテーマです。14歳の子どもという「自然」は、その子たちをどうやって教えればいいのだろうか、ということを明快に示しています。私たちの子どもは、毎週、何か徹底した運動をするようにしています。それを話し、時にレポートにしていくのです。新しく赴任してきた教師は、この学校では子どもらが今週何をするかについて一生懸命に話をしてくれることに気づくと言います。学科には関係なし。スキーをするとか、ビーバーを罠で捕まえるとか、ウナギ取りをするとか。何かをするということで、みんなはわくわくしていくのです。

このように、うまく教えるというのが一つ目。二つ目としては、自給自足の生活に配慮するということです。ほとんどの食べ物が、この土地と川からやってきます。この地に学校がつくられたのは、わずか50年前のことです。それによって、大きな変化が起きました。子どもは動物を追っかけずに、学校に行きなさい、と言われるようになったのです。しかし、子どもらは生きていくためにはどうやって獣を捕り、魚を捕るのかという技を知らねばなりません。それが、生きていく道だからです。しかし、学校があるので、時期が来ても木の実を摘みに行くことや、魚捕りや、ヘラジカ撃ちに出ることができないのです。学校があるから、と。

そこで、私たちはやり方を伝統的な教え方に戻しました。

今回、地球市民村に連れてきた子どもたちの年齢、つまり14歳になると男の子と女の子を分けて、男女それぞれの村での役割を担えるようにしようとしました。むろん近代社会に生きているので、昔よりはずっと男女が入り交じって行ってはいます。狩猟、魚捕り、そして食べるための処理の仕方、これは村で生きていくには不可欠な技です。

教育というのは、例えば日本の子どもらは日本のコミュニティで生きていくための技を教えるものです。同じように、ユピックの子どもらはユピックのコミュニティで生きていく技が必要です。こういうやり方をするのは、教育的な理由があると同時に、実際的な暮らしを支えるという理由を持っているのです。

同時に、13、14歳の頃になると、日本であれ、ユピックであれ、アメリカであれ、子どもらは自分が何者であろうかと考え始めます。ユピックの子どもも衛星放送でテレビを見ます。世界中の子どもがテレビを見て、そのテレビの番組の中の子どもだと思い込みます。その子どもを野外に連れ出します。子どもらは技を身に付けるだけでなく、楽しみます。カヌーで行けるところまで行くのです。何週間もキャンプをします。魚を捕る。山に登ってベリーを摘む。そうすることで、自分たちがしていることを誇りに思うようになります。また、キャンプに行くことを楽しみにするようになります。こういうことを通じて、これが自分たちの姿であることを知り、それを楽しめるようになるのです。土地と川と動物との結びつきから、自分たちもその一部であることを理解するようになっていきます。

私たちは、こういうことを精力的に展開しています。教育的な理由もあり、実際的な理由もあり、自分たちが世界の中でどのような存在であるのかということを、自信を持って言えるようにするためでもあります。

そこに動物というものがいるおかげで、動物とのかかわりをきっかけに、さらに学びを発展させることができます。例をお話ししましょう。子どもらの人生を変えるような経験をすることがあるのです。今回来ている何人かの女の子は、この体験を実際にしています。

私たちは、移動するのにカヌーをよく使います。ある夕方、私たちは12キロ下流の別のキャンプ地に魚を捕るために下っていました。ちょうど、その真ん中にワシの巣があります。毎年夏、その巣で一羽のひなが育っていく場所です。毎週のようにその巣のそばを通っていたので、その年のヒナがとっても飛ぶのが怖くっておどおどしているのをみんなは知っていました。

その部分は、川幅が10メートルくらいと大変に狭くなっています。女の子たちに、ヒナに注意するように言っていました。ヒナは水面から2メートルほどの高さの木の枝に止まっていました。

私たちが突然来たもので、ヒナはびっくりして落っこちるかのように私たちの方を向いて飛び出しました。水面ぎりぎりの場所で浮き上がってボートの上をかろうじて超えていったものの、その先にまた木があってワシはUターンしてボートと並んで飛び始めたのです。まさに2メートルほどしか離れていない場所を、200メートルほどにわたって、ずっと一緒に進みました。女の子たちの肩のすぐそばを、背中を見せながらワシはゆっくり飛び続けたのです。

その後、やっとスピードが出てワシは浮き上がり、そこにあった木に止まって叫び声を上げました。まるで赤ちゃんのように。

ます。きっと私たちは、このヒナに無理やり飛び方を教えたのだと思います。

1週間ほど後に、再び私たちが上流へと戻ろうとした時、朝の光の中でこのワシはまっすぐに私たちのボートに向かってやってきて、そして空高く舞い上がって円を描いて飛び続けました。どうだもう自由に飛べるぞ、と言わんばかりに。ずっと彼は、私たちを見続けていたのです。彼は、明らかに私たちを意識して飛んでいたのです。いろいろに解釈することができると思いますが、子どもたちに明らかなジェスチャーを示してくれたのです。

土地や川は、私たちにいろいろなメッセージを発していると信じています。土地や川は、私たちに食べ物を提供してくれ、面倒をみてくれています。そういうことを教えようと、私は子どもを例えば山に連れていくことで、やがて、この丘、この森が、君たちのおじいさんであるのだ、両親であるのだ、そしてこれから何世代にもわたって人々の面倒をみてくれていくのだ、ということを学んでもらいたいのです。

最初は、自然の中に入っていく時に、子どもらには山に耳を傾けるように言います。いろいろなことが難しいからと言って、文句を言うなと釘を刺しておきます。文句を言っても何も解決しないと。何年もやっていると、子どもたちは先輩から聞いて、文句を言わないというのがこの野外活動の伝統だ、と思ってくれるようになっています。子どもたちに山のことを学んでもらおうと連れていくのですが、そのうちに山が何百万年も前から、そこで誰かが学びに来てくれるのを待っていてくれているように感じ始めています。あなたに子どもを戻しに来ましたよ、と山に語りかける気持ちです。

教師なら誰でも、単にアカデミックなことを教えるだけではなくて、健やかな人をつくりたいと思っているはずです。試験のための授業ではないのです。子どもらに必要な技と自信というものを与えるのです。クラスの中で平和な世界をつくるのです。それが教育の目標なのです。

人は自然の中で、ここが自分のいる場所だと快適に感じられるようになる、というのが一番の基本だと思います。ワシの話をしましたが、彼の飛ぼうとする努力を感じました。クマと山の斜面を分け合ってベリーを取った経験もあります。そういうものが、私を私にしてくれていると思います。それが人生への基盤なのです。

アメリカ連邦政府は、これまで全くなかったような点数主義を取り入れつつあります。私たちの学校もその中にあります。しかし子どもたちが、「自分たちの地域では、ワシが幸せに過ごしており、山という友だちがある」と言えることの方が素晴らしいと私は思います。文明開化が押し寄せていますが、まだこの子どもたちには彼らの世界があり得るのです。

日本は「超近代化」した社会だと思います。しかし、その底には神道の自然を敬うというユピックにも共通した考えがあると思います。ユピックは、狩りをする時、動物が向こうからやって来ると言います。高性能のライフル銃などが入ってきてそういうイメージは薄れていますが、今でも熟練のハンターたちが、獲物はその時期になれば向こうから来てくれる、と信じています。その生活は、間違いなく近代化の波に飲み込まれていくでしょう。なので、今回、子どもたちをここに連れてきたのです。

定年を延長してロシアンミッションの村で働いてきましたが、いよいよ退職です。次に何をするか。私は、次が決まらない状況を気に入っています。何もしなくていいというのは最高の自由だと思います。自分自身を解放して、さて何が起きるかを見るということです。村でやってきたことを全部忘れ去るということではありません。全く逆です。間違いなく、また村に戻ります。行き先のないヒッチハイクのような、アラスカで言えばカヌーを浮かべて流れのままにということです。それがまた次の大冒険につながるでしょう。何が起きるでしょうかね。

＊もっと知りたい人は：ロシアンミッションは、アラスカ州の中部、ユーコン川の中流にある人口350人ほどの少数民族ユピックの村。アラスカには、大きく分けて11の少数民族があり、ユピックはその一つ。少数民族の人々は、政府の政策のもとで定住し、西欧的な生活様式をするようになった半面、若者らにアイデンティティの崩壊を招き、高い自殺率、薬物中毒などの社会的な問題を抱えるようになった。ハル氏は、ロシアンミッションでユピックの伝統を取り入れ、地域社会と一体となった学びを組み立てることで、子どもらの自信を回復させ自立につなげようとしてきた。

ロシアンミッションの子どもらは、日本に本部を置くワールドスクールネットワークのプログラムに継続して参加。インターネットで世界の子どもらと地域の伝統や環境についての教育プロジェクトを展開してきた。地球市民村にも、7人の子どもらが来訪し、民族のダンスなどを披露した。

アラスカ民族文化センター
http://www.alaskanative.net/

ドイツで子どもらと自然保護活動をする
ピーター・ヴァイゼ&スーザン・シエアバート　さん
Peter Weise & Susann Scherbarth

＊略歴　**Peter Weise**　大学で社会教育を学んだ後、環境保護団体ブンドの青年部担当の専従スタッフ。34歳。　**Susann Scherbarth**　大学で心理学を学んだ後、ブンドでの実習生をしている。青年部「ブンド・ユーゲント」の理事。25歳　（6月29日、地球市民村のNGO事務室脇の通路で、英語でインタビュー）

ピーター　私たちは、フレンズオブアースジャパン(FoEJapan)の招きで来た、ドイツのフレンズオブアースの組織に当たる環境保護団体BUNDの青年部BUND jugent（ブンド・ユーゲント）のメンバーです。スーザンはその理事で、私は環境教育カウンセラーです。

子どもらを対象にした活動をしていて、自然観察を日記にしてまとめる「ネイチャーダイアリー」プロジェクトを今回紹介しています。このプロジェクトには10年の歴史があり、子どもらに自然の大切さを分かってもらい、自然を守るよう行動してもらうことを目指しています。今年は、日本でもこの「ネイチャーダイアリー」が行われたので、その交流のために私たちが招かれたのです。この前の日曜日には、その表彰式がここで行われました。

ドイツでは「ネイチャーダイアリー」は、幼稚園から小学校で主に行われていて、人気があります。学校の授業の中に組み入れてもらうのには時間がかかります。先生に話し、校長先生らにも話をしなければいけないからです。10年の努力でとても広く使われるようになり、先生方にはよく知られています。

一年を通じて活動するプログラムですから、誰でも簡単に参加するというわけではありません。今年は2500人の子どもらがプログラムに参加し、さらにほかの子どもや先生から参加したいという問い合わせを受けて、こちらからどのように自然を観察するのかなどという資料を提供しています。ですから、今年は全部で5000人くらいの人を相手にしたと思います。

スーザン　私は、青年部の理事の一人です。青年部は25歳までの若者で組織され、その中から理事が6人選ばれます。私自身も選挙で選ばれました。理事は全員がボランティアです。その下にスタッフがいます。私は大学で心理学を学んだ後、BUNDの中で実習生として働いています。

ピーター　私は、大学で社会教育を学んで、その後、2001年から今の組織のスタッフとしてネイチャーダイアリーやほかのプロジェクトを担当しています。ネイチャーダイアリーは、ある一つの地方で始まって、それが順次全国に広がってきました。ただでこのプロジェクトに参加するのに、参加料は要りません。ただです。自然の何に興味があるのかを決めればいいのです。木であったり、鳥であったり、何でもいいのです。自然に対する前向きな姿勢を持ってもらいたいので、観察対象は何であってもいいのです。そして、その観察内容を日記として一年間続けるのです。その形式も全く自由で、好きなように、文章でもよいし、絵を描いてもよいし、どんなやり方でもいいのです。こちらが押し付けることはしません。こちらとしては観察をするという発想を用意し、あとはその参考になる資料集などを提供していくのです。

都会にいる子どもらと、田舎の子どもでは、自然への知識が大きく違っています。田舎の子らは、動物のこともよく知っています。牛乳が、テトラパックからではなく、牛から来ることもしっかり分かっています。都会の子どもは自然からずっと離れてしまっているので自然をよく知りません。

ドイツの環境は、20年前に比べればよくなっていると思います。チェルノブイリの影響や川などの汚染は、今は少なくなっています。環境問題はよくなっていると思います。同時に、複雑になっています。20年前は、酸性雨で森が死んでいっているとか、簡単とは言いませんが、理解しやすい状況だったと思います。今はもっと複雑になっています。地球温暖化やグローバリゼーションなど、説明するのが難しい問題が登場してきています。なので、私たちはそれを説明するプロジェクトをいろいろ考えています。単に地球温暖化が進んでいてどうしようもないというのではなくて、子どもらに何ができるかを提示することが大事になっていると思います。

都会では観察する自然自体が少なくなっていますが、植物を自分で育てるとか、種を植えるとか、チョウがやってくる植物を育てるとか、そういう手法があると思います。来年からは、そういう方向でのプロジェクトも進めたいと思います。

私たちの国では、ネイチャーゲームなどの米国生まれのパッケージプログラムなどはあまり広く受け入れられていません。フレンズオブアースの世界組織同様に、BUNDの国内組織もゆるやかにできています。中央の事務所はありますが、同時にそれぞれの地域ごとの組織もしっかりしていて、自然保護や自然エネルギーなどそれぞれの課題に独自に取り組むことができるようにしています。

スーザン　私は、ネイチャーダイアリーのほかにも「子ども環境デー」といったプロジェクトを担当しています。毎月、定例会議があり、ドイツ各地から理事の若者が集まって話をします。地球温暖化と自然エネルギーの担当理事でもあります。

ほかの理事も23歳前後くらい、一番若い人が22歳です。年に一回の総会で選挙があり、その時に立候補して選ばれました。青年部には4万2000人の会員がいます。年間40ユーロ（約6000円）の会費を払っています。ネイチャーダイアリーなどは、会員だけではなく学校向けにも参加を呼びかけています。グローバリゼーションや自然エネルギーに関して、さらに多くのプロジェクトを展開して、民主的な、そして政治的な議論に若者を参加してもらえるようにしています。

リオデジャネイロのアジェンダ21にはいろいろ挙げられていたけれど、私たちは若者にどのように暮らせばいいのか、何を消費すればいいのか、どのように行動すべきかを、それぞれの地域ごとに考えてもらうことにあると思います。

その中でうまくいっていると思うのは、「エコロジカル・フットプリント」プロジェクトです。どれだけ資源を消費しているかを自分たちで計測しようという内容です。ドイツ語でeconautenという造語を作りました。エコと宇宙飛行士（アストロノート）を組み合わせました。これは2003年から始めて、ポツダムの研究所と共同で展開しています。ボランティアの若者たちに集まってもらって、週1回魚を食べるとか、週3回肉を食べると、それぞれがどのような環境負荷を与えるのかという表を作っていて、それを積み上げるとドイツ人が地球何個分の資源を使っているのかが分かるのです。あと4個半の地球が必要だとかなどというのは、とても分かりやすい。どれだけ環境にやさしい暮らしをしているかだけではなく、あといくつ地球が必要かというのはびっくりすることです。

ピーター　この万博について、環境とか持続可能性がメインテーマになっているのだけれど、どこが持続可能性なのかよく分かりません。ドイツでも持続可能な開発と銘打ったいろいろなイベントがありますが、何が持続可能な開発なのか、明快でないことが少なくありません。

一方で、この地球市民村は素晴らしい。いろいろな分野のNGOが集まってきています。海外のパートナー団体もいて、そこに来場者が来ていろいろ尋ねていく。特に違う社会に住むNGOのメンバーが、一緒に同じ場所で話し合いながら働くというのは、いい。これは電子メールではできないことだと思います。文化や慣習が違う場所で、直接触れ合うことは本当に大切だと感じます。

スーザン　地球市民村に、とりわけ若いボランティアがたくさん集まってきているのも素晴らしい。フレンズオブアースジャパンとは過去2、3年にわたって交流してきて、それなりの知識はあったが、来てみて一緒に働いてみて、とてもその活動に興味を持ちました。

ピーター　ほかの出展団体の基本的な考え方も、それぞれつながっているように感じます。健康に子どもを育てるとか。ここにきて、何が世界で問題になっているのか、何が日本で問題になっているのかが、分かります。

ドイツ語で「テラガンショーン」という表現があります。壁の向こうにあるものを壁から目を出して見るという意味です。違う国ではあっても、自然エネルギーとか地球温暖化や子どもの育成などでは同じ課題もあると分かります。

瀬戸会場は素晴らしいことをしているのに、物理的な場所は中央会場からは外れていて、環境というテーマが大事にされているように見えません。万博の開発のために、自然はダメージを受けているし、万博の後にこの会場がどうなっていくかも私は全然知りません。ドイツのハノーバー博覧会の広い会場には建物がたくさん建てられ、あるものは残り、あるものは壊されました。ここは、どうなるのでしょう。万博のための建物が、また後から、例えば町役場になるとか、そんなことがどうなっているのか知りたいです。

各パビリオンのテーマも、どちらかと言うと技術的な発展がどう自然を守るかというようなことになっていて、それはいいとは思う。日本館も素晴らしい映像で、まるで最高の森の中を歩くような展示になっています。でも、瀬戸会場の森も素晴らしいではないですか。技術が何ができるかを展示するのには少々疑問があります。ドイツもそうです。万博とは何なのか。ただの国の集まりなのか。そういう疑問が常に出されていると思います。

スーザン　将来については、私自身としては原発がない地球にしたいと思うし、自然保護のために働きたいと思っています。

ピーター　私は環境問題が大変大事な課題だと思っています。保護も大切。すべての社会生活の基礎だと思います。将来、町から離れて、10年とか20年後には、小さな町に行って自分自身の教育センターをつくってみたいと思います。

＊もっと知りたい人は：ＢＵＮＤ（ブンド）は、会員39万人を抱えるドイツ有数の環境保護団体。国内２２００の下部組織を抱え、25歳以下の若者を対象としたBUND Jugent（ブンド・ユーゲント）も組織する。排ガスを出すトラックではなく鉄道での輸送に切り替え、大気汚染と温暖化ガスの排出を減らすことなど、持続可能な社会づくりへの政策提言をしている。国際的には、フレンズオブアース・インターナショナルのドイツ支部として自然保護キャンペーンなどに参加している。日本でのパートナーは、フレンズオブアース・ジャパン（略称FoE Japan）。

FoE Japan
http://www.foejapan.org/
ＢＵＮＤ（ドイツ語、英語）
http://www.bund.net/

アフガニスタンにランドセルを送る

甲斐和歌子　Kai Wakako　さん

＊略歴　かい・わかこ　英国サセックス大学大学院留学の後、ユニセフのインターンを経て、家族計画国際協力財団＝ＪＯＩＣＦＰ、ジョイセフに就職。アフガニスタンにランドセルを送る運動の日本側担当者。28歳。（万博最終日の地球市民村イベントのオープンステージでの公開インタビュー）

ランドセルは、日本の子どもがいつも学校に背負って持って行っているなじみ深いものです。でも、これが日本独特のものだと、ご存知でしたでしょうか？　日本以外の国ではランドセルは使われていなくて、学校用のリュックとかバックとか手提げバックとかで学校に通っているようです。最初は、オランダでランセル（背のう）というバックがあって、それが日本に来てランドセルと呼ばれるようになったそうです。

そのランドセル、小学校の6年間使った後、どうされているでしょうか。

私のランドセルは、九州の実家の押し入れの中に未だに入っています。ぼろぼろで誰にもあげることができないくらい使い古したものになっています。年間１００万人の小学生が、ランドセルを買うと言われています。その１００万個が一年間に卒業していくわけですが、職人さんの手作りなので6年以上使うことができるんですね。特に女の子は大切に使って、ぴかぴかのままになっています。そのランドセルを何かに使えないだろうか。全国のＰＴＡのお母さんたちが考えて、合成皮革メーカーのクラレに問い合わせをしました。「もったいないから何かに使いましょうよ」と。

必要としている人がいたら送りましょう、ランドセルを使いたければ送りましょうという話になったのです。そして、世界中の途上国に学用品を送っているＪＯＩＣＦＰに問い合わせがあったのです。私たちは最初、ランドセルをどこかに送るという話が来た時には、ランドセルは日本でしか使われていないから、ほかの国で使いたいという人はいないのではないかなというふうに思いました。

それでも一応、いろいろな協力団体に聞いてみようと、アフリカとかアジアのいろいろな人に聞いてみた。そうしたら、アフガニスタンで一緒に活動しているＮＧＯが、ぜひそのランドセルをアフガニスタンの青空教室に配りたいと言ってきたのです。

アフガニスタンでは23年間内戦が続き、最近まで空爆が行われ、建物や学校はほとんど破壊されてしまいました。そんな中で日本の戦後のように、多くの子どもたちが青空の下で勉強しています。ほとんどの子どもが裸足で、何年も前の先輩が使い古した教科書を持って、学校に通っています。それでも、学校に通える子どもたちはごく少なく、まだ幸運な方で、学校に行けない子どもたちの方が多いのです。その子たちに、ぜひ日本のランドセルを配りたいと言ってきた。私はすごくいいのではないかなと思いました。

日本の子どもたちも自分がランドセルを使い終わった後、それが役に立ってもらえるのはうれしいと思いますし、地球のどこかでまた使われていると考えるだけでも素晴らしいことではないかと思いました。

またアフガニスタンの子どもたちも、地球のどこかにこういうふうに贈り物をしてくれる人たちがいるということを思うことは、人生の中で大切なことではないかなと思って、ぜひやりましょうということになりました。

去年からランドセルを送りましょうということになったのですが、実際に集めるとなるとすごく大変でした。というのは、一個一個が北海道から沖縄までの押し入れの中に眠っているのですね。

どこかに大量に保管されているものではないのです。なので、それを郵パックとか宅急便で横浜の倉庫に送ってもらって、ぼろぼろのものは送れないので、きちっとしたものであるか、中に送っていいものが入っているか、皮が豚皮ではないか、アフガニスタンはイスラム教ですから豚皮は使わないのです。豚肉は食べないし、ベルトも豚皮製は売られていないのです。もちろん、豚皮でも気づかないかもしれないのですが、心を込めて贈り物をする時にはそういうものは送りたくないよねという話になりました。だから、一つひとつ豚皮かどうかをチェックするということもやらなければなりませんでした。

呼びかけた途端に、2004年3月、今でも覚えていますが、1万個のランドセルが1週間のうちに送られてきました。私たちが借りていた倉庫はいっぱいになってしまって、ほかの倉庫も借りなければいけませんでした。一つひとつを開けると、なんと新品の学用品が入っていました。それからお手紙も、ちゃんと英語で書かれた、小学生ですけれども絵も描かれていました。ほとんどのメッセージが頑張ってねとか、私たちも6年間勉強したから一生懸命勉強してねとかいう内容で、私たちもすごく励まされました。

そういった中で、ランドセルが一つひとつボランティアさんの手で検品されてアフガニスタンに送られることになったのです。しかも物を送る時には、船で送らなければなりません。船で送るとなると私も知らなかったのですが、コンテナに詰めて出荷しなければならないのです。40フィートのコンテナにランドセルはぎりぎりに詰めて3000個入りました。ということで、40フィートのコンテナは最低三つ要るということになります。そのコンテナを積む船は、アフガニスタンに一番近いパキスタンのカラチという港に届けないといけません。

東南アジアを超えていくので、ものすごい距離の航路が必要になります。そんな輸送費はあるのだろうか、コンテナを手配するお金はあるのだろうかと私たちはすごく不安になったのですが、ランドセルを寄贈する方々にぜひ輸送費も負担してもらえませんかと相談したら、募金で輸送費まで下さいました。船もコンテナも手配できて、パキスタンのカラチまで送ることができました。

カラチまで届けることは1万人の力でできました。しかし、カラチからが本当に大変でした。まずは、パキスタンに入国するので、その手続きが必要でした。関税を免除してもらう手続きも必要でした。その後、アフガニスタンに入るために北上してカイバル峠というところを通らねばなりません。ここは内戦がひどかった場所で、今でも自治区があって政府の力が及ばないところです。日本でいう戦国時代のようなところで、そこのリーダーがオーケーを言わないと通ることができないのです。通るための許可を取るには、人のつながりが必要です。パキスタンやアフガニスタンの方の協力を得て、人のつながりで大型のトレーラーを通す許可をもらったのです。

ただ紙一枚の許可をもらったからと言っても、安全が保証されるわけではありません。盗賊がたくさんいます。パキスタンから北上する時も何度も危険な目に遭いました。アメリカ軍も検問をしていました。記録をするためにビデオで流れを撮影していた方も止められて、「ビデオを見せろ」と言われたと聞いています。そういった困難を超えて、カイバル峠から何とかアフガニスタンまで入りました。

今度はアフガニスタンに入ると、貧しい人も多く盗賊も多いので、大きなコンテナをぽんと置いておくと無くなってしまいます。

だから、ランドセルが入っているとは思われないように、コーヒー豆が入るようなずた袋にランドセルを7個ぐらい入れて小型のトラックとかロバに乗せました。まるで、農作業の荷物が入っているかのようにして村々に届けるという細かい作業を行いました。

ランドセルを村々に届け、そこから子どもたちに届けるためには教室に行かねばなりません。アフガニスタンの教室というのは、建物があってそこに教室があるのではなくて、教育をしたいと思っている人たちが、子どもたちを集めて青空教室をしているという状況です。私たちが活動しているナンガハルという地域は、そういう状況です。まずは、そういった学校がいくつあるかを把握するということが必要でした。政府が認識していない学校がたくさんあるので、それを見つけるのです。そういったところには国際支援もなかなか入らないのですね。学校のリストに載っていませんので。

そこをまず見つけて、先生やイスラム教の指導者に相談し、配ってもよいかと聞いて、学校に集まっているところに行って、一人ひとりに手渡したわけです。ずた袋から出てきたぴかぴかのランドセルに子どもたちは感動して、息をのんで最初は近づかなかったそうです。そして一人ひとり配り始めたら、ものを受け取る時に日本ではありがとうございますと手を前に出しますが、アフガニスタンの子どもたちは手の甲を上にして受け取ったんですね。イスラム教では、大切なものは手のひらではなくて手の甲で受け取るという習わしがあるからです。

一人ひとりの子どもたちが中を開けると、紙や鉛筆が入っているんですね。紙とか鉛筆とかは日本では簡単に手に入ります。そんなもの途上国に送ってもたくさんあるだろう、食べ物とか水が必要なのではと思いますが、本当に紙はないのです。

私たちの仲間がビザの申請の時にコピーをとったら、そのコピーのまわりの白いところはべりべりっと取られたそうです。それくらい紙がないのです。学校に行って時間割を探すと、青空教室の隅っこに小さなはがきのような大きさの紙があって、それを2000人くらいいる青空教室の子どもたちが、明日は私は午前の授業だなどと見るのです。それくらい紙がないのです。

そんな中で日本の贈り主たちは、かわいいノートなどを何冊も入れてくださって、鉛筆も鉛筆研ぎも入れて送ってくださっているんです。それを開けた瞬間に、子どもたちはなんて素敵な贈り物と思ったと思います。最初はどきどきして、青空教室ですが暑いので木がいっぱいあります。そのクワの木の下にランドセルを持って行って、みんなに見えないように隠れて見ていました。そのうち、お互いに見せっこをして騒ぎ始めて、目を輝かせて喜んでいました。

アフガニスタンでは、男の子と女の子の教室は離れています。また午前と午後は上級生と下級生で分かれています。だからお姉さんが午前の部に行って、その帰ってきたお姉さんのランドセルを、妹が午後に背負って学校に来るというような使われ方もしています。

先生の数がとても足りません。特に女の先生が足りません。なので、学校があってそこに先生がいたら、教育を受けたいと思う子どもたちが集まってくるのです。だから、多いところでは1000人、2000人という規模になってしまうのです。そんなにたくさん子どもがいても、政府の学校のリストには入っていないのです。それで、国際支援が届かないという状況になっています。

青空教室には不特定多数の子どもが集まってきて、なかなか管理ができないのです。その周りにもまだまだ学校に行っていない子どもたちがたくさんいて、そういう子たちは、学校には行きたくない子もいますし、学用品がなくて恥ずかしくて行かない子、靴がなくて行かない子、それから家の手伝い、農作業とか家畜の世話をしないといけないので行けない子、親が病気で行けない子、家が遠すぎて歩いて行けない子もいます。10キロ、20キロは歩いて来ます。いろいろな理由があって学校に行っていない子どもがいるのですが、ランドセルが配られた瞬間、それが噂になって広がっていったんですね。

村の人たちが、あそこの地域の子どもたちにもその真っ赤なランドセルを贈りたいと言い始める。農作業を子どもに手伝わせていた親たちも、うちの子にもランドセルを渡して欲しい、学校に行かせますから。そういうふうにして、少しずつ学校に行こうという動きが高まってきました。そしてイスラム教の長老たちも、ランドセルが届いたのはいいが、机も椅子もないというのはどういうことだ。建物がないというのはどういうことか。女の子が通うのにトイレがないというのはまずいんじゃないか、とかいろいろな話に広がっていって、学校をつくろう、トイレをつくろう、子どもたちを学校に呼んでこよう、というように私たちが思っていた以上になっているんですね。

ランドセルについては、うちの村にもくれ、こちらにもと、たくさんの要請が来ています。今年も1万個を目標に集めたところ、なんと3万2千個も集まりました。3万個はすでに発送しました。実は今日、この日、配付が行われています。私と一緒に仕事をしている写真を撮ってくださる内堀さんという方が、現地に行って配付の様子を見ています。3日間の配付で、昨日も配付をしています。昨日、電話が入りました、「甲斐さん、本当にこの場にいないのはくやしいと思うよ。こんなに素晴らしい光景を見たのは写真家として活動していて初めてだよ」と、私の携帯電話に興奮してかけてきました。「子どもたちは喜んでいて、私は写真を撮るのを忘れるくらい感動している」と内堀さんは言っていました。私は本当にうれしくて、今日ここで話をするのも偶然のような、偶然ではないような、感じがします。

しかも内堀さんが言われるには、去年配ったランドセルがたくさん見られるそうです。私が一番不安に思っていたのは、貧しい人たちが多いので、大切なものだけど生活の糧も大事なのでランドセルを売る方もいるのではないかと、それが市場に出回ってしまったらどうしようかとか、スリッパや靴になったりしたらどうしようかと不安でした。

でもたくさんの子どもたちが、ランドセルで自慢げに学校に通っているそうです。ランドセルを持って学校に行くことが当たり前のようになっている、と電話で話していました。

今、聞いてもらったのはランドセルの話ですが、「ジョイセフ」というのは途上国の女の人、特に赤ちゃんを産みたいと思っている女の人を支援している団体です。アフガニスタンもそうですが、学校の建物もないところですから病院なんてもちろんありませんし、医者もいません。遠くの村の医者のところに行くには時間がかかるので、妊婦さんなどは行けません。しかもタリバン政権のもとでは、女医さんなど女の人が仕事をすることは禁止されてきました。特に田舎のほうでは、お医者さんは数が足りていません。そういう中で、出産をしたいと悩んでいるお母さんたちがいるアフガニスタンでは、妊娠とか出産をすることで死んでいくお母さんが50人に一人いるんですね。女の子の50人のクラスの中で一人は必ず、将来お嫁さんになって赤ちゃんを産んだら亡くなるのですよ。悲しいことですね。

日本では出産をすることは死ぬことではないですが、アフガニスタンでは50人のクラスの一人が必ず死ぬようなことなのです。その話を聞いた時に、私が出産する時に死ぬか生きるかと思って産むかなあと思いました。女性たちに「大丈夫、一生懸命勉強してきた助産婦さんがそばについていてあげるから、元気な子どもが産まれますよ」という助産婦さんたちを送り出してあげたいって思ったのです。

ジョイセフは、そういう助産婦さんたちをトレーニングしたり、助産婦さんたちが使う出産するための介助キットを配ったりしている、それに参加したいと思ってこの団体に入りました。

もちろん私の年代の女性には、ちょっとダサイというか、友だちに話をしても、なんて地味な活動しているのかなあと思われることも多いのですが、私も女性として妊娠・出産することが、次世代を産んでいくことが、素晴らしいことと分かっていますので、それで死ぬというのはすごく残念なことなので、この活動をやっていることを大変、誇りに思っています。

この活動とランドセルがどういう関係にあるのかと言いますと、一つは13歳くらいでお嫁に行く女の子たちが多い。家庭が貧しくて、お金持ちに嫁がなければならないというような事情もあります。14歳くらいで出産しますので、健康的に産むことができずに、お母さんが亡くなるということが多いのです。その理由が、学校に行っていないので早く産むと体に悪いということを知らないのです。それでは学校に行けばいいのかというと、学校もないし女の先生もいないし、女の子も13歳を過ぎたら男の人の前に姿を見せられないので男の先生の学校には行けない。そういう、いろいろなつながりがあってランドセルがあるのだと思っています。女の子たちが赤いランドセルを背負って学校に行くことで、だんだんと出産で亡くなるお母さんたちも減っていくのではないか、と思っています。

アフガニスタンで一緒に活動しているのは、アフガン医療連合というNGOです。アフガニスタンにもNGOがあるの？　とびっくりされると思いますが、大変しっかりしたアフガニスタンのNGOです。彼らは、市民の活動が難しかったタリバン政権時代も、陰で女性の健康を救うために、危険に直面しながらも地道な活動を続けてきました。タリバン政権が崩壊した後も、ジョイセフと出合って日本の支援の下に助産婦さんをトレーニングしたり、妊産婦が行けるクリニックを開設したり、女医さんを雇ってクリニックで見てもらえるようにしたりしています。みんなアフガニスタン人で、一人ひとりが頑張っています。女医さんのスタッフも二人います。今回、日本に来たのは男性2名でした。アフガニスタンで、女性の健康問題を男の人がやるというのはすごく意外なんです。アフガニスタンの中でも、大変まれな例だと思います。こういったことをやることで、なんで男なのにと言われることがあるそうです。しかし男性が立ち上がらないと、女性がいくら頑張っても変わらないんだと語っていました。

男性が女性の健康問題に取り組むことで、イスラム教の長老の人たちも自分もお母さんから産んでもらったんだ、お母さんの命って大切だ、お母さんやお父さんがいない子どもたちを減らしていかないといけない、そういうふうに動き出しているそうです。

私自身は、２００３年8月にジョイセフに入りましたが、その前はユニセフのインターンを半年間していました。イギリスのサセックス大学大学院で国際関係を勉強してきました。イギリスは草の根の活動が盛んなので、それに啓発されて、そういうところで働きたいと思っていました。英国の大学院には、世界中から農村開発のNGOの方たちが研究しに来ていて、その人たちに一人ひとりに会ったのが、たぶん一番大きいと思います。バングラデシュのNGOの女性との出会いとかに啓発された部分が大きいと思います。何かやりたいと思っていたが、何をしていいのか分からなかった。NGOで、女性で、しかもイスラム圏で、命の危険を侵してまで活躍している、何でやっているのだろうという疑問から、できる人はやればいいのではないかと思うようになったのです。

ランドセルのプロジェクトでは、国内だけで仕事をしてランドセルは港で見送りました。今回、アフガニスタンまで写真家と同行する話があったのですが、現地の選挙の関係で治安がかなり悪いので、自分から辞退しました。写真家も当初は女性を考えたのですが、安全面が保証できないので、急きょ男性にお願いしました。

個人的には、結婚して幸せな家庭を築きたいというのが、本音のところです。この活動をしながら、だんだん一人ひとりが自分にできることをしなければいけないのだという気がしてきて、足元を見つめる機会になりました。私は九州の宮崎の出身で、今回、台風14号で被害に遭った地域で、被災復旧ボランティアにも行ってきたのですが、遠くを見つめて私にやれることをやりながらも、自分の足元も見ながら自分と周りのこともすごく考えるようになりました。ありがちなことだけど、幸せな家庭を思うようになりました。

妊娠・出産に関して女性を救う活動をしていて、そういう現場とのやりとりの中で、実はその人たちの方が、日本より人間味がある生まれ方だったりするんですよ。みんなに見守られて、確かに日本に比べれば死ぬかもしれないのに、家族とか地域に守られる目というものを、逆に途上国から学んだと感じます。自分の生き方もだんだん変わりつつあるなあと。

アフガニスタンに伝統的な助産婦さんがいるのですが、日本の助産師さんに聞くと、意外に同じようなことをやっているのです。生まれる時に、生まれ出やすいように脂を塗ったりする。日本でも、昔やっていたことと聞きました。日本では、出産がどんどん医療化しているけれども、私たちは、どちらかと言うと、地域に根ざした伝統的な助産婦さんとか、取り上げ婆さんたちをバックアップすることを中心にしたい。新しいものを取り入れたり技術移転をしたりというよりは、そういう人たちが使えるものを贈ってあげたりとか、トレーニングしたいという人にはトレーニングしてあげられるようにしたいと思っています。

＊もっと知りたい人は：アフガニスタンでは、旧タリバン政権の下では妊娠や出産に関する指導は禁止され、その活動をしてきたNGOのアフガン医療連合はスタッフが殺害されるという厳しい状況だった。妊産婦の死亡率は、世界でも最悪の水準とされる。家族計画国際協力財団（JOICFP、ジョイセフ）は、2002年からアフガニスタンの復興支援に取り組み、伝統的な助産婦の育成事業や、妊婦らの栄養にもなる果樹の栽培、戦争孤児の自立を助けるための乳牛の提供、クリニックのスタッフ研修などを展開。ランドセルを送る活動は、2004年から実施。

ジョイセフ　http://www.joicfp.or.jp/
ランドセルの旅
http://www.joicfp.or.jp/jpn/kokusai_camp/syusyu/diary2005.shtml

英国でガールスカウト活動をする

シャリー・ナイラー　Sharrie Naylor　さん

＊略歴　Sharrie Naylor　コンピュータプログラマー。ボランティアとして子どもの頃からのガールガイディング活動を続け、今は年少者の指導に当たる。23歳。（8月26日、地球市民村で、日本のガールスカウト連盟のパビリオンでの活動後に、英語でインタビュー）

私たちは、英国ガールガイディング（日本のガールスカウトに相当）を代表して、地球市民村にやってきました。組織の会員は60万人。若い女性を対象とした団体としては、英国最大の組織です。女の子も会員として受け入れているボーイスカウト組織よりも、女の子だけの私たちの方が大きいのですよ。

今回は、日本のガールスカウト連盟の招きで文化交流事業の一環としてやってきました。東京で5日間過ごしました。その後、岐阜県の白川郷でも里山保全活動に参加してきました。ギフチョウがすむことができるように下草を刈ったり、カイコの様子を見たり、まゆからしおりを作る体験をしたりしてきました。旅の全体を通じてのテーマは、「持続可能性への学び」（Education for sustainability）です。英国に帰ったらこのいろいろな体験を、一番小さな「レインボー（5歳から7歳）」から「ブラウニー（7歳から10歳）」「ガイド（10歳から14歳）」「レンジャー（14歳から25歳）」などに話して、そこから次の活動に展開していきます。

自分たちの国を離れることで、新たな視点でものをよく見ることができると思います。自分の国にいると、当たり前だと思って気がつかないでいることがたくさんあると思います。あまりに慣れ切ってしまっているから。それが全く別の場所に行くと、あーこれだ、と気がつくことがいっぱいあります。私たち全員は、帰ったらこのことを話そうとみんな本当にわくわくしているんです。

環境にはもちろんですけれども、文化や伝統にも目を向けています。私たちは明治神宮で2日間滞在させてもらいました。巫女さんのとっても素敵な舞いを見させてもらったのですが、英国にはないとても素晴らしいものでした。巫女さんの着物を着せてもらって、お茶の体験もしました。抹茶は素敵でした。大好きです。英国のお茶よりおいしいと思います。明治神宮の夜のお祈りにも参加しました。とっても静かでした。真っ暗な中、たいまつの明かりに導かれて歩きました。えらい神主さんがその儀式の全部を見せてくれたのです。蚊がたくさんいて、いっぱい噛まれましたが、とても素晴らしかったです。

その後に行った白川郷は、山の中にあって、天国のような場所でした。田舎の光景は実にきれいでした。とてもモダンな東京と大きな違いでした。私たちは明治神宮にいたといっても、それは都市の中の公園でした。そこから離れて山の中に入るのは、最高でした。

私たちの多くは英国で都会に住んでいるので、その方がいいと思っていますが、実際に山に入ると、「わーっ」と、ただ息をのんでしまいました。

私自身は、ロンドン郊外のとても車の多い道路に面して住んでいます。でも私は、ロンドンで働いているのではありません。多くの人たちは、ロンドンへ電車で汗だくになって通っています。日本の地下鉄にはエアコンが入っていますが、ロンドンの地下鉄には入っていないので蒸し暑いです。私は逆方向の田舎にある事務所で働いています。私は町中が嫌いなので、田舎のゆったりとした環境が大好きなのです。

私はあちこちを列車で旅して、日本がどれだけ緑豊かなのかを今回学びました。何千メートルという高さの山もあり、本当に素敵です。ここにいる間、雨に降られることはありませんでした。英国では、この間ずっと激しい雨だったようです。英国はいつも雨です。

万博会場に来て、ガールスカウト・ガールガイドの活動のお手伝いをしています。イギリスの紅茶やビスケットを出したりしています。日本のお茶のような素敵さではありませんが。英国のいろいろな場所に伝わる伝統的なカントリーダンスの紹介もしています。地域ごとに違った踊り方になっているのです。私たちのグループは、英国各地から選ばれて来ているので違う踊りができるのです。5歳くらいになるとみんな踊りを教わります。いろいろな踊り方、ステップの踏み方があって、教える人それぞれによっても微妙に違うのです。笑いながら、飛んだり跳ねたりする愉快な踊りです。これを来場者の皆さんにもお教えしています。何人かが組みになって踊るものと、大きな輪になって踊るものとがあり、誰でも参加できるので、「一緒に踊りましょう」と皆さんを誘い込んでいます。

そして休み時間には、ほかのパビリオンを見学させてもらっています。こんな大きな博覧会は見たことがありません。私自身がこれまで経験したことがある博覧会は、この地球市民村のサイズくらいのものです。バスでここに着いた時には本当にびっくりしました。こんなに広くてどうやって全部を見ればいいの、と思いました。

ここにいられるのも、あと3日です。残念です。日本にこんなになじんだのに、本当に残念。ここにいさせて下さーい。

私はソフトウェアエンジニアで、コンピュータのプログラムを書いています。一緒に来た仲間たちにはいろいろな人がいて、大学に入ったばかりの子もいますが、先生になったばかりの人、看護師の資格に挑戦している人、地理学や外国語を勉強している学生もいます。18歳から27歳程度のグループです。私自身はちょうど真ん中ぐらいの23歳。

ガールガイディング活動には、7歳の時にブラウニーになってからずっとかかわっています。次の段階のガイドになり、さらに指導者側のヤングリーダーになって、大人リーダーになりました。今、ブラウニー、ガイド、レンジャーという若い女の子たちの指導者をしています。同時に、私の所属する地域での広報と新規募集の仕事もしています。プログラムの評価活動の委員会にも所属しています。14歳から26歳という幅広いメンバーが、自分たちがやっているプログラムについて評価をするのです。

環境に関しては、年齢層によって違いますが、まず一番小さな子どもたちは地元の自然保護地区に行って生態を学んだりします。どんなものが、なぜ、その地域で守られることになったのかなどを学びます。地域の公園などで、花を植える活動のお手伝いなどもします。植えた後の手入れなどもしながら、緑を守ることの大切さを体験します。同時に、どのようにするとものごとがよくなるのか、ちょっとの努力で大きな違いを生み出すことができるのかを知ってもらうのです。

例えば、私が担当しているブラウニーたちは、球根や苗を公園に植えています。植えてから数カ月後にそこに行ってみると、とてもきれいに育った植物が並んでいます。単にきれいな場所をその地域のためにつくっただけではなくて、ちょっとした努力で大きな結果が生まれることを分かってもらえると思います。そういう体験を通じて育っていく過程で、彼らが常になんらかの大きな貢献ができるようになることを期待しているのです。

ガイドやレンジャーという、もう少し年上の年代には、公園の清掃やゴミ拾いなどをします。日本では、本当によくリサイクルのシステムができていると思います。この万博の会場の中でも12種類の違ったごみ箱があって、それぞれが分別収集されています。これは素晴らしいことだと思います。英国は違います。英国でゴミの分別やリサイクルをしようとすると、とても頑張らねばなりません。どうやってリサイクルをするのか、そういったことを英国のガールガイドたちに分かってもらう活動をしています。

もっと年上のメンバーたちには、国際的な活動への参加を呼びかけています。例えば、この万博に来るようなプロジェクトです。ゴールドというプログラムがあります。「Guiding Overseas Linked with Development（GOLD）」の頭文字です。海外に大人の指導者と共に出かけて、その地域社会でお手伝いをするのです。白川郷で私たちが自然保護活動のお手伝いをしたようなものです。私の友だちの一人は、ベラルーシでの保護活動に参加しています。アフリカ諸国を回ってエイズについての教育に参加してきた仲間もいます。同じアフリカで、飲み水問題に取り組んできた人もいます。地域社会に入って、そこのお手伝いをするのです。

また国内で若者グループの中に入って、エイズや健康な食事や自然保護などに関して、こちらから情報を提供して、みんなでそれにどう貢献できるかを語り合うプログラムもしています。単に、先生が教室でする講義のように一方的に話すのではなくて、彼ら自身にやる気を出して話し合ってもらうように進めていきます。一緒に座って、これが現状で、どうすればこれが解決に向かうかを話し合うのです。そうすることによって、自分の問題として理解してもらえると思います。

そうなのです。ガールスカウトというのは、キャンプをしたりロープ結びをしたりするだけではなくて、もっともっと広いものなのです。野外にだけこだわっているわけでもありません。それは古い考えです。

ガールスカウトの一般的なイメージとしては、英国でもほとんどの人がガールガイドが何をしているのか知りません。実際に、私たちが何をしているのかというメッセージを外に発信することは、最大の課題の一つです。

そのために、多彩な活動をしています。単に、野外のキャンプに行くだけではありません。工芸や芸術活動もたくさん展開しています。編み物などのとても伝統的なものから、写真であればモノクロ写真を撮って、それを自分で暗室で現像して焼き付けるということもします。その写真を使って、さらに何かを作るということもします。カメラを操作し、フィルムを処理するというすべての段階にかかわって興味を引き出すのです。こういうことは、昔から男の子のこととされてきましたが、これを女の子もどんどんとやるのです。そうしないと、男の子が全部を取ってしまうでしょ。

私自身が、コンピュータプログラマーです。私は、これは男の子だけの仕事じゃないわ、と言い続けています。プログラミングも男だけの社会でした。仕事で関係する人は、ほとんど男性です。私たちは、女の子たちに自分たちがしたいことは何でもできるんだということを教えたいと思っています。

私自身、ガールスカウトの活動をしていて、これは男の子の世界だ、作業着の世界だと考える時もないわけではありません。でも、「そうよ、私たちはガイドなのだから作業着の仕事もするのよ」と思い直すのです。女の子たちに、自分たち自身でものごとをよくするように行動してもらえるように指導しています。

それが出発点なので、まずは自分の世話は自分でするということから始めます。精神的に、心理的に、そして肉体的にどう自分を強め、律していき、責任ある市民になれるのかから取り組みます。

その次に、世界にどう働きかけるかに進みます。どのように自然保護を進めるのか、なぜそれが大切なのか、その地域にとってだけではなく、国全体として、あるいは国際的などんなよい効果を持つのか、といったことに広げていくのです。もちろんこれは学校教育が一部は担当している部分ですが、それは往々にして理科の授業のようにカバーすることはあっても、それが社会にどのような影響をもち、あることをする小さな試みがどれだけ大きな意味を持ってくるかなどは教えるものではありません。実生活へのつながりというものは、学校の授業は欠けているのです。そのギャップを私たちは埋めようとしているのです。

女の子たちが大きくなっていく途中で、大学進学前のギャップイヤーと呼ばれる時期を過ごす時や、夏休みには、地域社会と深くかかわるプロジェクトをします。私自身の地域で言えば、障害者のための活動をしています。とてもきれいな自然保護区があるのですが、斜面がとても急なので、障害者でも歩くことができる道を環境にやさしい素材でつくって、斜面の下にある池のそばまで障害者が行けるように自分たちで整備し、またそのための募金活動もしてきました。障害者の皆さんは絵を描くことができる人たちで、池のそばまで行っていい環境でいい絵を描けば、それが売れて、彼らの暮らしを支える収入となります。お金だけの問題ではなくて、何かできるのだということに価値があると思います。

最近のものごとは、全部経済原則に従って、すべてがお金に支配されています。ガールガイドの世界にいることで素晴らしいのは、そこに人がいて、それぞれが尊重し合っているということです。この日本でも、英国とは全然違うことを体験しました。いくつかはとっても大好きで、英国でもやってみたいと思いますし、いくつかは全く私たちには理解できないものもありました。それが、つながりなのだと思います。全く新しいことを、初めての人と一緒にするということが、友情を生んでいきます。例え、それがあまり好きではない活動であってもです。友だちとそれをしたことを忘れないと思います。それが、相互理解だと思います。

この市民村でも、コスト回収がどうのとか、ここでいくらお金をもうけようとかいうことはなく、ものごとが成り立ってます。一緒に何かをやりましょう、という気持ちでつながっている。それが素晴らしい。一度そういう考えが頭に入ってしまうと、お金のことは横において、リサイクルのためにはお金がかかってもいいとか、持続可能な方法で作られた製品には、ちょっと余分にお金を払うとかいうことにつながっていくと思います。こういうことが、特に若い世代に大事なことだと思います。何が大事かということを一度理解したら、それを深めながら成長していくことができるからです。

私にとって今、大事なことは、小さな女の子たちを、何か新しいことをやろうと思ったらできるのよと教えることだと思っています。私は全部のことができるわけでもないし、未来のことを今できるわけでもないので、子どもたちに何でもやってごらんなさい、という前向きでひたむきな態度こそが大事なのだと伝えたいのです。

環境に関しては、ちょっとのことで大きな違いを生むことができることをまだまだ人々は知らないと思います。3週間かかって何かをするというのではなく、毎日の暮らしの中にある工夫だと思います。英国では、電力も水も私たちは浪費しています。生活の仕方をちょっと変えるだけで、大きな変化を生むことができると思います。

　私自身は大変恵まれていて、空間がたっぷりある田舎に住んでいます。緑の中にいます。大変に静かで、落ち着いた場所で暮らせています。都市化された場所に住んでいる多くの人は、田舎の美しさを知るための機会に恵まれるべきだと思います。こういうことを人々に伝えたいと思います。この世界がどんなに素晴らしいか、です。全く違った気候の日本に来れたことも素晴らしいです。生き物も素敵です。あの、とってもうるさい虫はなんていう名前ですか。セミ？　そう地中に6年いて、地上に出たら一週間で死んでしまうあの虫。私たちの日本のホストたちは当たり前のようにしていましたが、私たちはびっくりしていました。コオロギやバッタは英国にはいますが、セミはいないのです。

　英国には毒ヘビもいません。白川郷で下草刈りをしている時にも、これ以上入るとマムシがいますとおどかされました。そこでもちょっとの時間しかやっていないのですが、みんなでやるととっても広い区域がきれいになっているのです。全部で25人くらいだったのに。グループの力だと思います。これも環境問題で、小さな努力が大きな結果につながるということと同じことだと思います。

＊もっと知りたい人は：ガールガイディングUK（Girlguiding UK）　1909年に英国でボーイスカウトの最初の大会が開かれた時、女の子だけのグループが数百人の仲間を代表して加わったと言われる。ボーイスカウトの創設者のボーデンパウエルは、翌1910年にガールガイドを創設。踝《くるぶし》近くまでのスカートをはき、走るのははしたないとされていた当時の少女たちに、野外活動を進めるのは愚にも付かないと批評されながらも、若い女性のための英国最大の組織に成長。

ガールガイディングUK
http://www.girlguiding.org.uk/
ガールスカウト日本連盟
http://www.girlscout.or.jp/

自然な出産と育児を広める

内田淳子　Uchida Atsuko　さん

＊略歴　うちだ・あつこ　テレビ番組制作会社勤務の後に、「NPO法人自然育児友の会」の専従スタッフとなり、今は理事長兼会報編集長。47歳。（9月24日、閉幕直前のイベントで、観客の皆さんの前でのオープンインタビュー）

私たちは、6月に地球市民村に出展していました。だっこひも（スリング）を実演していた赤ちゃん連れのおかあさんたちが毎日3、4人。就学前の子どもを連れているのが2、3人、そして小学1年生と3年生の私の子どもは、特別な許可をいただいてかなり長い期間参加しました。最低5、6人の子どもが、毎日この会場にいたと思います。

自分たちの中で、トラブルがあってはいけないと思って、連れてくる子どもの数をセーブしていました。今は、そんなことをせずにもっとやればよかったと思っています。

効率ということで言えば、比べるべくもなく落ちてしまうわけだけど、母親が社会に出て活動していく時に、子どもがいるのは当然なのです。万博は大きなプロジェクトで、いろいろな規則があるから連れて来れないということには、決して負けたくはなかった。障害を持っている人も、シニアも、いろいろな場所に出てくるようになっているのと同じように、子連れの女性が出ていろいろな活動をしやすくするようにするのは、進んでいるようでいて、こういう場に来ても、まだまだハードルは高かったと実感した一カ月でした。

これは、隠れたテーマだったと思います。私たちの表のテーマは、赤ちゃんのお産であったり、「きずな」であったりした。この隠れたテーマについては、期間中から子連れの私たちの姿をもっと見せなきゃ、アピールするべきだったなと思っています。終わってから分かるんですよね。

日本社会でスーツ姿のサラリーマンが満員電車で出勤していく、それができるのは、家でお母さんと子どもが二人だけでずっと生活をしているからで、極端に二つに分かれた暮らしになっていると思います。なるべくお父さんに家に戻ってきて欲しいし、それにはお母さんが出やすくなっていないと、お父さんも戻ってこれないわけです。社会全体でゆっくり変えていくしかない。どっかだけが変わっても、バランスとしてある部分だけが極端になっていくだけになると思います。

私の場合は世代的なこともあるのだけど、女性も仕事をしていきましょう、というメッセージを小さい時から受けてきました。ただ実際に社会に出てみると、子育てをする段階になると女性は、突然ルールが変わって家に戻って行ったという世代だと感じます。それにすごく疑問があって、別に好きで戻ったわけではないが、今の仕組みの中ではお父さんは出て行き、お母さんはこもっていなければいけない。でもお母さんたちも、若い時にやろうとした仕事はあるわけで、それを生かしながらそのお父さんの経済活動を何とか補足していくということも、この自然育児友の会のメインのテーマではないのだけれども、そこの部分にも入っていかないと、いいお産の方法やおっぱいの上げ方だけを教えていても変わっていかないと感じています。なるべくその辺まで触れていくように、会報の中などではしています。

自然育児という言葉を、インターネットで探すと結構いっぱい出てくるようになりました。私たちの育児サークルは、20年ほど前に「自然育児友の会」ということで始まりました。一人の助産師さんが、日本のお産の状況や母乳育児の知恵が伝えられていないという状況をすごく心配して、積極的に昔ながらの日本のお産の知恵であったり、母乳育児の知恵であったりを伝えようとして始まりました。山西みな子先生という方です。今年の2月に亡くなられました。彼女から学ぼうと普通のお母さんたちがつくったのが、この組織の始まりです。

私は、その創設からずいぶん経ってから入ったのですが、ここ10年くらい山西先生が心配されたように、おばあちゃんから母乳育児の知恵を教えてもらうことがどんどん少なくなるとか、お産を自然な形でする産院が減ってくるとか、自然なお産を支える環境がどんどんなくなってきていると感じます。結局、そういう自然なお産に関心のある方たちがたどりつける組織が、私たちの会くらいになってしまっていました。10年くらい前では300人くらいの数だったのが、今は全国に2600人くらいお産に関心のあるお母さんたちが、お産の前に入っておっぱいを卒業する頃にやめていく、だいたい2、3年のサイクルで変わっていっています。

専門家である助産師さんやお医者さんたちが、より人間的なお産の環境をつくろうとして勉強会をしていたり、助産師さんのネットワークをつくっていたりとかはあるのです。私たちが誇りにしていいのは、お母さんの立場からのネットワークなんですね。おそらく小さいサークルが次々と生まれていると思いますが、一貫して自然なお産と母乳育児ということを言い続けているネットワークの中では一番大きな組織だと思います。

この地球市民村で、お産と育児の会が、環境のNGOの間にいるのはなぜと思われるかもしれないけれど、本当に同じ問題を抱えていて、一番のサステイナビリティ（持続可能性）に必要な「お産」という部分が脅かされているわけですね。私たちの会は大きいとは言いましたが、今後も先進国の中では、自然なお産に関心を持っていくという人は数パーセントで推移していくと思います。今、お産は99％が病院で行われています。私たちが大事にしている、昔ながらの女性の知恵が生かされたお産というのは、助産院によってかろうじて守られています。しかし、この助産院は全国に1000軒ないんです。私たちの会は、そういう方たちとネットワークがあるので、何県の方が来ても必ず助産師さんを、病院で管理されたお産よりは、女性が主体的に選べるお産をできる助産師さんを紹介することができます。普通は、妊娠して近所の病院に行ってそのままに生んでいくわけです。その出産日がクリスマスやお正月であったりすると、お医者さんの勤務状態によって12月20日に産まされているとか、そういうことがまだ平然と多々あるんです。

もちろん、大きな病院でそういうことをしないところも増えていますが、とんでもない状況なんです。私たちの声も小さいのかもしれないが、なかなかそこまで伝わっていきません。ひどいなあと思っているのが、帝王切開の話です。

日本の女性の帝王切開の割合は20％です。そもそもお産というのは病気ではないので、普通な生活をしている健康な女性であればそんな割合にいかないはずなんです。だけれども年々増えています。

助産師さんたちは、逆子でも手でひっくり返して何とか出す、逆子を治すという手のマッサージとかいろいろな知恵を知っていた。しかし、この頃は病院でそうなると、簡単な体操とかは教えてくださるが、何日までに治らないと、「はい手術」となってしまうわけです。そういうシステムの中だと、帝王切開が増えていくしかないのです。一度帝王切開してしまうと法律で決まっているのですが、自然分娩を助産院ではできなくなるのです。十字におなかが一度切れていますから、いきむ時に危険だということです。どんどん自然なお産から、安全な方に安全な方にという規制が働いて、野生のお産から離されていっているわけです。

この傾向は、かなり強いです。6月に出展していた時期にインドとフィリピンの方もいて、第三世界の都市部でも90%が病院の出産になっていて、インドの大都市では90%が帝王切開になっているとのことでした。ブラジルでもブラジリアでは、帝王切開が90%になっていると聞きます。そういう部分を何とか見直そうという人たちは出てきていますが、弱い。自分たちの力の弱さを噛みしめながら何とかやっているという状況です。

アメリカも、帝王切開は24%になってきて、まだ増えつつあります。日本は何とか頑張ればいいところにいるが、流れとしては難しそうだなあと感じます。

私たちが「自然育児」というのは、自然なお産をするということです。お産は病気ではありません、なるべく医療の介入を少なくしたお産をしましょう。生まれたならば、その赤ちゃんは人間のおっぱいで育てましょう。この二つがあれば、当然の帰結として、なるべく抱っこをしてお母さんから離さずに育てましょう。この三つをしておけば、かなりの部分でそれから後の子育ての悩みや問題というのは減少します。

3歳までは何がなんでもお母さんが家にいなければならないという「三歳児神話」ということが日本では言われたことがあるので、それとは一緒にされたくはありません。まだ日本では、そういう研究が進んでいないのですが、アメリカとか英国では自然育児のメリットが数字として出てきているのです。自然なお産をすると、すぱっと麻酔でおなかを開くのと違って、陣痛の過程で産道を開く間に順番にホルモンが出てくる。そのホルモンがおっぱいを出やすくする。また、子どもに対する愛情を感じやすくするホルモンであるとかが順番に出てくるんです。陣痛は痛いけれども、その時間をきっちりと経過すると必要なホルモンが全部出ているんです。そうすると、手術で赤ちゃんを出してしまったよりは、おっぱいも出やすいし、子どもを自分の子どもとして認識してかわいいと思うようになるというデータが出ているのです。普通のほ乳類だと生まれてすぐ子どもを離すと、自分の子どもだと認めなくなる。人間は高等動物すぎて、認めてしまう。だから子育てがいやになったり、虐待したりという、そういうことが起きるのではないか、という仮説を立てる先生もいらっしゃいます。

安全にとか、衛生的にと言って、そういうプロセスをショートカットしてきたところがあります。そのツケは見えにくいけれども、小さな子どもに出てきているのではないか。そういうふうに、私たちも思っています。

私の子どもは小学校3年生になりましたが、当時から一緒にやっていた中心メンバーと一緒にまだ活動に加わっています。約10年かかわっていることになります。私も忙しく働いていまして、山西先生に出会って私が普通に得ていたお産の情報と全く違っていたのが分かった。彼女のアドバイスでおっぱいをあげたり、お産の時期を過ごした時の充実感、子どものかわいさには自分でも驚くほどで、そういうお母さんたちがちょうど何人も周りにいて、これをほかのお母さんにも伝えたいというのが爆発した時期だった。「もっと伝えようよ」というのが原動力になって、毎年会員さんが増えていった。なかなか止まらない状況にいる。私は医療の専門家ではないので、先ほど言ったデータはいろいろ出ていると思うので、むしろお母さんが子育てを嫌わないとか、お産が好きになるとか、そういう仲間づくりのネットワークを広げたい、情報源として育てておきたいという思いでやっています。

みんなお産が好きなので、ちょっと1、2年やるとどっかにまた産みに行ってしまう、だからパワーとしては危ういものはあるんだけれども、これだけお産が好きな人たちはいないのではないかと思うくらいです。おっぱいあげるだけでどれだけ自分が幸せになったとか、子どもといるとどんだけ幸せかとか、本当にそのままお母さんからお母さんに伝えられる組織だと思います。

自分たちの団体について言うと、「ほかに、そんなにないぜ」っていう気持ちです。

私は、テレビのプロダクションでニュース番組の制作をしていました。夜10時からの番組だったので、昼1時に入って朝1時に帰るという生活を数年やっていました。10年くらい前で、上の子の時は海外の特番とかやっていました。カンボジアとかの番組があって、リサーチをして制作をするということがあったのです。上の子が3歳くらいまでは、そういうプロジェクトを持っていました。

今は、自然育児友の会の専従です。スタッフとしては1997年からです。テレビの仕事とだぶっていた時期もあります。熱い思いを持ったスタッフが集まっていますが、なにぶん当事者でもあるので、組織化していくのがとても難しい。これだけ育ってきている会なので経済として成り立たせたいと思うのですが、「お母さんはそこまでしなくてもいい」という気持ちも強い。そのバランスをとりつつ、仕事化できるものは仕事化していきたいと思っています。

赤ちゃん産業との連携というのでは、今回の万博で初めてスポンサードというのをいくつかしていただいたのですが、こわごわとしてみました。やってみて、少し考えて、また進みたい。日本の育児サイトはたくさんあると思うのですが、広告の一番いいところにあるのは、粉ミルク、そしてベビーカーのメーカーです。でもどっちとも、うちから言うと「アンチ」になってしまうのです。母乳と抱っこを勧めているわけですから。ベビーカーに乗ってはいけないと言っているわけではないのだけれど、それに頼りすぎるのが子育ての情景をよくしていないと思っているから、そう簡単にするっと握手をするわけにいかない。

地球市民村に参加して、すごく刺激を受けました。のんびりと仲良くサークルとしてやってきたので、ほかの会の方たちがスタッフとして仕事を分担して、組織として動いているのに刺激を受けました。

仕事ということで言うと、私は企業との連携には興味を持っていなくて、私たちがやっている子育ての文化は新しいライフスタイルなので、自分たちでつくっちゃえと思っています。スリングショーというのを何回もしました。お母さんが起業したメーカーがほとんどです。20社くらいお母さん起業があるのですが、私が数年間付き合って来た中では、年商1億円というところもあるし、今度自由ケ丘に店を出しますというところもある。授乳服を毎月ネットで500枚売っているというお母さんもいます。それは、みんな数年の歴史の中での私たちの仲間なわけです。こういう子育てのマーケットをつくっていけば、自然に私たちをサポートしてくれるわけです。ちょっとどこまで壮大に夢を描いていいか分からないけれども、そういうお母さん企業を周りに増やしたいと思っています。そういう見本市を毎年やっています。今年は50ブース出ました。お母さんたちが自分で作った育児グッズとか食べ物を持ってくるのです。一日に親子で2000人来たりします。

地球市民村での「環境」というテーマは、大切だと思います。私たちは育児の会だけれども、子どもに熱があっても病院で抗生物質をもらうのではなく、テレビではなく自然の中での体験をさせ、そうした一連のライフスタイルがある。そういう仲間のコミュニティをうまく、マーケットも含めてつながっていければ私も生きやすくなると思う。お産やおっぱいの情報を伝えるだけではなくて、一つのコミュニティとして社会に影響を与えるところまで行きたいと思います。

＊もっと知りたい人は：日本における出産場所は、この数十年で大きく変わった。1950年には出産の95％以上が自宅だったのが、1960年には50％を切り、1970年には自宅出産はわずか4％に激減。助産所での出産は1970年には10％あったが、これも1980年に4％以下に、1990年には助産所1％、自宅0・1％にまでなった。自宅での出産から病院や診療所での出産に、30年間で完全に切り替わってしまった。暮らしの中にあった出産は、病院の壁の奥の出来事に姿を消してしまったかのようだ。

NPO法人自然育児友の会　http://shizen-ikuji.org/

英国で子どもを守る活動を続けてきた

マーガレット・マッケイ　さん
Margaret McKey

＊略歴　Margaret McKey　社会福祉士からスコットランドのエジンバラ東部の地方議員を経て、子ども関係の非営利組織のマネージメントを重ねる。現在、チルドレンファーストの責任者。63歳。（9月9日に、英国エジンバラ市のチルドレンファーストの事務所を訪ねてインタビュー）

私は、チルドレンファースト（Children 1st）という慈善団体の運営責任者（Chief Executive）をしています。この団体は、子どもたちをいじめなどから守る活動をしています。

団体の活動は、1984年にさかのぼります。ビクトリア女王の時代で、英国全体で次々に慈善団体が立ち上がってきた時期です。ニューヨークでの少女虐待をきっかけにアメリカで始まった子どもの虐待防止活動が英国に入ってきて、ロンドンやエジンバラで組織化が進みました。その流れでできたチルドレンファーストは、スコットランド地域で活動をしています。

活動の内容は大きく言って四つです。普通の人々に子どもの虐待について考えてもらうこと、虐待を受けた子どもらへの直接の支援、子どもの権利についての啓発活動、そして問題が起きている家庭への支援です。この最後の活動内容は、最近始めたばかりで、ニュージーランドやオーストラリアで取り入れられている手法に倣ったものです。例えば、離婚に追い込まれた家庭の中では夫婦はそれぞれの言い分があって、子どものことについて冷静に話し合ったりすることが難しいのが普通です。しかし、子どもらにとっては父と母は大切な存在です。なので、関係する親族など と広く連絡を取り合って、とにかく子どもらへのインパクトが少なくするように支援するプログラムです。

私は、ここの運営責任者を1998年の10月からしています。7年目になります。それまでは、重い病気にかかった子どもらのための「チルドレンホスピス」の運営責任者でした。その前は、「スコットランドの子ども支援ダイアル」の事務局長をしていました。もともとはごく普通の社会福祉士（ソーシャルワーカー）で、役所や福祉団体で子どもの保護を担当していました。1970年からです。社会福祉の仕事をしていると、どうしても政策にも目が向きます。

例えば、当時はホームレスの人を保護する法的な枠組みがありませんでした。あの頃は家を借りるにしても夫の名前で借りるのが普通だったので、離別すると男性が無責任な人の場合は女性や子どもが追い出されて、行く場所がなくなるということもめずらしくなかったのです。こういう場合は、住む場所だけではなく、仕事や、病気や、子育てなどいろいろな支援がいるのですが、まず住む場所がなければ何も始まらないのです。

そんなことから、私は政党のメンバーになって週末の活動などをしていて、そこから地方議会の議員選挙にその政党推薦で立候補することになり、当選してしまったのです。エジンバラ市の東側にある町村全体を管轄する東ロジアン地区議会の17人の中のたった一人の女性議員でした。4年の任期を3回務めました。

議員になってみて分かったのは、社会福祉の問題を議会が軽視しているというのではなくて、議論の場にその課題が提示されていなかっただけだと感じました。自分で必要だと思うことを議題にすると、それがやがて条例や法律になっていくことをいくつも見てきました。

今は、この活動をしているので政治的な中立性が必要です。寄付をしてくださる皆さんにもいろいろな政治的な立場があり、また政府や自治体との関係でも政治的な色を持つことは、本来の子どもを守るということとは違った議論になってしまう可能性があるからです。

チルドレンファーストは、年間600万ポンド（約12億円）の予算規模で、その収入の半分は個人や企業からの寄付金で、残りの半分が政府や自治体からの事業委託金です。

それでも、政治に働き掛ける仕事は必要です。組織として継続して取り組んでいます。この4月にも、スコットランド自治政府の新しい法律を作り上げたばかりです。子どもが法廷で証言に立たされる場合に、その権利をどのように守るかを規定した法律で、これにはほかの団体と一緒になって政府への働きかけをしたのです。

エジンバラは、スコットランドの中心地として大変に繁栄しています。きれいな街並み、金融を中心とする産業の発展、人々の給与は上がり、不動産の価格もどんどん上がっています。しかし、町の中心地から3キロ離れただけで、全く違った様相を見せます。東南部、西部、西北部の三つの地域では、失業率が20％、心身障害を持つ人が多く、また薬物が蔓延しています。この美しい街の隠された側面なのです。子どもらは服装も貧相で、教育も行き届いていません。

都市は繁栄し、大多数の人々はいい暮らしをしています。しかし、底辺の10％の人々は全く反対の方向に進んでいます。現代社会は、情けないことに社会の格差を大きくし、貧しい人をますます貧しくしています。薬物におぼれ、暴力を振るい、健康を害し、体や心が不自由だというマイナス面が、さらにやる気を失わせ、深みにはまらせています。スコットランドでは、3代にわたって仕事についてこなかった家族も現実にいます。120年の歴史を持つ子どもの虐待防止組織が、今も活動をしなければならないのが現実なのです。

1880年代、ニューヨークでメアリーという8歳の女の子が虐待される事件がありました。しかし当時は、子どもは親の所有物で何をしても周りが手を出せない状況でした。そこで、ニューヨークの教会の人たちが、すでにあった動物の虐待防止の法律を楯にとって「人間という名の動物」という解釈で彼女を虐待する家族から引き離し、その親を処罰することに成功しました。これが、きっかけなのです。エジンバラでも当時は子どもたちは搾取され、叩かれることはむろん、あまり表には出ていませんでしたが子どもの売春などの性的な虐待も受けていたのです。1960年代になると、人々が子どもの権利について意識を高めはじめ、3歳以下の子どもに手を上げることを禁じる法律ができるまでになったのです。

私たちのような活動をする組織は、英国では「チャリティ」と呼ばれます。ラテン語の愛という言葉から来ています。教会を中心にして、巡礼者らに宿と食事を提供していたことなどの中世の行為から発展したと思われますが、別に教会とか宗教に必ず関係しているわけではありません。

ビクトリア王朝時代には、産業革命で英国は大きく発展します。それまで人々は小さな村に分散して暮らしていたのが、産業革命で多くの人手が必要となり都市部に人が集まりました。その人々は、安全な水もない非衛生な環境の中でひどい暮らしをしていました。

商人の中には、大変な富を築く人も出てきます。その中に、実は自分たちの富が社会的な悲劇の上に築かれていることに気づき始める人が出てきたのです。路上で暮らしている子どもらを引き取ったり、親を失った孤児《みなしご》を面倒みるような組織が、次々にビクトリア時代に花開くのです。

その仕事のうちのいくつかは、政府の仕事に組み込まれていき、またあるものは医療の充実によって親の死亡率が下がって孤児が減る、などの社会状況の変化で活動を終えるなどしていきました。それでも人々は、常に必要な社会的な役割を見い出して、次々に新しいチャリティを生み出しています。

毎年、スコットランドだけでも何千もの新しいチャリティが生まれ、また古い組織もその時代、時代に合わせて活動の中身を変化させてきました。最近は、フレンズオブアース、WWFなど環境関連のチャリティが明らかに多くなっています。

こういう民間側の動きに比べて、政府や自治体の方は、変化を認識し、それに対応していくのが遅いと言わねばなりません。だからと言って、政府や自治体とぶつかる必要はなく、何が必要なのかを伝えていけばいいのだと思います。

政府との関係で言えば、一つの課題が出ています。今、英国政府は難民に対して厳しい姿勢を取ろうとしています。朝の6時に、違法滞在者の家を制服の警官らが押し入って、子どもらの前で両親らに手錠をかけて一緒に引き立てていきます。子どもにとっては、大変恐ろしい出来事です。この子どもらをあまりに驚かせたり、傷を負わせたりしないようにと私たちは思っていて、これを政府に理解してもらうには大変注意深い努力が必要です。

私たちの活動は、企業や個人から貴重なお金や時間をもらっています。1ポンド（約200円）の寄付金のうちの89ペンス（180円）が子どもらを対象にした活動に使われています。去年よりも、この割合は高くなりました。もっと高めるのが、私の目標です。

こういう効率を気にした運営は、まるでビジネスのように見えるかもしれませんが、目標を達成するためには必要だと思います。かかってきた電話は、ボランティアをしたい人であったり、寄付金をしようという人であったり、または助けを求めてきた親かもしれません。それを逃すわけにはいかないのです。確実で効率的な働き方を私たちはしなければならないのです。

今、33のプロジェクトをスコットランドで展開しており、200人の有給スタッフがいます。週に最低4時間のボランティア活動をしてくれる人は900人。支援してくれる企業も少なくありません。社会的責任が昨今大きな課題になっていますので、企業の側の意識も高まっています。私たちは、企業などにお願いに行くという姿勢ではなくて、こちらで何ができるかを示すようにしています。私たちが、何を企業の側にできるのかを示すのです。従業員のグループに私たちの活動に参加してもらって、チームビルディングの効果を期待することもできます。ある企業の人たちは、私たちの子どもの活動センターの周りに庭をつくる作業をしてくれました。参加した人たちは達成感も得られ、またグループとしての自尊心も高まる効果があります。

この建物は、3年前に建てました。その前までは1キロほど南の場所で活動していたのですが、手狭になったので、その場所で改築するのと別の場所に移る費用を比較して移転の方がいいと判断し、ここにつくりました。とてもきれいに見えると思いますが、3階建てになっていて、それぞれの層は別々に使えるようになっているので、場合によっては各階ごとに貸し出すことも可能なようになっています。

職員はみんなこの顔写真付きのIDカードを下げています。これも効果的なきちんとした運営をしたいという一環です。私自身は90年代に3回、組織運営のコースを受けました。組織に加わっている人々の気持ちを高める手法や、プロジェクトをどう展開していくかの手法を、時には2年間かけて学びました。仕事の実務と合わせて、こういうトレーニングを受けることで、今のような組織を運営するマネージメント能力をつけさせてもらったのです。

私の補佐役になっている二人の若い人にも、マネージメントの訓練を受けてもらっています。この人たちが新しいマネージメントの手法などを外から持ち込んでくれると、それを受けていない私も新しい方法を知ることができます。

私自身は長らくこういう世界で働いてきて、そろそろ引退の時期にきていると思っています。10月でもう64歳になります。引退したら、海外に目を向けたいと思います。英国には退職者がその技能を海外、とくに開発途上国で生かすボランティア活動を展開している団体があります。そこに加わって、途上国の発展のために個人としてできることをしてみたいと思います。死ぬ時に、自分がいたおかげで世界が少しはよくなったと思えるような、そんな人生にしていきたいと思っているのです。

＊もっと知りたい人は：「慈善活動は英国社会の一部」とまで言われる英国では、チャリティと呼ばれる市民団体の活動が多様に展開されている。税金の優遇措置を受けるチャリティは、イン

グランドとウェールズで18万（2001年）あり、その総収入は245億ポンド（約5兆円）に達する。1000万ポンド（20億円）以上の事業規模のチャリティが336もある（チャリティコミッション資料）。日本のNPO法人の数はまだ2万5682（内閣府、2006年2月末）。100年以上にわたって市民が活動してきた英国などとの歴史の差は、まだまだ大きい。

チルドレンファーストは、NPO法人「子どもの虐待防止ネットワーク・あいち」の提携団体。

チルドレンファースト
http://www.children1st.org.uk/

直接体験を重視した多様な学びの舞台を作ってきた

高野孝子　Takano Takako　さん

＊略歴　たかの・たかこ　学生時代からオーストラリアやアマゾンなどでの冒険活動を展開し、1995年には凍結した北極海を犬ぞりとカヌーで横断。1992年にエコクラブ設立。ミクロネシア連邦ヤップ島での青少年キャンプなどを継続。「NPO法人ECOPLUS」代表理事。日本環境教育フォーラム理事。エジンバラ大学教育学博士。42歳。（3月31日、地球市民村での第2回「ないしょの企画」として公開インタビュー）

私は1999年から日本を離れてイギリスに行き、初めの1年間はケンブリッジ大学大学院で「環境と開発」という修士コースを取り、「持続可能な開発」という概念に関して横断的に勉強しました。

それからエジンバラ大学大学院の博士コースに移り、4年間、人と自然の関係に触れようとする世界各地でのプログラムを文化的・教育的な視点で研究しました。この研究で、アラスカやカナダの先住民族たちとも一緒に活動しました。

もちろん、その間に何度も日本に戻る機会があったのですが、ほぼ5年半の英国滞在を終えて、おととい帰国したばかりです。成田から荷物を持ったまま、直接万博入りした状態です。

今日は研究のことではなく、私がこれまで出合った地球のさまざまな顔、そこで暮らす人たちの様子を写真で一緒に見ていただきながら、追体験をしていただきつつ、共に考える機会になったらいいなと思います。

私は1992年にエコクラブという任意団体を立ち上げて、直接体験を重視した多様な学びの舞台を作ってきました。柱は「ひと・自然・異文化」です。

「教育」と言うと、誰かが誰かよりも優れていたり知っていたりして、それを教えてあげるというような感じがありますが、エコクラブは、これからの社会をデザインする視点や姿勢を養うことを目的にした、共に学び、育み合う「共育」の場だととらえています。

この先どんな未来をつくって行ったらいいのか、そのためには今何をしなくてはならないのか、一人ではわかりません。それを一緒に考える仲間を作りたいと思っての活動です。社会づくり、多様な立場の人たちと手を携え、知恵を出しながら進んで行かなくてはならないと思います。

今の社会には、たくさんの不安材料があります。戦争や内紛、飢餓や地球規模の環境問題、人口問題、貧困などなど。そうした不安材料をふまえつつ未来をつくることの土台になるのが、違いを違いとして受け入れる姿勢だと思います。エコクラブ、そしてその後に設立したワールドスクールネットワーク、その二つを合わせて2003年に法人化したエコプラスの基本理念がこれです。

アメリカのケネディ大統領は「地球の未来のためには、すべての人がお互いを愛する必要はない。必要なのは、お互いの違いに寛容であることだ」と言ったそうです。

これに近いことを多くの歴史的な平和活動家が言っていますが、そうした歴史に残る人たちだけでなく、ごく普通の日々を営むどんな母親や子どもも、実は気づいていることではないでしょうか。

人間だけでなく、生物や非生物の多様さを受け入れる姿勢も重要だと私は思います。これが実行できれば、世界は平和に近づくはずです。

これからお見せするスライドは、地球の現況の一面を伝えるということだけでなく、私が今のような活動をすることになった背景でもあります。自分の生き方に近づけたお話をさせていただきたいと思います。

まず南極の様子です（写真1）。壮大な光景の中にアデリーペンギンが数匹いるのがわかりますね。70センチくらいの割と小さいペンギンです。こちらは、ペンギンの中でももっとも大きいコウテイペンギンです。1メートル20センチくらいあって、のっしの

写真1　南極

つしと歩きます。ペンギンは通常、南極の短い夏の間に、氷が溶ける場所で子育てをしますが、コウテイペンギンだけが氷の上で抱卵し育てる体力を持っています。

これがジェンツーペンギンの営巣地、ルッカリーの様子です。こうしてたくさん集まることで、自分たちを外敵から守っています。ここでも数千羽います。

手前にワカメがたくさん打ち上げられているのが見えますね。こんな風に、南極大陸と海洋は、たくさんの命を支えています。一見なんてこともないような海氷や氷山にも、プランクトンが繁殖したりなど生態系の中でとても重要な役割を果たしています。

これは夕日です。私は海に浮かんだ船からずっと太陽が沈んで行くのを見ていたわけですが、空の色の変化、太陽の形の変化、海への色の付き方など、プロセスにあるさまざまなドラマが本当に感動的です。美しいです。実はこの後、グリーンフラッシュというとてもめずらしい現象を見ることができました。太陽が沈む直前に、強烈な緑の光線を瞬間的に放つのです。びっくりしました。人間は自然をさまざまな形で模倣してきましたが、こうした自然現象はつくり出すことができません。

さて、次はどこで撮られた写真だと思いますか？　マダガスカル島です。これはバオバブの木。大きく不思議な形をしていますね。

私が「レイドゴロワーズ」という、フランスの団体が主催する、いわゆるサバイバルレースに参加した時の様子です。レースとは言っても、競争よりは、こうした機会でもなければ歩いたり見たりすることのない光景に出合うことが魅力になっています。確かに、本当に息をのむような光景の中を歩きました。

例えばこれは、深さ80メートルくらいはある谷間です。ここに人がいるのがわかりますか？　幅が15メートルくらいの所にワイヤーを渡して、そこを渡ろうとしています。チロルアンブリッジなんて言ったりします。足を踏み外したらと、緊張しましたが、ふと下を見ると、岩場にきれいな花が咲いていたのをよく覚えています。こんなところにも命があるんだ、とうれしくなりました。

この谷間に象徴されますが、一帯はほとんど木もない岩山が連なっていて、恐竜映画のセットのような雰囲気でした。どこまでもどこまでも、乾いた色をした、時に大きく割れた岩山が山脈のようになっています。すごい光景でした。

ここからポンポン行きますが、あれこれ違う地球の顔です。ノルウェーの雪原の様子ですね、こちらもノルウェーの海でヨットとカヤック、これはコーカサス地方の雪山で高所トレーニングの模様です。白という色がそう思わせるかもしれませんが、周りの切り立った高山には本当に神々が住んでいるようでした。スコットランドの海です。寒そうな海でしょう？　ブイの上にアザラシが乗っかっているのですが、わかりますか？　これでも首都の真ん前なんです。

こちらもスコットランドの、今度は広い谷間です。川があり緑いっぱいの平地ですが、中央に小さな小屋があります。土地の所有者が建て、誰でも泊まってよく、維持も使用者が責任を持って行うもので、スコットランドにはこうしたものがたくさんあります。

何だかわかりますか？　そう、オーロラです。とっても神秘的ですね。私は気持ち悪いと思うこともありました。ゆらゆらと動き続けます。赤や緑や、いろいろな色があります。面白いのは、北極でオーロラが観察されている時、南極でそれをちょうど鏡に映したような形でオーロラが見えていることが多いそうです。地球の磁極の関係なんですね。

南極の夕日もそうですし、コーカサスの神々しい山々に囲まれた時もそうですが、自然の中には美がありますよね。それも移り変わっていく。厳密な意味で二度と同じものを見ることはないですね。

地球上あちこちの写真を見ていただきましたが、これからは私が環境教育にかかわる直接のきっかけとなった19年前の出来事の写真です。

英国に本部がある団体が企画した、青少年の教育プログラムに参加してオーストラリアに行きました。当時はオペレーション・ローリーと呼ばれていた計画です。十数カ国から集まった18歳から25歳までの青年たちが8人ずつのグループに分かれて、3カ月間一緒に生活し行動します。基本的には大自然の中です。私はグループではたった一人の日本人でした。

冒険・科学・奉仕のテーマごとに、それぞれ約1カ月ずつプロジェクトを実施します。プロジェクトによって、二つから四つのグループが一緒になりますから、3カ月の間にいろいろな人たちと出会い、一緒に行動します。

事前に何もセットされていない場所で生活を一から始めるのは、とても大変でした。でも、すごく勉強になりました。人の命がどうやって維持されているのかよくわかったからです。

苦労しながらも、ほら、こんな大きな光景の中でわずかでもぼーっと時間を使えるんです。山に上がったところですが、下は地平線まで見渡す限り熱帯雨林ですね。びっくりします、こんな広い光景を見たのは始めてですから。それまでは生まれ故郷の新潟の山の中か、東京のビルの中から見えるのがすべてでしたから。こういう時にまた、生まれて来てよかった、と思ったりするんですね。なぜかわかりませんが。感動と感謝がむくむく湧いてきます。

プロジェクトの一つは、海中の珊瑚の様子を記録し、痛んでいる場所は原因を解明して、必要ならばブイを打つというものでした。その中で、ほら、これ何だかわかりますか？　ウツボです！　たいていは「危険な動物」の印がしっかりと付いているものですが。なぜだか、ここでは私たちを近づけてくれました。しかし怖い顔してますよね、大きいし。このアゴでがぶっとやられたら大変です。

生活はシンプルです。燃料も周りから集め、こうして木を斧でさらに小さく切ります。水も、川から汲んできますが、オタマジャクシとか水草とかを取り除いてから、料理に使います。そうした動物や植物と同じ水を人間も使うんだという、当たり前ですが、そうしたことがダイレクトにつながる日々でした。

生活から出る汚物やゴミも、どう処理するかが問われます。循環の中に暮らしを位置付けることができた、とても面白くかつ貴重な体験となりました。

こちらは、アボリジニーの子どもたちと遊んでいるところです。私たちのキャンプ地からそれほど離れていない場所に、アボリジニーのセツルメントがあったんです。当時の政策により、集団で集められて教育をされている場所でした。

私たちがどんなに訪問を希望しても、オーストラリア人のリーダーがなかなか許してくれませんでした。「あいつらは油断ならない、酔っ払ったら凶暴だ」というようなことをしきりに言っていました。

私が先住民族の存在や歴史、現状に目を開かれて行くきっかけになったのが、この経験です。こうしたところから、不正義や人

写真2　オペレーション・ローリー

権侵害、異なるものを受け入れられないことによる悲劇、権力構造などを、実感を持って意識するようになりました。
　同時に、自然の近くに暮らす人々の深い知恵にも目を開かれて行きます。
　これはグループ写真です（写真2）。いろいろな文化を持った連中が混ざっています。それでも、このプログラムで生活を共にした友人たちとは今でも付き合っていますし、一生の宝物だと思っています。
　このプログラムは、私に、生態系の循環や人と自然の関係、健全な環境があれば人は生きて行けるといったことだけではなく、文化や宗教が異なっても暮らして行ける、平和は可能だ、という大切なことを教えてくれました。

確かに、新しく人間社会を構成する人工的なものではありましたが、もめ事のタネはたくさんあったのです。それでも乗り越えて、こうして仲間になれた、好きになれない人とも一つの仕事を一緒にすることができた、という事実はとても大きなものでした。

　私は今でも心が揺らぐ時、私が23歳だった時のこの経験で学んだことに立ち返ります。平和は可能だ、という基礎的な原則というか、ある種の自信を築いてくれた経験でした。

　こうした経験を経て、私は旅に出ます。これは？　はい、アマゾン川です。

　小さい時に一人で隣町まで列車に乗って、自分だけでもどこかに行って帰って来られるとわかりました。郷里を離れ、学生として一人暮らしをしながら、自分一人で暮らして行けることがわかりました。その後、アメリカに留学して、日本でなくてもやっていけることがわかり、そしてオペレーション・ローリーの体験で、屋根や電気といった人工的なものがなくても生きて行けることがわかりました。

　こうしてステップ・バイ・ステップで成長、というのか、世界を少しずつ広げて行ったのですね。

　そうして、行ったことがない場所への好奇心と、自然に近く暮らす人たちに出会いたいという思いで、まずはアマゾン川へ出かけました。男性二人、女性二人です。もともとはアマゾンの源流の根っこからカヌーで下る予定だったのですが、紛争地帯でとても行けないということで、ペルー領から始めました。もちろんまだ「アマゾン川」とは呼ばれていない部分です。

　アマゾンは空から見ると、見渡す限り熱帯雨林で、その中を蛇のように川がうねっています。これからここを下るのか～、やめよっかなーと、カヌーが岸を離れるまでずっと思っていました。

写真3　アマゾン

川は穏やかなところもありますが、こんな大きな木も流されて引っかかっています。こちらが、私たちのカヌー。こっちが地元の交通手段です。いかだです。モーターを付けたボートというのがあまりありません。基本的にはいかだか、木をくりぬいて作ったカヌーです。いかだは比較的長旅の場合に使うのですが、大きないかだは川下の大きな町に売りに行く食料を積んでいることが多いんです。だからいかだが来ると、私たちはわーっと寄って行って、「何か食べ物ない？」と海賊みたいにやっていました。

　アマゾンには地面に道がないので、川が交通網です。この親子もこれからジャングルに入って行って食料を取ってくるんだと思います。でも私たちに、持っていたパパイヤを分けてくれました。みんな本当に優しくて、持っているものは何でも分けてくれました。

　これが、当たり前の家の中です（写真3）。少年がハンモックで寝ている弟の面倒を見ています。下には、犬が寝ています。こんな風に、子ども同士で面倒を見合い、動物も人と一緒に暮らしています。

　食べ物は、ほとんど全部地元の人たちに助けてもらいました。水も、川の水にしぼって飲めと言われた酸っぱい果物を教えてもらいました。これは殺菌作用を持っていて、まさに地元の知恵です。

　火も貸してもらったので、これはある作家が作った言葉だそうですが、「他人の火」と書いて「他火（タビ）」という、まさに私たちはその「他火（タビ）」でした。

　私たちは最初はキャンプをしようとしていたのですが、とにかく蚊が多すぎて、私たちのやり方では夜中さされてしまうのです。ちゃんと蚊帳を張るにはジャングルの中では難しかった。燃料も質が悪くてコンロが使えず、薪も湿っていて火がおきないので、地元の家におじゃまして泊まらせてもらうようになりました。その時に、こうして火を借ります。左の鍋とやかんが私たちの夕食、右の串刺しになっているのがこの家の食事です。そう、これワニです。

　アマゾンでの旅を通して、地元の人たちがある種とても豊かだと感じました。豊かさって何だろう、と考えました。また、人間の価値についても。ここでは、日本社会の肩書きは一切、通用しません。自分が何者なのか、人を信頼し信頼に足りる人間なのか、そんなことを問われます。自分の価値観は自分の価値観でしかないと気づき、社会一般のやり方に沿う必要はない、人と比べることも必要ない、と楽になりました。

写真4　ヤップ島

同時に、文化が異なることの意味を実感しました。自分の常識が他の人たちの常識だと思い込んでいたら、理解し合えないですね。結構、思い込んでいるんですよ、私たち。

アマゾン川で会った人たちは、みんな自立していました。彼らの自信に満ちた態度は、仲間と自然と一緒に、この環境で暮らして行けるだけの知恵と技術を持っているからなのではないかと思いました。

この場所で生まれる、こうした赤ちゃんたちも暮らして行けるだけの自然環境と知恵はつないでいかなくてはなりません。でもアマゾン流域も、開発や地球規模の環境問題と無縁ではありません。

さて次は、西太平洋の小さな島です（写真４）。ヤップ島と言って、石のお金とマンタが有名です。ここにはエコクラブとして、１９９２年から青少年の滞在型環境教育プロジェクトを実施しています。

島は珊瑚に囲まれていて、内海は穏やかで魚があふれています。こうしたカヌーで、人々は海から直接恵みをいただきながら暮らしてきました。今は半自給自足ですが、完全に自給自足できるだけの環境がまだあります。もちろん、それも時間の問題になっているし、伝統や生活習慣も変わりつつあり、まさに過渡期にあります。

これは、ファルーと呼ばれる男性の小屋。もともとは男性同士で漁法や航海術、村のしきたり、歌や踊りなどを年長者が伝える場所でした。大変美しい外観ですが、これもすべて地元にある素材でできたもので、釘なども使わずに、長年培われて来た技でつくられています。

村と村は「石の道」でつながれています。何百年も前に、ここを裸足で歩いていただろう人々のことを想像しながら歩きます。こうした道の脇には必ず背の高い木々があり、ずっと日陰を歩くことができます。ところが、近年は海外からの援助資金もあって車のための道路が切り開かれ、そうした石の道を分断しています。あまり使われなくなってきて、荒れてきています。

車のための道をつくるために木々を切り倒します。アスファルトの道は焦げるように熱く、とても素足では歩けません。人々は靴を買う必要があり、また車を持っている人たちに頼らなければ移動できなくなりました。これまでは自由に自分たちで歩いて移動していた自立が、こうして奪われていくのは皮肉です。便利さって何でしょう。車を通す道路は本当の意味の豊かさにつながっていくのでしょうか。

歩けなくなって運動不足にもつながるし、ただでさえキャッシュがない人たちが「貧困」になっていきます。権力関係と金が結びつく構造も生むでしょう。

アマゾン川で出会った人たち同様、ヤップの人たちもとても温かく、堂々としていて誇り高いです。伝統と文化に立脚したアイデンティティをしっかりと持っています。子どもでもそうです。地域教育、家庭教育がそうしているのでしょう。彼らも自分たちで生きて行ける自信があると思います。この環境で生きるための知恵と技術を持っているのです。とても豊かな島です。いろいろとお世話になっていたおじいさんがいつかこう言っていました。「ヤップ島は自然が豊かなのではなく、自然があるから豊かな島なんです」。

こうした雨も恵みです。雨水をそのまま飲みますし、植物の命を支えます。海の中には珊瑚がたくさんあり、マングローブ林ともども、豊かな生態系を築いています。海は生活の場でもあります。お風呂やトイレ、皿洗いなども海辺でやってきました。こうした健全な自然環境の中で、人々の暮らしは守られていました。地球規模の環境問題は、ヤップにも深刻な陰を落としていますが、今まさに変わろうとしている伝統的な暮らしは「持続可能な社会」の一つのあり方を示していました。

さあ、これはわかりますか？　そう、クジラですね。どこだと思いますか？　カナダのうんと北、北極圏に入る小さな島で、クジラを村に引き上げようとしているところです。これは、大きなお祭りです。捕獲した人間の他に、長老たちがいい部分を先に分けてもらうことができます。地域全体にクジラが分けられるのです。

シベリアのエベェン族のおじいさん。ソリの補修をしているところです。真剣に生きて来たことが顔に刻まれているように思います。これもシベリアですが、チュクチという民族の男性です。このラブレンティアという村では、犬ぞりが復活しています。ソ連からロシアに変わって、それまでの経済補助が無くなったため、スノーモービルの部品もないし、燃料もない。昔のように、アザラシの皮で犬のハーネス（ひきづな）を作って狩りに行きます。

村から一歩出ると、こんな風なクジラの骨が立ててあったりします。何のために使われたのかはわかりませんが、数千年前の時間と今の瞬間とが融合するのが北極です。２０００年前もきっとこのような光景の中を人々が旅していたんだろうと思いながら、ふと自分がその昔とつながってしまうような不思議な気持ちになります。過去があって今があることを、とても素直に実感できる空間です。

しばらくシベリアが続きます。チュクチの少女、こちらは漁村の人たち。こうして見ると、まるで日本人のようでしょう？　彼らも日本人と同じアジアモンゴロイド。子どものうちは蒙古斑もあります。人類の移動やつながりについては、いろいろな説がありますが、こうしてよく似た顔つきをした人たちがシベリアや他の場所にいるというのは面白いことです。こうした寒い地域に暮らす技術と知恵を持った最初の人たちが、アジアモンゴロイドだったと言えます。

乾燥していて気温が低く、こうやって子どもたちも自転車で雪の上を走ることができます。レナ川から揚がった魚も、こうしておくだけでカチカチに凍り、ただの小屋も天然冷凍庫となります。

ツンドラでのトナカイ放牧の様子です。６０００頭もいるのに、彼らはほとんどのトナカイの特徴を知っているそうです。一頭捕まえていますよね。これも、私たちをもてなすために殺してくれたのですが、どれでも捕まえたのではなく、3歳になるメスだけれど子どもをつくれないトナカイを選んだということです。殺すにも、精霊たちに敬意と感謝を表す、伝統的に行っている儀式に乗っ取っていました。

ヤランガというテントの中の様子です。

シベリアに暮らす人たちの顔を見ていただきます。子どもたちが雪原でサッカーをしていたところです。アザラシ漁に出かけて、これはヒゲアザラシを解体していますね。肉だけでなくすべてを利用します。

ベーリング海峡を渡ってアラスカです。島の前でタラバガニを釣っています。服装は違いますが、顔つきはシベリアの人々と似ていますよね。これはセイウチの肉です。

写真5　刺繍の女の子

お母さんは、赤ちゃんを前に抱えます。すっぽり服の中に入れて、暖かくしています。こちらは3歳のマリアちゃん。お父さんが獲って来たカリブーに手をかけています。気温は摂氏、零下32度くらいですが、素手ですね。フードについている毛皮が白くなっているのは、息が凍り付いたものです。

これはそのお父さん。手にしているのはシロイルカの皮と脂肪のところです。マクタックと呼ばれますが、彼らの大好物です。この人たちは、ユピックという民族です。このシロイルカも自分たちで捕るわけですね、買うのではなく。

さてカナダ北極圏に入ります。役場に来ていた親子ですが、毛皮の上に綿で作ったカバーを身につけています。これで毛皮に雪と氷がくっつくのを防げます。幼稚園ではコンピュータを使って子どもたちに教えています。

時代とともに社会が変わって来て、若い人たちの中には狩りの方法を知らなかったり、その機会がなかったりすることがあります。そうした人たちに、お年寄りたちが技術と知恵を伝えようという計画が進んでいます。実際に狩りを一緒にし、解体して皮を剥ぐところまで教えながらやっています。大地で生きて行くことが、彼らのアイデンティティと密接にかかわっています。彼らはイヌイットですが、やはりアジアモンゴロイドですね（写真5）。

さて、今度はグリーンランドへ移ります。とても美しい場所です。町や村をつなぐ道路はなく、村の中にも舗装された道というのはほとんどありません。こうした岩場にコミュニティがあり、お年寄りたちも両手にバケツ一杯の水をぶらさげて、岩場を上がって家まで水を運びます。冬は犬ぞりで移動します。スノーモービルよりも犬ぞりを好む人たちが多い場所です。子どもたちにとっては、こうした岩場が遊び場です。家のすぐ裏がこんな状態ですね。一言で「子ども」と言っても、世界で子どもたちの生活体験は大きく違います。

これは、大量に泳いでいた魚を網ですくって、干したものです。脂がのっていておいしいです。ししゃもみたいな感じですね。こちらはアザラシの皮を干しているところ。家の中は、こんなにモダンです。デンマーク領ということになっているので、その影響を強く受けています。

自分たちで集めたムール貝です。15分も水の中に手をつけて取っていると、手がしびれてきて、私は続けるのがつらくなります。自然の恵みをいただくにも、それなりの痛みが伴うわけですね。そしてその採れたてのムール貝を食べながらのピクニックです。

これは町の部分ですが、こどもたちが遊んでいる様子。これは村の家の中の様子です。小さなお部屋に大勢の家族で寝たり集ったりしています。赤ちゃんを囲んでとても楽しそうですね。伝統的な刺繍の様子。それを身につけた少女です。

そして白夜の町の様子と、オーロラの様子です。大変な駆け足で、地球のいろいろな場所を見ていただきました。私もこうした経験の中で、たくさんの重要なことを教えてもらってきました。

地球は、ある意味でとても狭くなりましたが、ある意味でとても広く、とても多様で奥深いと実感します。場所によって環境も変わり、それに伴って暮らしも変わり、文化や伝統も価値観も変わります。こうした人たちがみんな、平和で安全な未来を紡いでいけるような社会づくりが大切なのだと思います。

エコプラスとしても、私個人としても、できることは小さいとは思いますが、たくさんの小さな意志と行動が、今と未来をつくって行くのではないかと思います。試行錯誤ながらも、多様な人たちと協力しながら、楽しく前を向いて行動を続けていければと思っています。

＊もっと知りたい人は：「持続可能性（sustainability）」という言葉が多用されるようになってきた。２００３年のヨハネスブルグサミットで、小泉首相が提唱し、国連の事業として２００５年から始まった「持続可能な開発のための教育の10年」は、日本のＮＧＯがそもそもの提案のきっかけをつくったことも、その流れを強くした。しかし、誰のための持続可能性なのか。都市住民が今の快適な暮らしを持続させるのか、グローバル化した企業群が今の経済活動を持続させるのか、あるいは地球という生態系全体を持続させるのか、視点と理解はさまざまだ。

経済成長はプラスであるということが善とされるが、消費規模は無限には続かない。地球というサイズに限度がある以上、無理なことだ。南北支援として、政府なり市民なりの「援助」が未開発とされる地域に投入され、そこで何百年にもわたって持続してきた伝統的な社会が、近代消費経済社会の前に崩壊していく例は、後を絶たない。日本の、特に都市部だけを前提に「持続可能性」を議論すると、とんでもない大誤解を招く恐れがある。

エコプラス　http://www.ecoplus.jp/

『持続可能な社会のための環境学習』（高野孝子共著、２００５年、培風館）

『野外で変わる子どもたち』（高野孝子著、１９９６年、情報センター出版局）

『てっぺんから見た真っ白い地球』（高野孝子著、１９９３年、ジャパンタイムズ）

第2章

守る

インドネシアで森の開発と保護にかかわる

クスワンドノ　さん
Kuswandono

＊略歴　Kuswandono　大学で林学を学び、インドネシア政府林業局の自然保護部局に就職。現在は、ジャワ島にあるグヌンハリムン・サラク国立公園のレンジャー。地域住民を支えるNGO「マタ・アラン」としても活動。静岡県に本部を持つホールアース自然学校と連携している。36歳。（4月11日夜、エコプラスパビリオンで公開勉強会「ないしょの企画第4回」で、英語で公開インタビュー）

皆さん、こんにちは。私は、クスワンドノです。クスと呼んでください、クスクスじゃありませんよ。クスクスという小さな動物が実際にいますが、それじゃないですよ。

今日は私の国、インドネシアの国立公園や非営利団体であるマタ・アラン、そして他団体が取り組む環境教育についてのお話をしたいと思います。

最初に、オランウータンが写っているスライドをお見せします。オランウータンは、私の住むジャワ島では一般的な動物ではありませんが、皆さんにインドネシアのイメージをつかんでもらうにはいいかと思います。

私は、ジャワ島にあるグヌンハリムン国立公園のレンジャー（監視員）でもありますが、今回はホールアース自然学校と提携し、マタ・アランという小さな非営利団体を代表して来日しました。たくさんのことを学ぶ素晴らしい機会になっています。

まずは、この詩から始めたいと思います。英語ですが、皆さん読んでもらえるでしょうか。

もし最後の木が切られ
もし最後の空気が汚れ
もし最後の川が干上がり
もし最後の魚が死に
その時、人間はやっと
おカネを食べて生きていけないことに気がつくだろう

これは私の詩ではありませんが、もし私たちが環境や自然、森、地球に対して賢い行動をしなかったら、本当にこういうことが起きると思います。それに気づいて何か行動をしようとするなら、まず自分たちから始めないといけません。自分自身で何もせずに他の人が何かしてくれると思うのは間違いです。小さなことからでいいので、始めないといけません。

私が勤務している場所をスライドで紹介します。インドネシアにはスマトラ島、ボルネオ島、西ジャワ島などがあります。ジャワ島の西の端の北側にジャカルタがあります。そこから南に下がった場所に私が務めるグヌンハリムン国立公園があり、NGOであるマタ・アランもここで活動しています。

グヌンハリムン国立公園は、4万ヘクタールの大きさです。1年前、政府がグヌンサラク地域を組み入れたので、現在、国立公園はグヌンハリムン・サラクと呼ばれ、11万3千ヘクタールになりました。

つまり、より大きな地域の環境を保全するいい機会ということです。しかし、課題もあります。この地域の森には、長い間続いてきたコミュニティがたくさんあるからです。政府は、環境保全に関して、コミュニティと絡んだたくさんの問題を解決しなくてはなりません。マタ・アランは、地域社会と連携してこうした自然保護をめぐる課題解決に取り組むことが必要だと考えています。

これまでの政府のやり方というのは、国立公園のエリアを決めたら、もうそこに人々が入ることを許さないというものでした。これは、森が生活の基盤になっている地域住民には重大な問題です。その森に暮らしを依存していた人たちがいるのです。

そのため、政府やNGOらは解決するためにたくさんのプログラムを実施してきました。私たちも日本の国際協力機構（JICA）と一緒に2003年まで、生物多様性保全プロジェクト（BCP）を共同実施しました。

まだたくさんのプロジェクトが進んでいて、今年もJICAと一緒に新しい計画を始めたばかりです。「グヌンハリムン・サラク国立公園マネジメントプロジェクト」という名称です。これは地域と連携するもので、この計画のために、私たちは地域開発プログラムを立ち上げました。過去の計画では、こうした地域開発の視点はありませんでした。

現地では、ある地域だけが国立公園から外されています。そこには、植民地時代から続いている大規模な茶畑がたくさんあるからです。なのでコミュニティと言う際には、茶畑で働く人々を含む森周辺のコミュニティと、国立公園内に昔から暮らしている伝統的な集落とがあることになります。

これは3、4年前に撮影したものですが、もうこのような美しい光景はありません（写真1）。ここには道路が建設されて、木々

写真1　霧の山

は完全に消し去られました。ここは当時国立公園外でしたが、今は国立公園の中になっています。写真には霧の中の森が写っています。グヌンハリムンのグヌンは山という意味で、ハリムンは霧、ですから、グヌンハリムンというのは「霧の山」という意味です。ここでは雨がたくさん降り、森はよく霧に包まれるからです。

ここで皆さんに質問です。これは植物園の中にある木ですが、これは大きな木だと思いますか、それとも小さな木ですか？　根元の直径が4、5メートルもあります（写真2）。これがどれほど大きな木か、想像できますか。これほど大きな木になるのに、どれほど時間が必要だと思いますか？　1200年？　そうかもしれません。長い年月が必要だということは誰にもわかります。大事なことは、人間が機械を使えば、たった1時間でこの木を倒してしまいます。私たちは立ち止まって、そうしたことを考える必要があると思います。

写真2　植物園の中にある大樹

自然から学ぶことはたくさんあります。例えば、ある種の木の実には長さ20センチ近い大きな羽根が二つ付いています。どうして二つの羽根があるのでしょう。そう、この羽根のおかげで風に乗り、別の場所で芽を出すことが可能になり、より広い範囲にこの種類の木が育つことができるのです。

切り倒すのは簡単だけれど、ちょっと立ち止まってみましょう。この木はこうしたメカニズムを備えていて、私たちはここから学ぶことができるのです。これは一つの例で、自然はたくさんのことを教えてくれます。

　スライドを見てください（写真3）。これは何でしょう。山猫より少し大きいですね、ジャワヒョウです。このヒョウは犬よりも少し大きく、この写真がだいたいの実物サイズです。このヒョウは、ジャワの生態系を考える際に重要です。なぜなら昔いたジャワトラが絶滅したので、この動物は今、グヌンハリムンの森の中、ジャワ島で捕食動物のトップになっているからです。トカゲやイノシシなどを食べます。

写真3　ジャワヒョウ

　この動物は生態系の一部ですから、国立公園内の環境保全のために保護されています。でも、地域住民にわかってもらうのは難しいのです。地域住民との話し合いでは、人間の暮らしと動物の保護とどっちが大事なのか、とよく議論になります。ヒョウを獲りすぎてしまうとイノシシが増加して、あなたの畑や田んぼに来て作物を食べてしまう、と説明します。こうした議論は、政府にとってとても大切です。NGOは政府と地域住民との話し合いをつなげる役目をします。

　ジャワクマタカというジャワ固有の生き物もいます。ジャワヒョウと同じく、ジャワ島の森にしか住んでいません。でも今、その森がどんどん分断されていっています。ジャワにはたくさんの種類のクマタカがいますが、このジャワクマタカは環境の影響を受けやすく、これが暮らしていれば森の生態系は健康と言えます。クマタカがいなくなった森は、何かが起きていると思って間違いありません。私たちは自然が知らせる信号に敏感でなくてはなりません。

　ジャワギボンという手長ザルもいます。尻尾がない種類です。万博の日立パビリオンにも固有種として情報があります。これも生息地の変化に敏感な動物です。

　森の中には、夜に青白い光を出すキノコも生えています。とっても小さく、昼間は白く見えますが、夜はこうして光って見えます。森には多様な生物があります。「私たちの地域にはこんなキノコがあります」と言う時、「私たち」というのはインドネシアの人々だけではなく、地球上の私たちみんなが持っているものです。私たちみんなが研究してここから学ぶものだと思います。薬になるかもしれませんし、生物多様性は多くの可能性を秘めています。だから私たちはこうした生物を保全し、研究すべきなのです。

　JICAの支援でつくられたキャノピートレイルもあります（写真4）。樹冠をつなぐ、20メートルの高さにある道です。全長200メートルほどあります。木々の間をつないでいるのです。

　公園内外の子どもたちと一緒に、人と自然の共生について学ぶ教育の試みもしています。参加する子どもたちの何人かの父親は、

写真4　キャノピートレイル

公園地域の森の不法伐採をしています。こうした環境教育プログラムの後、何人かの父親が不法伐採を止めました。大きな結果を出したわけではありませんが、実際にそうしたことがありました。なので、こうした環境教育が伐採を止めるわけではなくても、彼らが将来、自然に責任を持つ世代なのですから、とても大切なことだと思います。

これらは、自分たちだけでは達成できない大きな任務です。ＪＩＣＡから派遣されたマリコ・マサダさんが、マタ・アランや国立公園と一緒に環境教育を実施してくれました。彼女も、２日後に地球市民村に来てくれることになっています。

こんなふうに、私たちはホールアース自然学校と連携して、環境教育やエコツーリズムを提唱していっています。静岡県からのグループが来たこともあります。若い人も、年輩の人もいます。彼らは自然を楽しむだけでなく、そこから学び、自然保護のために貢献するためにやってきました。これは地元の人々と活動しているところです。

びっくりしたのですが、ある老婦人は、この国立公園に来て昔の日本のようで、子ども時代を思い出すと私に話しました。一緒に来た小さな子どもたちにとっても、こうした昔の日本や世代のことを学ぶのは意味があると思いました。

公園内での案内では、ただのガイドではなく、自然と訪問者をつなぐ「インタープリター」になりたいと思います。現地ではバナナの花は食用にもなっていますし、トイレは川の上に渡した板です。日本のものとは全く違います。でも森の中では、まだまだこうしたトイレを使っています。トイレは、人と自然の共存を説明できるものです。ここ地球市民村のレストランである「ナチュラルカフェ」でも、余り物をリサイクルして循環させていますよね。それと同じです。

インドネシアのオランウータンは１００頭以上がタイに送り出されて、観光客目当てのサーカスやサファリに使われています。違法に捕まえられたオランウータンたちが、タイなど世界各地に密輸されているのです。そういう現実があることも、また私たちは知らなければならないと思います。

つまり、自然保全は自分たちだけではできないということなのです。地球規模でとらえ、行動しなくてはなりません。けれど、どんな小さなことからでも、まずは自分で何か始めることが肝心です。もし私たちが一緒に行動すれば、状況を改善するための影響力は強くなります。最後に、また詩を紹介します。

「僕が若かった頃、無限の可能性を信じ、世界を変えるという夢を持っていた。大人になりもっと知恵がついた時、世界は変わらないということがわかった。だから、もう少し夢を小さくした。まずは、国を変えることにした。でも、何も変わらないように思えた。老人になって、最後の夢として、自分の家族や親しい人を変えることにした。でも、誰も変わりそうにない。そして、死に行こうとしている今、私は気づいた。もし自分自身が変わっていたなら、私を見て、家族が変わり、家族の助けを得て、国をもっとよくすることができただろうと。そう、この世界を変えることだってできると」

この詩が示すことは、まず、自分たち自身で何かを変える、始めることが大事だということです。次に、何か起きてしまった後に残念だと言っても、それはすでに起きてしまったことで、何も変わらなかったということです。だから、先を見て行動しなくてはならないということだと思うのです。ありがとうございました。タリマカシ。

会場から　クスクスとは何でしょう。アフリカの食べ物だと思っていたのですが。

クスワンドノ　クスクスというのは小さな動物で、インドネシアに住む動物の一種です。だから、僕をクスクスと呼ばないでください。森に送り返されてしまいます。

会場から　国立公園に暮らしている人たちはこれからどうなるのでしょう。

クスワンドノ　それは、今私たちが直面している課題です。去年、国立公園の拡大が決まった時、この地域に暮らす人々がたくさんいました。簡単には答えられないのですが、中央政府は国立公園の拡大を決めましたが、集落に関してどんな方向がいいのか議論しているところで、それまではマネジメントを担当する公園当局は何もすることはできません。法律がそうなっているからと言って、単純に人々を外に移動させてしまうのか、公園の線引きをし直して、集落の部分を公園指定から外すのがいいのかという議論が出ています。ちょうど、お茶のプランテーションの部分を公園の指定から外したようにです。もちろん、人々は大変心配しています。国立公園に指定されてしまったら、その中に入っている人はレンジャーに捕まってしまうからです。なのでＪＩＣＡ支援のプログラムを展開しながら、いい解決法を見つけていくことが大切です。

これは新しいアプローチです。以前は、政府の言いなりで住民は何もできませんでしたが、今はＮＧＯも住民も協力し、どのような解決策が出されるか注視しています。

会場から　今の課題解決に対して意見を言わせてもらえれば、先住民族は自然とともに生きて行くための知恵をたくさん持っている人たちなので、彼らを公園の管理者にすれば、解決するのではないでしょうか。国立公園にする前に、そもそもそうした人たちとどのような管理していくかというプロジェクトがあるべきなのに、国というのは勝手なことをやってしまいます。ＪＩＣＡがかかわるのは結構だけれど、先住民族を全体のプログラムの中に組み込んで、実際に何ができるかを検討することがもっとも有効な方法だと思います。

クスワンドノ　ＪＩＣＡにもそうした経験があるので、今回のケースをパイロットとして、ここから学べることを政府に提言し、これからの政策に生かして欲しいと思います。今後の国立公園の指定に関しては、先住民族のコミュニティにもっと情報を提供することが大切でしょう。地域開発を念頭に置いた新しいやり方を、

ＪＩＣＡの豊田さんという専門家から学んでいるところです。

会場から　タイの場合は、政府からのトップダウンで行う手法が一般的です。タイで活躍していた豊田さんが現地でよく言っていたのは、自分たちで自分の村を守る、ということでした。開発という言葉は好きではない。村の人たちも一緒に考えて、どうやって村を守るかを決めていく。これまでのやり方で間違っていたことを修正して、自分たちで村を守る。自分たちが、こうすれば村に住めるというやり方をすれば、自分たちの村も環境を守ることができると思う。タイのカレンやアカなどの先住民族は、山を大事にしてきた。彼らは、別に外国の団体や調査と共働していない。

政府は、ＪＩＣＡやアメリカから金をもらって支援すると言う。ダムや道路をつくって、山を壊す。そこにいい建物を立てて、結局偉い人しか泊まらさせない。そんなことをやっていて、それはインドネシアもあまり変わらないと思います。

＊もっと知りたい人は：グヌンハリムンサラク国立公園は、ジャカルタから南に100キロ足らず。標高1929メートルのハリムン岳のほか、1900メートル前後の峰が連続する山岳地帯。年間降雨量は6000ミリにも達する。豊かな水に支えられた森の生物多様性が高く評価されている。日本政府はＪＩＣＡなどを通じて、1994年から生物多様性を維持するための施設整備などの無償資金協力を実施。2004年からは、5年計画で3億5千万円を投じて、これまで得た運営ノウハウをさらに深め、インドネシア国内の他の国立公園にも広げる支援を実施中。

ホールアース自然学校　http://wens.gr.jp/

クスクス

http://www.kensetsu.metro.tokyo.jp/zoo/monthly/200105/nakama.html

グヌンハリムン国立公園

http://indahnesia.com/indonesia.php?page=PARHAL

ＪＩＣＡの同公園における支援プロジェクト

http://www.jica.go.jp/evaluation/before/2003/ind_04.html

グヌンハリムンでのエコツアー

http://www.eic.or.jp/library/pickup/pu041118.html

英国で環境保護活動を広範に展開する

ロジャー・デフレイタス　さん
Roger De Freitas

＊略歴　Roger De Freitas　英国最大級の自然保護団体、英国自然保護ボランティア基金（BTCV）の会長。元ジャーナリスト。57歳。（7月27日、屋外での英国の伝統的な木工細工の実演を前に、英語でインタビュー）

西欧は、生態や環境分野の市民活動という面でずいぶん発達してきたと思います。来日する前は、日本という国は西欧に比べて10年、20年、あるいは30年遅れていると聞かされてきました。本当かどうか、自分にはわかりません。

日本社会は、他の地域と違ったペースで進んでいるのだという意見もあります。もしそれが本当なら、どうして日本は早く目覚めて他に追いつかないのだ、と思うのです。日本には、もしかすると西欧やアメリカの視点からは理解できない、もっと深い社会的要因があるのではないでしょうか。

西欧ではここ20年、長期に及ぶ経済的な低迷の結果として根本的な社会の再編が行われてきました。それは、地方や都市の姿をつくりかえていくことにつながり、また環境と人々の健全さという考え方にも影響を受けました。英国ではこの時期に、政府が長期にわたって職業に就くことができない人々への訓練を提供し、あるいは精神的な落ち込みから立ち直って人生を歩み出せるようなプログラムに取り組もうとし始めたのです。

これによって、英国自然保護ボランティア基金（ＢＴＣＶ）のような団体は隆盛を見たのです。例えば、私たちは40年に及ぶ田園地帯整備の技術を持っていました。どうやって古い家を修繕するか、川や池を修復したり、有機農園をつくったり、チョウが集まる場所をつくったり、そんなことを私たちは十二分に知っていました。

もっと大切なのは、私たちが何の技術も持たないごく当たり前の人たちと働き、指導し、1日の終わりや1週間の終わりには成果を出すやり方を知っていたということです。一定の期間、そうした仕事をすると、誰もがリラックスし、目覚め、背筋を伸ばして、「やる気が出てきたぞ」と新しい力に満ちます。他にも、私たちはしっかりした安全管理をしていたので事故はないし、何も知らない人たちを相手にワークショップなどの活動をすることも心得ていました。普通の人々を、環境を守る責任者にしたのです。そうしたやり方は、これまでどこもやったことはありません。

問題は、森の手入れ方法を知らないことではなく、そこに誰も住んでいないことにありました。森が人々の生活圏からあまりに遠いことです。私たちは、皆さんが暮らしているまさにその場所の環境をよくすることを手伝いますよ、と言っているのです。

そこで私たちは政府に公開入札の方法で、この金額でこれだけの人数の人々を幸せに、より健康に、体力もつけますと言ったのです。同時に、それを通して環境もよくするんです。人々が健康に、幸福になることは、環境保全にも有効です。そう訴えたのです。これこそが、ＢＴＣＶが取り組んできたことなのです。むろん、以前と同じことをし続けている人たちもいます。保護活動をするから保護のお金をくれという、昔からのめんどうな手法です。

私たちは、新しい財源獲得の手法を見つけました。私たちの戦略を読んでもらえればわかるように、「人」が主たる柱になっています。もちろん、山や田園に出かけます。それが、私たちの手法です。

成果は、自然環境と、そして何よりも「人」です。その「人」に対して、お金が出るのです。例えば事務所があったとして、それは誰かが対価を払ってやって欲しいことをするスタッフがいるから事務所があるのです。実際の財源は複雑で、何割がどこからというようにきれいに分けることはできません。

例えば、10人が一緒に環境保全活動をしているとしましょう。週半ばに、誰かがバスに乗せて長期失業者を数名連れてきます。環境保全活動を一緒にやり、それがきっかけで、その失業者たちがまたそれぞれの人生で仕事を始めます。彼らが再就職すると、私たちにもお金が入ってきます。

そうした人たちと一緒に活動するもう一つのグループは、例えば不登校の16歳、17歳の高校生たちだったりします。そうしたグループは教育委員会から依頼され、私たちが引き受けます。子どもでも杭を打ったりフェンスを作ったりなど一人前の仕事をします。私たちは、安全管理には気をつけますし、トレーニングも行います。「仕事」という呼び方をせず、「これはこうやってやるものだ」と教え、「よくできた、やり方を覚えたね。じゃあ、この人にそれを教えてくれるかい」と言って促します。これは訓練です。訓練だけれど、環境保全の仕事の訓練です。

他にも、病気の人たちが入っている施設で、例えば週に一度くらい外で身体を動かすのは彼らのためにいいと管理者が考えたとします。すると、その施設は私たちにお金を出して、そうしたグループを送ってきます。いろいろな人々が、いろいろな目的で集まって一つの場所で作業をするのです。こんなふうに、財源は多様になっているのです。一つの財源からだと、それがなくなったら全部がおしまいになってしまいます。私たちがともかく、いい仕事をしていることは確かです。

忘れられているのは、15年前のリオサミットです。15年前、私たちは何を話していたでしょうか？　森はとっても大切だ、とか言っていたはずです。15年前、私たちはこれからこうした活動をしていこうと約束したはずです。リオサミットの成果物の一つは、生物多様性アクションプランです。このアクションプランに基づいて、すべての地域で、それぞれの生物多様性の状況を確認して、何をするか決めなくてはならなかったはずです。カタツムリや鳥の保護だったり、広域で森を守ることだったりしたはずです。これらは、生物多様性保護を直接任務としている人たちだけでなく、健康管理に取り組む人たちが十分実施できます。

目標も目的もすでにあります。これ以上会議なんて必要ありません。重要なのは、こうしたことをする人々にどうやって資金を提供できるかという話をすることです。

この豊田市だって、生物多様性アクションプランを持っているはずです。その生物多様性アクションプランを実行し、さらによくしていくために人々が何かしているはずです。その地域周辺に暮らし、適切な技術を持っている人たちがかかわってアクションプランを実施することで多くの利益があります。肉体的・精神的状況がよくなり、失業対策にもなり、退職後の生き甲斐になったりするはずです。こうしたところでBTCVが大成功したのです。ほかの実務的な環境保護団体ができない規模で、私たちは事業展開することができています。とはいえ、こうしたことはきっと他でもできるのではないかと思います。もちろん日本のことを全く知らないので、やってみるまでは同様のことを日本でもできるかどうかはわかりません。

私たちの年間予算は、２５００万ポンド（約50億円）です。BTCVには、７５０人の職員がいます。別のそれが５００人でも、あるいは２０００人でもいいのです。肝心なのは、私たちのモデルです。ビジネスモデルと言ってもいいでしょう。伝統的な環境の資金源とは違った資金を集め、環境保全に取り組む人を育てるということをするのです。

ＢＴＣＶの活動をその歴史とともに見てみましょうか。ほぼ50年前に、ＢＴＣＶの前身となるものをつくった人たちは、50年後に今のような状態になっているとは全く想像していなかったと思います。２００５年に日本に来て、他の団体がまだわさわさと昔からの議論をしているのに、どうしてお宅の団体は成功しているのかなどと聞かれようとはね。

１９５０年代に、英国は自動車社会に入っていきました。人々がどんどん移動するようになると、大切な自然や自然史の場所が無視されていることに気づき、週末に田舎に行って、そこの自然を守ったり復活するための活動をする人も出てきました。そういう中で、だんだんと人が多く田舎に出てくるようになると、どのように緑地を守ればいいのか、どのように斜面に階段を切ればいいのか、道しるべはどのくらいの間隔で設置すればいいのか、という知識が積み上がってきました。

ＢＴＣＶは、こうして積み上がってきた知識を、古くからの田舎の作業技術、実践的な保全技術を含めて本にまとめたのです。今でも何百ページものpdfファイルでウェブサイトからダウンロードすることができます。売ってもいます。一冊は日本語にも訳されています。

他の大切なサービスとして、道具の提供があります。古くからある伝統的な道具で、重い石をどける「てこ」のような道具や、刃の研ぎ器、草を刈るための道具。普通の農作業や庭仕事とはちょっと違った道具です。自然生活に必要な道具、とでも言うのでしょうか。もちろん大きな市場規模ではありませんが、それを必要とする人たちはいるので、ＢＴＣＶがそれを販売するようになったのです。

次に、保険が必要になってきました。外で働くので、誰かに損害を与えるかもしれないし、作業をしていてけがをするかもしれない。保険を提供するという機能が加わりました。ＢＴＣＶの活動にかかわる人々に、安心して加わることができる保険が用意されたのです。

そして、何十年にもわたって活動してくると、組織にはプロが育ってきます。ＢＴＣＶが存在を続けた40年ほどの間で、団体そのものが環境保全の分野でプロフェッショナルな組織となってきたのです。週末やある週をボランティア活動に使いたいという人が増えてきて、それをプロとして受け入れる組織となってきました。ある時期には、政府の資金を直接受けました。今のモデルでは、ＢＴＣＶは「結果を出す」ことでサバイバルする、つまり人々は「結果を買う」のです。

こうしたことの結果として、もっとも最近起きていることは、「グリーンジム」です。階段をつくるとか、草刈りとか、作業の内容そのものは全く変わっていないのですが、これを「グリーンジム」と呼びます。これは、大成功しています。健康分野の財源を引っ張ってきます。医者や病院から資金をもらって、その患者を週一回とか定期的に公園などに連れて行って、ストレッチをして準備運動をしてから、大きな草刈りばさみで草刈りをしたりする公園の手入れ作業をするのです。それによって患者たちは心拍数を上げ、数週間で気分がよくなり、健康を回復し、同時に公園が整備され、環境がよくなり、かつこの中で友だちも得ていくという仕組みです。作業は以前と変わらないのですが、これまでとは違った人たちが利益を見い出しているということです。これを、日本の環境団体の皆さんに紹介していこうと思っています。

日本に来て２週間、何百回とプレゼンをし、たくさんの環境家たちに会いました。多くの人たちは知的環境家だけれど、実践的な環境家というものを全く理解していません。彼らはたくさんの小さな賢いスキーム（仕組み）を考えて、小さなクマやネズミなんかのぬいぐるみを使ってストーリーを子どもたちに語ります。でも、子どもたちは言われる必要なんかない。彼らはわかっています。環境を説明する漫画も、それに一緒についてくるかわいい小物も、結局は、環境面で言うとゴミになります。そんなものは、全く要らないのです。

　この万博会場にあるすべてのもの、ひどくうざったい、気持ち悪くて、見た目だけの環境主義は、すべて捨ててしまったほうがいいと思います。必要なものは、すべてもうあるのです。保全技術がある、これで利益を得る人たちもたくさんいる。さあ必要なのは資金です。参加者が夢中になって取り組むことで、健康上、社会上、実践上の利益を上げることができるはずです。

　こういう考え方をもとに、ＢＴＣＶを今後5年の戦略の中で位置付けていこうと思っています。よりましなリサイクル用のボックスを置くとかいったことは、もうやられているのです。そうしたのは大昔の課題で、今重要なのは、実践的な環境主義であり、人々が実践的な環境保全技術を身に付けるということだ、と思います。

　森が多い日本の環境は、人口の9割が都市に暮らしている英国の状況とは異なると思いますが、都市に住む人たちには、そこの環境をよりよくする技術が必要です。そうして新鮮な水や空気、チョウチョなんかの利益があるわけです。われわれはだんだんと、都市技術を学んでいるということです。

　この「地球市民村」って言うのも……。これから30年後、いったい何が残っていると言うんでしょう。こんなことやって何になるんでしょうか。人々と一緒に物事をする素晴らしい機会だとは思います。最悪なのは、この時間を使ってただしゃべっていたり、「自分の森は誰も見向きもしない」とかいう愚痴を言うことです。誰も見向きもしないんじゃなくて、人々をそこに動員するやり方を考えればいいんだと思います。例えば豊田市を説得して、火曜日ごとに年寄りでいっぱいになったバスを出して、そこで活動する。何か成果を出したかったら、マニュアルを書くのとか、コメントを書くのとか一切やめて、人々を自然の中に連れ出したらいい。人々はキツツキの鳴き声を聞いたり、チョウチョを見たりするはずです。

　私は、ずっと昔からＢＴＣＶのことを知っていました。個人的には、ＰＴＡやシビルソサエティのグループで長をしたりしたこともあって、ロンドンのテムズ川をきれいにする運動を立ち上げたりしました。年数回、たくさんの人たちと一緒に川沿いのゴミ拾いをしていました。最初はバイクとか買い物カゴとか、いろいろなものを川から拾い上げました。そのうち「教育の日」という位置付けになり、漁業関係者が網を持って参加するようになりました。というのも、川そのものは流れのゆるい泥の川なので、水は透明ではありませんが、たくさんの命がよみがえってきたからです。

　私はロンドンで生まれ育ちましたが、その頃テムズ川に落ちたら病気になって医者にかからなくてはなりませんでしたし、魚もいませんでした。でも、今では１２１種類ほどの魚が確認されるまでになりました。２０００年7月4日のことです。私が中心になって、建築家や環境家などたくさんの人たちと一緒に、啓蒙を目的として川沿いを歩いていました。そこで私は、テムズ川で初めて繁殖したヤツメウナギを見つけたのです！　これは１８１番目の魚でした。網を川に入れて引き上げ、みんな仰天して声も出ませんでした。

網にかかった魚を見ながら説明を聞きました。「この小魚は３週間前に河口で生まれて、夏をこの地域で過ごします、このウナギはこれは……」。もう、みんなびっくりです。川の中は見えませんから、こんなに生きものがいるとは誰も想像できなかったのです。

私は、ＢＴＣＶの中で健康・安全管理のトレーニングを受けたのが最初で、評議員になり、今は役員会の会長（Chair of Board）ということになっています。18人の役員がいたのを、説得して辞めてもらって６人に減らして、効率的に意思決定ができるようにしました。ビジネスとしてこの組織を見たら、運営方法を変えないといけないと思って、そうしたのです。

私はもともと、ジャーナリストでした。テレビ、ラジオにも、新聞にも自分のレポートを載せてきました。同時に、ビジネスにも親近感がありましたので、今の組織運営も自然にできています。何もしないのに、ガバナンスにコストをかけるということはできません。

ともかく、会員で成り立つ団体のガバナンスとしては、ものすごく先を行っていると思います。私たちは仕事をして成果を出しますからね。まあ、それでも仕事ですけどね。

私は今、自分の時間を１００％、ＮＧＯに使っています。フルタイムの仕事のように感じますが、会長ですから無給です。今回、日本に来たのも、自分のお金で来ました。これは、私のホリデーですよ。この１週間だけは、宿代は面倒を見てもらっていますがね。幸いなことに、私はもう働かなくてもいい幸運な立場です。他に３人の兄弟姉妹がいますが、みんな似たような世界で活動しています。ＮＧＯやフィランソロピー、財団、環境活動など、だいたい実践的な事柄ですね。

自分が得意だからといって、それがそのまま仕事になるわけではなく、他の人たちにもあてはまる仕組みを作らなくてはならないと私は思います。私の会長としての成功を言うなら、悪い習慣を減らしたことでしょうか。仕事よりもたくさんの時間をミーティングに使っていたように思ったのです。私は、ですからそれぞれのミーティングやシンポジウムのポイントをはっきりさせ、必要なものだけに時間を使います。

大前　日本では、年寄りが持つ伝統的な知恵がすたれ、海外から輸入された考え方やプログラムがもてはやされている面がある。そういう風潮をどう思いますか。

ロジャー　年寄りがやってきた農作業は重労働なので、いくら衛星放送がその地域でも見られるからといっても、若者たちがそこで背骨が曲がるような労働をしたいと思わないのは当然でしょう。

しかし、私たちが続けていきたいと思っているような保全技術は、ロマンチックでスピリチュアルな側面を持ちます。人々は自然に触れたいと言ってはいますが、西欧では自然はもう古来からの自然ではないと思います。私たち西欧は、５００年前にほとんどの森の木を切り倒し、さらに３００年の蒸気パワーと石炭の歴史があって、いくら自然を保護しようと言っても、それは限られた小さな面積の話でしかありません。

しかし、そうした田園地域に住んでいる人たちを見てみると、小さな家や町に満足して暮らし、いろいろな課題をお互いに解決している。ＢＴＣＶは、そうした人たちが深い技術を持っていることを知っていました。しかし、今ではそうした人たちがほとんど残っていないのです。だから、私たちは古くからの技術を再発明しなくてはならないのです。

まるでヘイエルダールが太平洋をイカダ船で渡りながら、どうやって太古の人たちがイカダを組んだかということも含めて検証したようなものです。仮説を立て、もしこうやったら彼らは成功しただろうか、と実験してみたわけです。こうしたコンチキ号の探検を、私たちはたくさんしなくてはならないような気がしています。

でも、これは大切なことだと思います。その成果というのは、もしかしたら物理的なものというよりも、精神的な健康という点に著しいのではないかという気がします。イカダづくりでも草刈りでも、何かに打ち込んでいるということが大切なんです。

BTCVが、保全技術を持つプロ集団だという社会認識を得た時、私たちは初めて他の人たちが必要とする技術を自分たちが持っているのだと思うようになりました。

それはどんなことかと言うと、本当に何にも、全く何にも技術も知識もない人たちと働くことができる能力、そうした人たちが必要としている技術を与え訓練をする力です。そして、その技術が彼ら自身を向上させ、環境をよりよくするんです。

階段をつくるために丸木を運ぶとします。伝統的には肩に乗せて歩きますね。一人の時はそれでいいです。でも、大勢で仕事をする時にはどうしてだめかわかりますか？「何か言ったか」と振り向いたりすると、前後の人たちの頭を木で殴ってしまうことになります。だから、BTCVでは丸木は腰に抱えて運ぶというルールを作りました。よく知らないもの同士、大勢で働く時には、違うルールを作らなくてはなりません。こうしたものが技術となります。

BTCVは、あちこちから人を連れてきます。何かケガがあるかもしれないので、駐車の仕方も考えます。必要な時にすぐに、まっすぐ病院に行けるよう考えて車を停めるのです。こうしたことには、訓練が必要です。そしてもう一つ、私たちは参加した人たちが、本当に技術を習得し、理解したことを確認します。本当に、その技術をあげるのです。

世の中にはたくさんの団体が、参加者をただの安い労働力として使いますが、私たちは違います。参加者には、これから起きるすべてのこと、すべての時間は、皆さんがよりよくなるための機会です、技術を学ぶ機会です、と伝えます。ここにいるセラもそうです。7年ほど前に大学生として日本に来た時に保全活動に出会い、技術を学び、それから来日が4回ほどになりますが、今では環境保全ホリデーを引率しています。でも彼女はアーチストで、イングランド、ウェールズ、ヨーロッパ、あらゆる所でのプロジェクトにボランティアとしてかかわっています。

どんな技術を彼女が学んだかというと、基礎的な保全活動の技術、人々のマネジメント、健康と安全に関する行動、ファーストエイドなど、たくさんのことです。こうやって環境保全が図られるのです。シンポジウムをやったからといって環境保全は進むわけではないのです。

大前　この万博について、どう思いますか。

ロジャー　人々は東シベリアの森林が大量になくなっていると言うけれど、ここに来てそれを実感しました。ここで使われているすさまじい量の木材。おそらくこれは松で、シベリアからも来ているのでしょう。OECDの数字をあげるまでもなく、ものすごい量の木材がなくなっているのでしょう。大量の木材が使われています。

この場所が来年どうなっているのかいつも気になります。

ここにいるのは楽しいけれど、これがいったい何のためなのかわかりません。計画するのはとても面白いでしょうけれど、正当化の余地はないと思います。せいぜい、まあ来たら面白いことがあるとか、1週間のホリデーを使えるとか。

英語を使う人に二人会ったらめっけもんだと感じます。知ってますか、私はこの万博についてグーグルサーチをしましたが、インターネットの上に、この万博の英語の情報は全く存在していないと言っても過言ではありません。これは「日本のための」エキスポです。世界では誰もこのことについて話していないし、誰も訪問していない。びっくりしますよ。日本のことではなく、ワールドメディアの話です。

昨日は、東アジアの人は別として、アングロサクソンも明らかな南米人も一人も見かけませんでした。そう、とってもドメスティック（国内的）なお祭りです。別に悪いと言っているのではなく、不可解なんです。１９６７年のモントリオールのエキスポに行きましたが、モントリオールの活性化には素晴らしい道具でした。素晴らしかった。

このエキスポについてのウェッブサイトを読んでみると、「持続可能な開発」でしたっけ？ 冗談でしょ。これは最高に消費的な、消費に動かされた無意味な世界です。私は政府が「持続可能な開発」を取り上げ、このイベントの上に振りかざしていることに憤慨しています。ここには、持続可能なことなど一切ないと思います。公共の交通機関を使って来るようにと、駐車場をつくらなかった。しかし、公共交通機関は最低レベルの申しわけ程度しかありません。その結果、周りの農家が田畑を駐車場に変えて、一日何千円も取って、この半年の間、商売をしていると聞きます。いい収入には違いないです。それには、何の問題もない。でも、もし本当に駐車場をつくらない計画を立てているなら、人々が車を停められないように計画をするべきです。こうしたことにはいちいち、たくさんの理屈づけや理由があります。

まあ、余計なことは言わずに、あるがままを楽しみましょうと言うのでいいのではないですか。これはたくさんのビルの集まりで、そのうちの一つはとてもきれいです。建築は素敵だし、なかなかいい見せ物もあるし。でも、私たちＢＴＣＶの役員たちはウェッブに書かれてあることを読んで、実はあきれ果てているというのが、実際なのです。

＊もっと知りたい人は：

ＢＴＣＶ　http://www.btcv.org/

フィリピンで音楽を通じて少数民族と自然を守る

アーネル・バナサン　Arnel Banasan　さん

＊略歴　Arnel Banasan　音楽家。フィリピン北部の山岳民族カリンガ族出身。日本に滞在したこともある。バギオ市に日本人の妻、子どもと住み、音楽を通じて少数民族の権利を守る活動をしている。35歳。（7月29日、地球市民村のワークショップホールで、英語でインタビュー）

私は音楽家です。家の小さな畑で有機野菜を育てていますし、音楽を作っています。1997年に結婚する前は、あちこちのライブハウスで演奏したり、旅をしたりしていました。

私が育った時は、今とはずいぶん状況が違っていました。山の村で育ちました。みんな裸足で、半ズボンをはいていただけです。大家族でした。兄弟が9人、姉妹が7人の家族です。私は11番目。とても貧乏でした。カリンガ州のパシル地方、バリンシアガオ村です。200家族くらいが住んでいました。山の村ではありましたが、森はほとんどなくなっていて、どんどんと米の田んぼがつくられていました。300平方メートルくらいの小さな田んぼでした。後に、よい道路がどんどんできてきて、市場に農作物から、そして材木も出せるようになりました。田んぼも1ヘクタールくらいの大きな田んぼがつくられるようになりました。

私たちは、山の村だったので、現金はありません。米がお金の代わりに使われていて、卵や砂糖と交換していました。

一方で、山からどんどん土砂が流れ出してくるので、田んぼは小さくなっている場所もあります。私が子どもだった頃は、荒れ地を切り開いて300平方メートルほどの土地をつくると、そこに棒で穴を開けて、そこに米とマメとトウモロコシの種を一緒に植えていました。一緒に育ってくるのです。それが今は、全部別々の場所に植えられるようになりました。発展（development）なのです。農業の先生らが教えたのです。

皮肉なことに、生産性が上がったようには思えません。この夏も、実は米不足になっています。みんなお米を買うための現金を稼ぐのに一生懸命です。山の人々は、ものを分かち合う慣習が残っているので何とか助かっています。

昔は、ラジオもありませんでした。ラジオを聴くのに町に出て行く必要がありました。最近は、トランジスタラジオもCDプレーヤーも村に入ってきています。精米も、人間が手でついていましたが、今では全部日本の発電機とセットになった機械で行います。楽になったと思います。サトウキビを絞るのにも、前はカラバオ（水牛）に大きな臼の周りを歩かせて5日もかかったのが、機械で2日でできるようになりました。大きな変化です。機械を使う長所だと思います。

一方で、こんな話もあります。畑も田もカラバオで耕していたのが、今はハンドトラクターでみんな耕しています。昔は田んぼにもいっぱい魚がいたのですが、ハンドトラクターを使うと魚がいなくなります。土の中にいるドジョウを殺してしまうのです。昔は毎朝のように、ドジョウをいっぱい捕まえていました。大切な食べ物でした。トラクターの刃が、ドジョウを殺してしまうのだと思います。悪い面もあるのです。

田んぼ一つを耕すのに、カラバオでは1日かかります。ハンドトラクターでは1時間で済んでしまいます。カラバオはいいです。田んぼは米だけではなくて、ほかの食べ物も提供してくれるのです。バランスが大事だと思います。

今の村人たちは、村を開発して大きな家を建てたいという夢を持っています。大きな木を柱にして、あとは竹を使うのが昔の家でした。チェーンソーでどんどん木を切れるようになったので、森はなくなってしまい、柱にする大きな木はなくなってしまいました。今はみんなコンクリートの家をつくりたいと思っています。それが彼らの「開発」なのです。

同時に、小型トラックも欲しいのです。家と車。豊かな家族だけが、家を建て、車を買うことができます。日本からの中古車がいっぱい入ってきています。それを買うことができる人だけが買うのです。

私も、それがいいと思っていました。大きな家に住み、いいフトンで眠る。トランジスターラジオを買う。それが、村人の夢なのです。ギターを持つ。私も、小さい頃、ギターが欲しくて仕方なかった。誰かがギターを弾いていたら、そのそばにいてずっと聞いていました。竹のギターまで作ったのです。竹の楽器は私たちの伝統ですから、何でも作ることができるのです。学校に行く途中で竹を切って楽器を作り、使い終わったら捨ててしまう。それが普通でした。誰も楽器をずっと持ち続けるなんてしなかったのです。必要になったら自分で作る。それが、私たちのやり方でした。

私は、今はギターを持てるようになりました。自分の音楽を自分で作って演奏することができます。私は政治家ではないので、音楽によって私の考えを伝えています。

平和、愛、調和、統合、環境を守ろう。そんなことを訴えているのです。

鉱山や材木会社、それに政治家たち。みんなが勝手に、違法な森林伐採をしています。そういうことに反対する歌を作っています。それを地元のカリンガの言葉で訴えています。地域でどんどん流行ってきています。なので、カリンガに入るのが、時には怖くもなります。政治家たちは、私に対して怒っています。私のいとこですら、彼は地域の議員をしていますが、彼ですら私に怒っています。私がきつい言葉を使っているので、よけいに怒っているようです。

政治の腐敗というのは、マルコス大統領の時代のことではないのです。今は、あの時よりひどいかもしれません。政府の中の権力構造にいれば、それだけうまくやって、したいようにできます。人々のためではなく、自分のために。国家レベルでも。地方の市長でも。市長ならば「ゴースト（幽霊）プロジェクト」をつくって、金だけ取るのです。図面上はプロジェクトがあるが、実際にはなにもない。そういう、政治家の腐敗が進んでいます。事業をしようと思えば、政治家と関係しないわけにはいかないのです。

私が住んでいるバギオの南には、金を掘る鉱山がいっぱいあります。写真をパビリオンに展示してありますが、掘るだけ掘って、後はほったらかし。露天掘りの跡だけが残るのです。森の木を切り倒して坑道の柱に使います。だから、森もなくなります。水銀やシアンの汚染もあります。私の出身地のパシル近くでも、鉱山からの汚染が問題になっています。鉱山は山の奥にあり、そこからの水が下流の農作地に流れて来ます。米を作っているところに影響が出ます。農民が反対して、そこにニューピープルズアーミー（New Peoples Army：ＮＰＡ）の反政府勢力が入って、その鉱山を閉山させてしまったのです。よく覚えていませんが、1980年代後半頃のことです。

私は、小学校を終えてから、町に住んでいた助産婦の姉のところから中学校に通いました。彼女は、他の兄弟にも砂糖や塩、米を送ってその暮らしを支えていたので、私も甘えていられませんでした。働く学生でした。学校が持っている豚の面倒を見ていました。13歳から16歳までのハイスクールの時期です。先生の家に転がり込んで、そこで洗濯から掃除、料理などをしながら、授業料を出してもらったこともあります。その後、バギオの大学に進みました。村でまともな仕事は、学校の教員だけでした。先生らだけが靴をはき、いい服を着ていた時代です。なので、先生になりたかったのです。夢でした。先生だけが、缶詰を食べていました。村人は、めったに缶詰を食べることなどできなかったのです。金で買わないといけないものだから。

そう思って、バギオに出たのですが、そこにいた姉はエンジニアになれというのです。それに従って工学部に入ったのですが、残念なことに私は数学が全くだめでした。学期が終わると成績があまりに悪くて、姉には大変怒られました。2学期目に、大学の自治会に入って、よく分からないままに大学に反対する活動に組み込まれてしまいました。4年生の先輩の指導のままに、彼らの書類を持ち、彼らに飲み水を渡す役目をし、大学を1カ月閉鎖して、その閉鎖する隊列の一番前に、本当にわけも分からず立っていたりしたのです。警察に捕まり、ある団体の助けで拘置所から出してもらいました。

でも、写真を撮られていました。いつも一番前の列にいたのです。リーダーの書類を持っていたからです。時には、マイクを彼らのために持っていた写真も撮られていました。それで、大学から放校されてしまったのです。

大学とは裁判で争い、一審は負けました。この間、建設現場で働いて、別の大学に進学する元手にしようとしました。姉は大変怒って、もう援助しないと言われてしまいました。裁判は二審に進み、別の大学に応募する許可をもらいました。この大学では、二度と大学に反対する行動はしないと約束して、受け入れてもらいました。そのバギオ大学では、犯罪学を専攻したのです。そこを出たので、私は警察官になることができる資格を持ったのです。

この大学に入った直後、山岳民族の舞踏チームを作るという提案を大学に出し、それが認められました。それで、奨学金も出してもらいました。ルソン島北部の五つの地域の民族を代表する5人ずつの踊り手を集めたのです。大学は大変喜び、いろいろな大学の行事に招かれ、マニラにも行って踊ったこともあります。同時にその頃には、1時間20ペソ（約50円）をもらうような裏通りの小さいライブハウスで歌うことも始めていました。ソロで歌うのです。まだまだうまくなかったので、本当に裏通りの小さな場所での演奏でした。同時に、国の施設の警備員の仕事もしました。大学から授業料は免除してもらいましたが、下宿代を払わなければならなかったからです。

１９９２年に大学を出た後、警察の上級コースか、弁護士になるかという選択があったのですが、私は軍隊に入りました。趣味は音楽と言ったら、軍楽隊に入れられました。毎日毎日、行進練習なので飽きてしまって、3カ月で軍隊を辞めてしまいました。94年に、いよいよ警察に入ろうと申し込みました。最後の、もう宣誓をするだけになった段階で、広島と長崎に行くことができるプロジェクトから声をかけられました。原爆から50年を前に、フィリピンから芸術家を呼ぶという企画でした。私は、フィリピンのアーティストグループが選んだ10人の一人に入りました。どうしていいか分からずに何人もの友人に相談したら、警察にはいつでも入れるけれど、日本にはめったに行けないぞ、と言われて日本に来ることにした。

日本軍が落とした不発弾の砲弾でつくった鐘を「平和の爆弾」として持ってきて、それを教会に寄贈して、その記念のパフォーマンスに私たちは呼ばれたのです。20日の滞在期間でしたが、そのまま居残りました。広島の後、長崎に行き、京都にも行きました。そこで残ることにして、3カ月滞在しました。この時に、妻と出会ったのです。

京都では仕事に就くことができないので、道端で音楽を披露することしかできませんでした。ギターでいろいろな歌を歌っていました。電車の中で歌って、追いかけられたこともあります。橋の下や寺や公園で眠ったこともあります。いろいろな人と友だちとなって、その人のアパートに転がり込んでいた時もあります。ライブハウスで歌ったこともあります。何でも歌いました。カントリーソングも、フォークソングも。

東京に行こうと決めた時にも、ポケットに5000円しかありませんでした。インフォメーションセンターに行って、東京にどうやって行けばいいか、助けて、と頼んだら、彼らがローカル線の切符を買ってくれました。新宿に着いた時には、ポケットにあったのは500円だけ。持ち物はギター一つ。ホームレスの人たちが、段ボールを使っていっぱい住み家を作っていたので、空いていた場所に座りました。「私の場所」です。ホームレスの人がいっぱいいて、私が歌ったら、そばにいたホームレスが300円を入れてくれました。その一晩で、20000円ほどをもらえた。それで、もう一晩泊まった。二晩で、50000円稼ぎました。それで、おにぎりを買うことができました。

日本をいろいろな角度から見てきました。海外からの人とも、いろいろ話しました。日本は開発し過ぎだと思います。ほとんどの人は、自分のことしか目に入っていないようです。この万博でも、そう。もしこのスタッフの通行証を忘れたら、中に入れません。友だちが一緒で、この人はスタッフだと言っても入れてもらえない。フィリピンでは、そんなことはありません。これが違いです。

この国の子どもは、ナイフも使えません。竹楽器を作るワークショップをここでしようとしても、子どもらはナイフを使ったことがないのです。とっても奇妙。特に山で育った私には、奇妙に思えます。私は、山から出てきてコンピュータを使うこともできます。しかしこの人たちは、竹を細工する時にも、綿密に長さを測って切ろうとします。きちんと線を引いて、間違ったらやりなおします。竹を切るのも芸術の一つなのに。不思議です。ちょっとくらい違っても、それがいいのに。

電車の中でも、みんな音楽を聴いていたりして、実はお互いが今そこに存在している、という認識がないように感じられます。

新宿で、私が英語で話しているのに反応したアメリカ帰りの日本人が助けてくれて、以前に会ったことがある私の妻の当時の連絡先に電話をしてくれました。たまたま彼女の家族が、東京にも家を持っていて、そこに住まわせてくれることになりました。彼女といろいろなところに一緒に行くうちに親しくなっていったのです。

この日本への旅の頃から、本格的な音楽活動を始めて、いろいろな仲間と活動をするようになりました。今、バギオの家には小さなスタジオがあって、そこで歌を作り曲を作っています。スコアを自分で書くことはしません。歌詞を考え、ギターでコードを選んで曲を作っていきます。難しいコードは使いません。誰でもまねができる基本的なコードで作っています。誰でも、普通の人が演奏できるようにと願っているからです。

私は、自分のメッセージを若い世代に伝えたいと思っています。世界は複雑化していて、この中で生きていくのは大変だと思います。

バギオは小さな町です。昔はアメリカ軍の基地がありました。いつも、そこに行って反戦の歌を歌っていました。アメリカ軍が撤退した後、開発計画が持ち上がり、そこに大きなホテルをつくる、木を切り倒すなどの開発が進みました。反対運動をしましたが、全く効き目はありませんでした。基地の跡地は、大きな町になってしまったかのようです。

自分の子どもたちには、何が人生か分かるように育てたいと思っています。

金持ちはカネは持っているが、どうやってその地域の村人と友だちになっていいのか分かりません。金持ちにとって、人生は簡単なものです。カネで、いい服を買い、いい靴を買う。バギオのレストランで子どもと一緒に食事をして、いっぱい食べ残しをしている人たちがいます。その外の通りでは、多くの子どもたちがおなかをすかしてじっと耐えています。もしもそういう状況が分かっていたら、自分の余分な食べ物のためのお金を貧しい人に分け与えればいいのです。でも、そんなことは彼らは気にしません。

そういうことが、下から上までの構造が分かる人間に育てたいと思うのです。

日本に来て感じたことを、今、歌にしています。

村人の音楽を、一緒に聴きましょう
村人の音楽を、一緒に聴きましょう
村人の、本当の愛を感じましょう
村人の、本当の愛を感じましょう
そうだね、それは、山の幸せ
歌と踊りで、語り合いましょう

この地球市民村でいろいろな人に会いました。もっと心を通い合わせるべきだと思います。せっかく、互いにここにいるのだから。

この歌は、先週から作り始めたばかりです。ここはまさに地球市民村。村のようなものです。村人は互いをよく知っており、助け合います。それが村人の関係なのです。

私たちは1カ月ここにいますが、まだまだ単にあいさつをする程度で、それぞれのパビリオンでお客さんを待っているだけです。もっと話すべきです。それが本当の村人だと思うのです。話し合って、課題を、明日何をどうすると話し合う。それが関係を深めていくのです。

フィリピンに戻ったら、この「村人ソング」のような、日本での体験に基づいた歌を作るつもりです。同時に、自分たちの文化に根付いた音楽を次の世代に渡していきたいです。伝統的な曲は、若い人たちから古くさいと思われますので、それをちょっと変えて受け入れやすいようにアレンジして、伝えていきたいと思います。

昨日、不思議な夢を見ました。なぜか自分が空を飛んでいて、人が集まっている場所に降り立ったら、そこで世界の指導者たちが話し合っているのです。私も、それに加わりました。平和や環境について話し合っています。国境をなくし、大使館も全部なくしてしまう。平和を話し合っているのです。それを歌詞にしようと思います。

＊もっと知りたい人は：フィリピンルソン島北部のコーディリエラ地方は、フィリピンで最も高く、広い山岳地帯で、多くの少数民族が独自の文化を守りながら暮らしている。日本とよく似た

棚田で米を作る人々もいる。農作物が豊かなだけでなく、森が茂り、金も産出する。川が多く、水力発電も盛んで、開発すれば国の半分の需要をまかなうともされる。

この豊かな資源を目指して、多国籍企業が多く開発に取り組み、森林破壊などを引き起こし、コミュニティにも大きな影響を与えている。共産勢力と呼ばれる「新人民軍（ニューピープルズアーミー）」も未だ勢力を保持し、アロヨ政権との間で交渉が続いている。

開発に伴う税金は、ほとんどが国政府に入る構造になっていて、地方自治体には回らず住民は貧困のままにおかれている、との指摘もある。日本からは、財団法人ＫＥＥＰ協会が、アーネルさんの出身地と同じカリンガ州のツルガオ村で自立支援プロジェクトを展開。アーネルさんも、ＫＥＥＰ協会のパートナーとして地球市民村に来日した。

アーネルさんの音楽ＣＤ「Goomvu」（Arnel Banasan1999年、Anima Music） http://www.animamusic.com/
フィリピン・コーディリエラ地方の人権問題レポート（英語）
http://www.unpo.org/Downloads/Cordillera1993Report.pdf

カリフォルニアで有機農業の輪を広げる

サラ・コーエン　Sarah Cohen　さん

＊略歴　Sarah Cohen　サンフランシスコ地域の出身。ニューヨークの大学で環境科学を学んだ後、非営利組織「持続可能な農業教育センター（SAGE）」のスタッフ。23歳（9月の出展団体、NPO法人Birthの招きで来日。地球市民村でのワークショップで、カリフォルニア州での有機農業をめぐる状況を説明。その直後にインタビュー）

私が働いている「持続可能な農業教育センター（Sustainable Agriculture Education：SAGE）」は、若い、できたばかりの組織です。過去3年間、いろいろなプロジェクトを走らせてきました。どういうところにニッチ（存在価値）があるのかを探そうと試みているのです。

3年前になりますが、私たちは「AgriCulture Roots Fair（農文化の根っこフェア）」を開きました。カリフォルニア州オークランド市での地域イベントでした。ファーマーズマーケットのように、いろいろな農家の人たちがそれぞれの農作物を持ってきます。25種類ものメロンが並んで、来場者はそれぞれの味を食べ比べるといったことができるのです。30種類のレタスも登場します。文化と土地とのつながりを分かってもらおうという発想でした。音楽も演奏され、雨の季節、成長する季節の歌などが披露されました。地元のバンドが演奏し、地元の人たちが踊る。エスニックレストランも、いくつも出店していました。これから毎年開かれていくと思います。

SAGEは、まだまだとっても小さい組織です。私と私のボスの二人だけです。ボスはシベラ・クラウス（Sibella Kraus）という女性です。彼女は、カリフォルニアの農業と料理にかかわる活動をしてきた人物です。地域の農家の産物を使って、限られたメニューだけを出す「カリフォルニア・クイジーン」と呼ばれた運動です。

彼女自身、バークレーでは有名なレストランのシェフでした。「Chez Panisse（シェ・パニス）」という、カリフォルニア・クイジーン運動でとても有名なところでした。そこで、5年以上シェフをしていました。その後に彼女は、サンフランシスコにある三つのファーマーズマーケットの一つを仕掛けて成功させています。とても多くの有機農園が参加して、多くの買い物客が集まるマーケットです。この成功を通じて彼女は、有機農業をしている人たちと極めて緊密な関係を築いたのです。同時に彼女は、サンフランシスコの新聞『クロニクル』の料理のページにもたくさんの記事を書いていました。

このファーマーズマーケットの仕事を終えて、次に別の形のプロジェクトをしようとSAGEをつくったのです。SAGEは、人々に持続可能で地域に根ざした食と農を広げることを目的としています。産業化した農業のいろいろな問題を解決し、マーケティングができるような新しい農業をつくり出そうとしています。このマーケティングが実は大事なのです。消費者と農家に対しての教育でもあり、それぞれに新しい考え方を提供するものです。

もともと人間は、それぞれが毎日食べるものを自分で作ってきました。それを他人に任せるようになってしまったために、次のような問題が起きていると思います。

一つには、食べ物への理解を失いました。食べ物とはただお皿に盛られたもの、という認識になって、その食べ物が口に入るまでのプロセスを認識しなくなったのです。

さらに、農業に対する感謝を失いました。そして、それぞれの食材がすぐ近くからやって来たのか、外国からやってきたのかの区別さえ付かなくなってしまったのです。このために、学校で野菜を育てるプロジェクトや、都市の周辺部の土地を使って公園のように開放された農場をつくる「農業公園」プロジェクト、それに農業を中心にした旅行「アグリカルチャーツーリズム」などをカリフォルニア州のケイパーバレイという地区で展開するなどしています。

学校で野菜を作るプロジェクトでは、中学校や高校の校庭に1エーカー（約0・5ヘクタール）の農園をつくって子どもたちが自分で野菜を育て、みんなで食べるのです。食べ物と農業がつながっていることを、体験的に学んでもらう総合的な学習プログラムです。農業を理解し、その価値を認識し、愛着を感じてもらうことが目的です。

ケイパーバレーでは、農園を訪ねる旅行客を掘り起こしています。自分たち自身で収穫してそれを食べてもらうのです。都市の人を農村につなげるプロジェクトです。

こういった中で、「農業公園プロジェクト」がもっとも重要なものかと思います。正式には「都市近郊農業公園」（Urban Edge Agricultural Park）プロジェクトです。

都市と、その外にある産業化された大規模な農業地帯との間には、都市化の波が押し寄せる中で小規模な農家が離農していっている地域があります。一方で、移民してきた人たちや社会的な弱者たちがいて、農業をしたいと思っている人たちは実はいるのです。そういう人たちにとって、土地はとても高いので普通は手が出ません。事実上、不可能になっています。

そこで、この農業公園という考えをつくり出したのです。土地の持ち主は、例えば自治体の公園部門としましょう。その非常に広い土地の一部を、それぞれの農家に貸し出すのです。借地料は、通常の値段より安くしてもらいます。その代わり、農家は農場を一般に公園の一部として公開するのです。完全にいつも公開というのではなくても、コミュニティイベントに使ってもらったり、農地を案内するツアーを設定したりするのです。

今のところ一番多いのは、農家に貸し出すのではなくて、コミュニティガーデンという名前で、0・5エーカーから5エーカーの小規模の土地を分割して、地域住民に少しのお金で貸し出し、花や野菜を作ってもらう仕組みです。子どもがみんなで使える共用の場所も用意されています。真ん中にはベンチを置いて、みんなが憩えるようになっています。そこでは園芸教室も開かれますし、大きな土地を使っている人はそこにキッチンを供えた建物を用意して料理教室を開いたりもします。

農業公園の仕組みは、自治体などが持っている公共の土地だけではなく、民間の開発業者の土地にも適用できると思っています。開発保全地域として、農地として利用するか自然のままにしておくかが義務付けられた土地があるのです。

ほとんどの人は、農業と食べ物についてのつながりをほとんど気にしていません。そして農業を何かとても遠いもののように思っていると思います。ところが、ちょっと出かけてみるとその美しさに感動し、その楽しさにも夢中になります。

私自身、小さい時によく、サンフランシスコの近くの農園に家族に連れて行かれてバケツを渡されて桃を摘んだことを覚えています。私はバークレー市から2ブロック離れたエル・セリト市の出身です。

本格的な農業公園としては、今スノールという場所で設置が進んでいます。私たちは、一つずつ地域でプロジェクトを進めていて、これが三つ目になります。とてもいろいろな要素が絡み合うので、一つのプロジェクトに5年以上かかると思います。スノールの場合は、全体で20エーカーの土地があります。ここに3エーカーの土地を耕す人を4人、残りの土地をコミュニティガーデンなどに利用しようと思っています。サンフランシスコ市の公共サービス部門が、水源地などのために所有している土地です。自分で所有しているわけではないので、農地を耕す4人は自分の担当する土地に家をつくって住むわけにはいきません。近くから通うことになります。

この土地全体は200エーカーもあり、そこで砂利取りなどの開発をするという問題が議論になっています。その中で、この20エーカーの使い方は、一つの実験にもなっています。最初の一歩なのです。うまくいくと、もっと土地を私たちに貸してもらえるかもしれません。個別の面積も農地としては小さいかもしれませんが、もともとの農業というのは小規模でした。しかも新しく試みたいという若くて困っている人には、まず小規模の農地の管理人として農業を始め、技術を取得してから別の場所で本格的に仕事をするということもあるかと思います。

ちょうど先月、ここに入りたいという人たちとのミーティングをしました。点数を競う試験という形ではなくて、それぞれの人との関係を深めて進めるやりかたです。本当にどこまで農業をしたいのかを確かめ、最終的にはいくつもある農業公園のどこに行ってもらうのかを決めていくのです。今の段階では、12人が参加してくれています。みんな、それぞれ別の人生の可能性も持っていて、これしかないという崖っぷち状態の人がいるわけではありません。

このうちの5人は、カリフォルニア州のサリナスにあるARBA（Agriculture and Land-based Training Association）という農業訓練組織の出身です。カリフォルニアに来たメキシコ系の移民に対して農業訓練をするところで、そのコースを終了した人たちです。

カリフォルニア州立大学サンタクルズ校の農業エコロジーセンターには、三つの有機農園を使った6カ月のコースがあり、その実習を終えた20代前半の二人の女性も加わっています。それに農業経験を重ねた人、この人は全体のマネージャー候補です。準備作業を手伝ってもらったり、土地をどう改良していくかを考えてもらう人になると思います。そういう人たちが集まってきています。

市民農園での活動に参加している会社勤めの人たちにも呼びかけてみましたが、これまでのところ、サンフランシスコの金融街など企業で働いている人は来ていません。

農業公園のアイデアに似たものでは、バーモント州にある「インターベール（Intervale）」という実験農場があります。240エーカーの土地で、12戸の小規模農家が50人の農業従事者やインターンと一緒になって有機栽培をしているところです。ALBAに似ていますが、そこで実習した人がそのまま残ってさらに経験を積むことができるようになっています。ハワイでは、州の農業局が農業公園事業をしています。これは、州政府が単純に小さな土地を農民に貸し与えるというプログラムです。名前は似ていますが、ちょっと違った種類の内容です。どちらも、都市と地方の接点で展開する活動でもありません。その意味で、私たちの活動は、特に町づくりの関係者から大きな注目を集めています。

最近、ロシアを見てきた仲間と話しをしたのですが、ロシアの大都会の人たちは田舎に小さな農作業小屋を持っていて、週末にはいつもそこで農作物の世話をするという土地とのつながりを持っているとも言っていました。ニューヨークでも、お金持ちは週末用の家を郊外に持っていることが少なくありませんが、そこで農作業をするということも決して悪くないことだと思います。

私自身がこの活動に加わったのは、このとても小さな団体ではあるけれども、それを動かそうとしているシベラという素晴らしい女性に出会ったからです。シベラは、文章を書くことができる一方で、マーケティングという現実の仕事もできるという両方ができる人物です。情熱も持っています。

ＳＡＧＥは、いろいろな種類のプロジェクトをやろうとしていて、私は最初はイベント企画の仕事を担当しました。大学で専攻したのは「環境科学」です。中学校の時に、学校菜園をつくるための募金集めをしたことも関係しているかもしれません。手を使う活動に興味を持っていました。そういうことがあったので、この活動に入っているのだと思います。

「環境科学」というコースは、大学でも新しい分野です。私はどちらかというと理系側の勉強をしました。化学、生物学、物理学などにまたがる分野です。２５００人の学年の中で、60人のコースでした。その中でも、デジタルマッピングの技術である地理情報システム（ＧＩＳ）などを学びました。ニューヨークのコロンビア大学バーナードカレッジを２００４年5月に卒業したばかりです。水の問題、特に開発途上国での飲料水の問題などに関心を持っていました。人権問題でもあると思います。コロンビア大学がアリゾナ州に持っていた実験施設「バイオスフェア」で、まる一つの学期を過ごしたこともあります。コロラド川の水問題が大きく議論されていた時期です。上流のアメリカ側で水をいっぱい使ってしまうので、下流のメキシコ側には水が流れていかないという問題でした。

私が、このＳＡＧＥで一番やりたいと思っているのは、活動の中身というよりは非営利組織での経験というものです。将来、工学系統の仕事をするようになるにしても、とてもいい能力をここで身に付けることができると思っています。補助金申請書の書き方、財務管理などの知識経験というものは、何をするにしても大変重要だと思います。私自身、非営利組織で仕事をすることはとても意味があることだと思っているのです。

＊もっと知りたい人は：「オーガニック」の表示がある野菜や加工食品類は、カリフォルニア州のスーパーマーケットの商品棚の中でかなりの部分を占めている。年間20％以上の成長を示し、２００５年にはすでにすべての食品の２％、年間１２５億ドル（約1兆5千億円）の規模に達したとする調査もある。大規模な農園で大量生産される食品より、健康的で安心な食べ物を求める消費者やレストランのシェフが、特にアメリカの都市部でも増えているとされる。

有機食品の表示も法制化され、「何がオーガニックか」という決まりができている。有機野菜は自然食品の専門店やスーパーマーケットで売られるほか、一定量の買い取り契約を消費者グループと農家が結び、安定した収入を直接農家に提供する「地域支援農業（Community Supported Agriculture)」などの直接取引でも供給されている。

有機農業の流れは、アメリカの後を追って、日本やドイツでも大きな波になるという予測もある。

ＳＡＧＥ（英語）
http://www.sagecenter.org/

レストラン「Chez Penisse」（同）
http://www.chezpanisse.com/

ＡＬＢＡ（同）
http://www.albafarmers.org/Homepage.html
ＳＡＧＥと似た小規模有機農業をバーモント州で実施している

「The Intervale」農場
http://www.intervale.org/

サンフランシスコ市の公園整備を進める

ジェフ・コンディット　Jeff Condit　さん

＊略歴　Jeff Condit　パナマでの環境プロジェクトやエクアドルでの教育ボランティアを経て、サンフランシスコの非営利組織「市民公園協議会（略称ＮＰＣ）」の専従スタッフ。31歳。（9月の出展団体、ＮＰＯ法人Birthの招きで来日。地球市民村でのワークショップで、サンフランシスコでの都市公園をめぐる状況を説明。その直後に英語でインタビュー）

私たち「市民公園協議会（Neighbourhood Parks Council、略称ＮＰＣ）」は、市民と行政が一緒になって地域参加で公園の管理を行っています。

サンフランシスコにはたくさん公園があるのですが、どれも荒れて使い物にならなくなっていました。また、遊び場にある遊具が、手入れの際に危険な薬剤が使われてしまっていて、有害な状態になっていた公園もありました。修理がされていないので危険な状態の遊具までありました。しかもです、そのような公園を改善しようとしても予算がないという最悪の状態にありました。

悪循環でした。誰も行きたがらない、つまらない、そして危険な公園には誰も行かなくなります。そうすると、さらに荒れて、もっと人が行かなくなる。最後には、麻薬常習者やホームレスの溜まり場になってしまったのです。そこで、私たちが立ち上がったのです。

使ったのは、地域社会の力です。ある公園の再生には、３００人のボランティアが参加しました。地域の人の寄付、市からの財政支援も受け、しかし市民が自分たちの時間と技術を持ち寄って、素晴らしい公園になりました。その公園は、今ではサンフランシスコで一番人気のある公園になったのです。

もう一つのプロジェクトは、インターネットを使って公園の管理を向上させようという計画です。月に1回、ボランティアが公園に行って気がついたことをウェブサイトに書き込んでいくのです。それを、市役所に報告します。「パークスキャン（Park Scan）」プログラムと言います。これによって、公園の問題をすぐさま当局に知らせることができ、市全体の公園の状況を引き上げることが可能になります。一般の市民が、市当局と連携できる方法なのです。

サンフランシスコでは、公園は市の西側に偏っていることが指摘されています。東側は少なくなっています。そこで、東側の地域に対して「ブルー・グリーン・ウェイ」という構想を立てました。海沿いに、既存の公園をつなぎあわせて、全体として利用できるようにする計画です。水辺を利用して、サイクリングの道などで結んでいくのです。

アメリカでは、20歳以上の64％が体重過多になっていて、カリフォルニア州の２００３年の肥満に起因する医療費総額は77億ドル（約８０００億円）以上とされます。こういう生活習慣病のコストを減らすためには、運動をするのがいいとされています。この海沿いの公園は、健康的なベルト地帯として大変に人気が出てくると期待しています。

２００５年6月に、サンフランシスコで国連世界環境デーが開かれ、私たちもそれに参加しました。会議には、世界の50の大都市の市長たちも集まりました。市長たちは21項目からなる「都市環境協定」を結んだのです。この協定書の中では、２０１５年までに、すべての市民から５００メートル以内に公園を配置するように求めています。モスクワやサンフランシスコやメキシコなどの市長たちです。今年はちょうど、世界人口の半分以上が都市部に住むようになった年です。なので、都市の緑化が必要になってきたのです。この協定に、世界中の都市が加わるように私たちは活動しています。

都市の緑化というのは、アメリカでは大きな流れになりつつあります。公園をつくり、通りを緑にし、そして屋根に草や木を植える「緑の屋根」の導入なども進みつつあります。

例えばロサンゼルスでは、「ツリーピープル」という団体が、都市の緑化に取り組んでいます。特にロサンゼルスでは、木を植えるだけではなく、雨水を小学校の校庭の下につくった巨大なタンクに溜めて、それを水やりに使い、それを通じて大雨の際の浸水被害を押さえ、同時に都市部を流れて自動車のオイルなどで汚れてしまった水が、いきなり海に注ぐことを防ぐという「都市の持続可能性推進プロジェクト (Urban Sustainability Initiatives)」も始まっています。

私は、今はサンフランシスコに住んでますが、前は中米パナマで環境プロジェクトをしていました。エクアドルのキトで、小学校1年生を相手にしたボランティアの教師をしたこともあります。米国に戻った後、カリフォルニア州立大学バークレー校のエクステンションセンターで都市デザインを学びました。その後、NPCの代表をしているイサベラ・ウェイド (Isabela Wade) 博士に雇われたのです。とても素敵な人です。生物学が専門で、都市の緑に強い関心を持っています。サンフランシスコで、いろいろなプロジェクトを手がけてきました。

彼女は、サンフランシスコで「街路樹プログラム (Street Tree Program)」を始めた人です。ボランティアベースの非営利活動です。市内の街路樹の3分の2が、このプログラムで植えられました。市当局には、予算も維持作業も十分になかったので、3分の1の街路樹しか植えることができなかったのです。

彼女は「都市の森の仲間たち (Friends of Urban Forest)」というボランティア団体をつくって、自分の家の前の歩道に木を植えることを可能とする仕組みを持ち込んだのです。歩道の舗装をはがす許可を市からもらい、自分で木を植え、水をやり、世話をして、大きくなるのに5年はかかります。これは、全体として市の大きな財産に育っていったのです。1960年代、サンフランシスコの街路樹というのは本当に少なかったのです。イサベラはこの動きを作り上げ、初代の会長となりました。コミュニティが、自分たちで木を植えるという素晴らしいモデルだと思います。

一部の資金は市当局から提供されますが、残りは市民からの募金でまかなわれます。市当局は、街の街路樹の全部を維持管理する資金を持っていないので、市民にやってもらうという仕組みで全体を動かしたのです。イサベラはこの仕組みを、次に公園に当てはめたわけです。それが、「市民公園協議会」というわけです。

彼女は、ほかにもいくつものプロジェクトをしています。国立エイズ記念の森 (National AIDS Memorial Grove) という場所が、サンフランシスコ市のゴールデンゲート公園にあります。広いこの公園の中に、予算不足のために管理が行き届かずに荒れていた一角があり、そこがエイズ犠牲者を追悼する公の場として、官民一体となって整備され、維持されているのです。

私自身が、このNPCに入ったのは2003年です。10人の専従スタッフがおり、年間70万ドル (約8000万円) の予算で動いています。コミュニティを巻き込んで、公園や遊び場を次の世代に向けて、みんなで守り育てようとしています。

私は、遊び場キャンペーンと、海沿いの公園「ブルー・グリーン・ウェイ」プロジェクトの責任者をしています。ブルー・グリーン・ウェイについてもう少し話しましょうか。

２００３年に、私たちは公園の平等性について調査をしました。すると、前にも言ったように、サンフランシスコ市内の公園が西側に極めて偏っていることが明らかになったのです。これは、市の西側の住宅街には白人の比較的裕福な人が集まっており、市の東側には社会的な弱者が多く、低所得で、ヒスパニックやアジア系などの少数派の人々が住んでいるということの反映でもあったのです。この公園が、とても少ない市の東側の地域に緑を提供するために、市や州などの自治体、公共機関や住民らが一緒になって、公園を築いていく必要性を訴えました。

以来、関係者を集めた会議やイベントを展開し、その結果、ブルー・グリーン・ウェイという構想が出てきたのです。公園が少しはあるのですが、それ以外にも、使われなくなった船着き場などがあったのです。数少なく残された公有地である海岸線部分を使って、リボンのように市の東側をつなぐ公園群を整備しようと話し合っています。すでに、州の港湾局などとも調整に入っています。出来上がれば、このベルト地帯を通じるサイクリングロードもでき、また海側をカヌーで伝って楽しむこともできるようになるのです。

このプロジェクトにも、市民や地域社会の関与は不可欠です。そのため、どのような公園をつくっていくのかについても、市民同士が公園のデザインについて話し合う学習会やシンポジウムを展開している真っ最中です。

＊もっと知りたい人は：国連の世界環境デーに当たる２００５年６月５日、サンフランシスコで世界都市環境協定が結ばれた。エネルギー、ゴミ処理、都市計画など環境に関連する７項目について21の行動目標（アクション）が設定された。この21項目は、環境の持続可能性を維持するための「第一歩」とされ、長期的な持続可能性を達成するために、世界の各都市はさらに真剣な努力が必要だと合意された。都市の自然環境に関しては、以下の三つが規定された。

・アクション10　２０１５年までに、すべての都市住民から５００メートル以内に公園や運動ができる開放された空間を設置すること。

・アクション11　市内における現在の緑地の割合を計測し、生態的な見地と住民の意見をもとに、そのあるべき目標値を設定して緑を増やす。歩道で植樹可能な場所の半分以上を緑化すること。

・アクション12　回復不能な開発から生態系を守るため、水辺を守り、エサになる植物を守り、野生生物が隠れる場所を守り、もとからあった植物を植えるというような条例を定めること。

Neighborhood Park Council（英語）
http://www.sfneighborhoodparks.org/
世界環境デー協定書（英語）
http://www.livabilityproject.org/misc/Accords.pdf
ロサンゼルスのTree People
http://www.treepeople.org/
米国の肥満コスト一覧
http://www.cdc.gov/nccdphp/dnpa/obesity/economic_consequences.htm

音楽を通じて海洋動物を守る

ジム・ノルマン　Jim Nollman　さん

＊略歴　Jim Nollman　音楽家。米国ボストン出身。大学卒業後、作曲家として活躍する一方で環境保護運動に携わる。1970年代に、捕鯨反対運動で壱岐を訪問。インタースピーシズ社を運営。ワシントン州の小さな島に住む。58歳。(8月26日、地球市民村の控え室でインタビュー)

私は、もともとロックンロールの音楽家です。何年にもわたって動物たちと一緒に音楽を作ってきました。そう、動物と「一緒に」音楽を作ってきました。ザトウクジラやシロイルカなどと一緒に、芸術としての音楽を作るのです。

今やっているのは、こういうことです。私が何年も活動してきたことで、300の水中の動物の音が集まりました。クジラ、イルカ、アザラシ、魚、ロブスターなどです。これを一つのCDに納めて、現代最高の音楽家たちに送りました。25カ国50人の音楽家に、この音を使って曲を作ってくれないかと頼んだのです。

バイオリンを弾くある音楽家には、バイオリンの音も加えてもらっていいと言いました。最長で6分の曲を作ってくれるように頼んだのです。それで、20の曲がすでに集まりました。もう少し増やして、CDに作り上げたいと思っています。「クジラのおなか(Belly of the whale)」というプロジェクト名です。聖書に出てくる、クジラに飲み込まれた人間が神の力で再び陸地に戻る、という話から来た名前です。世界的な日本人ノイズアーティスト秋田昌美も、その中に入っています。

それに、映像を加えたミュージックビデオも作りたいと思っています。これが一つの仕事。もう一つの仕事は、芸術家の支援です。

学者が、研究のためにいろいろな場所に出かけていくのを支援する助成金はいっぱいあります。しかし、芸術家にいろいろな場所に出かけていく資金を提供する仕組みはそんなにありません。1978年から、このような支援活動をしていて、広大な場所を使ってゴミを素材にした巨大なアートをつくる人を支えたり、3人の芸術家に北極圏にすむシロイルカに出合う旅をしてもらったこともあります。

そもそも、最初に動物と音楽を一緒に演奏したのは、1972年のことです。メキシコの農村で、土笛を吹いていたら、目の前の七面鳥がガボガボと鳴いて私の演奏に反応したのです。私の演奏に応じて、違う音で反応してくれるのです。

それで米国に戻ってから、今度は300羽の七面鳥を相手に演奏をして、その300羽が一斉に反応するのを2時間半にわたって録音して、CDにしました。みんなが七面鳥を食べるサンクスギビング(感謝祭)の子どもの歌を、食べられてしまう七面鳥と一緒に、演奏したのです。これは、大ヒットになったのです。これが、私の動物との共演の始まりなのです。

サンフランシスコの家の隣に住んでいた友人の招きで、ハワイのコナ島でイルカを相手に演奏をしたのが、海の動物とのかかわりの初めです。もともと、七面鳥でもネズミでも反応するのは分かっていましたから、そうだろうと思っていました。一月ほど滞在して、浮きの上にドラムを置いた道具を作って海に一日2回ほど入って演奏していたら、沖を通るイルカの群れの何匹かが反応してくれたのです。1974年ごろの話です。若かったから、人が招いてくれたらいろいろなところに出かけて行っていました。

初めは、何の特別な道具も使わないで、ただ音のやりとりでした。水中マイクなどは、海軍だけのものだったからです。80年代に入っていろいろな道具を使えるようになって、こちらの音を水中スピーカーで流し、イルカたちの声をマイクで拾ってこちらで聞くというようなことになってきました。

日本には、1977年にグリーンピースの活動家として来たのが最初です。壱岐に行って、その地のイルカ漁を止めるようにキャンペーンをしました。しかし、このキャンペーンは海外の新聞には大きく報じられましたが、日本では事実上、何も報道されませんでした。変えなければいけないのは日本の人なのに、日本の人にはメッセージは伝わっていない。これで、私は作戦を変えることにしました。日本の人にクジラを見に行ってクジラに触れる機会をつくるのが、遠回りだけど大事なことだと思うようになったのです。

天草、室蘭、鹿児島、いろいろな場所に行って、ホエールウオッチングの楽しさなどを伝えるように繰り返してきました。今回、私を招いてくれた国際イルカ・クジラ教育リサーチ（ICERC）とは、この長い活動を一緒にやってきました。今もクジラの生息数が減っていることが、大変気になっています。なのに日本政府は、捕獲数を増やそうとしています。

地球の自然は、日本による大量の魚の捕獲の影響も含めて、いろいろな変化をしています。私が住んでいるアメリカ西海岸にある最大の川コロンビアリバーには、普通なら無数のサーモンが戻ってくるのに、去年の春はたった200匹のサーモンしか戻って来ませんでした。こんなニュース、どこにも伝えられていないでしょう？

＊もっと知りたい人は：

『イルカの夢時間―異種間コミュニケーションへの招待』（ジム・ノルマン著、1991年、工作舎）

『The Charged Border: Where Whales and Humans Meet』
(Jim Nollman,1999, Henry Holt & Co)
Interspecies社
http://www.interspecies.com/

韓国で海辺の保護運動などを展開する

ジュード・オー（呉泰勲）さん

Jude Oh

＊略歴　**Jude Oh**（本名、呉泰勲）大学卒業後、インターネット関連のビジネスをいくつも起業、イタリアのブランド会社マネージャーを経て、韓国環境運動連合（KFEM）スタッフ。27歳。（9月の出展団体、「東アジア環境発伝所」の招きで来日した後、再び週末を利用して自費で地球市民村に登場。9月17日に、英語でインタビュー）

私が所属する韓国環境運動連合（KFEM）は、韓国でも最大級の環境保護団体です。各地方にある組織が統合されて、20年以上前にできました。ソウルにも、釜山にもそれぞれの支部があります。支部というよりは、もっと平等に連携しているという形です。国連みたいな構造です。支部は、それぞれに自分たちの意思決定をすることができます。

設立当初から本部として取り組んできたことは、主に三つです。水力ダム問題、干潟の埋め立て問題、そして核廃棄物問題です。ダム建設では、今年、一つのダムの建設計画を中止させることに成功しました。「小さな勝利」と私たちは呼んでいます。水力ダム問題そのものは、ほかの二つに比べるとそんなに大きな問題ではないと考えるからです。

埋め立てでは、日本と同じように干潟を埋め立てて利用しようとしています。海岸沿いの浅瀬を埋め立てて、新しい土地をつくろうとする動きに対するものです。

核廃棄物問題では、ソウルの南にあるプアン（扶安）という小さな町に核廃棄物処理場をつくろうとしました。地域議会が反対している中で、プアンの郡主（知事）が政府への受け入れ申請の最終日に駆け込み申請をして、行方をくらませるという騒ぎもありました。その後、1年以上にわたって、大規模なデモが繰り返されました。この反対運動を、私たちは組織化しました。

ロウソクを灯したキャンドルイベントで夜間デモをするとか、地元の小・中・高校の生徒の70％が50日以上にわたって学校に行かないとかいう平和的な行動です。機動隊との間で何度か衝突もありました。警官が楯で一般市民を叩くようなこともありました。最終的には住民投票が行われ、大多数の住民が反対に投じて計画は中止になりました。それが、去年のことです。

今年になって、政府は韓国内8カ所に核廃棄物埋め立て地をつくるという計画を発表しました。その受け入れ申請の受付締め切り日は、今年の8月31日でした。四つの自治体からの受け入れ申請があったようです。政府は、受け入れ自治体に5億ドル（500億円）近い金額を提供し、完成した施設で地元の人々が働くことができるようにする、近くに観光施設をつくるなどとしています。申請した場所の一つは地震多発地帯ですし、別の場所は地下に断層があるなど、安全面で大きな不安があります。

政府はまた、臨時的に使っている核廃棄物置き場が来年にはいっぱいになってしまうとも言っています。しかし、これは２０００年の技術水準によって計算されており、核廃棄物の処理に関する新しい技術がその後も開発されており、私たちの計算では２０１５年までは今の場所で持つとされています。この間に、さらに技術開発を進めることも可能でしょう。そもそも、原子力発電そのものも安定したものではなく、廃棄物のリサイクルもできません。私たちが、廃棄物処分場に反対しているのも、いったん処分場ができれば、もっと原発をつくるということにつながるからです。

今、韓国には原発がいっぱいあります。韓国のエネルギーの40％以上が原子力でまかなわれています。その原子力に投じる資金を使えば、太陽光発電などの再生可能なエネルギーで、それなりの成果を出せるはずです。韓国の海岸での干満の差は大きく、潮汐発電も考えられます。誰もそういうことに注目せずに、安易に流れてしまっています。

日本の青森県の六ケ所村と同じような、プルトニウムを抽出する施設も考えられています。プルトニウムからは核兵器をつくることができます。もし日本が核武装するなら、韓国もしなければならない、というようなことになりかねません。中国も加わって、3カ国の核の緊張が高まるでしょう。この三つの国には、歴史的な問題もありますからね。しかし、核というのは本当に悲惨な兵器だと思います。

今の日本では、そんな議論はないと思いますが、いったん六ケ所村の再処理施設が動き始めれば、5年後には日本が持つプルトニウムはアメリカ軍が持つ量を上回る計算になると言われます。アメリカが持っている３０００とかの核弾頭に含まれる核物質を上回る量になるのです。そんな中で、日本が、中国と韓国との核競争などを引き起こしたら大変危険なことになります。奴らと意見が違うからやっつけてしまえなんてことになったら、民主主義というようなことではなくて、20世紀の日本で言えば東条英機みたいなことになってしまいます。

干潟の埋め立てでは、セマングム地区が問題になっています。これは、プアンのすぐ近くです。農地を拡大するためというのが当初の計画でした。食料が足りなくなるから農地が必要になるという名目でした。しかし、韓国の農村部から、若者がどんどん都市部に流れています。若者は、農業をしたくないのです。その結果、どんどん誰も耕さない農地が増えているのです。農地が余っているのに、さらに農地が必要なのでしょうか。そこで、私たちは法廷闘争を展開しています。訴訟を起こしているのです。すでに政府側は裁判では負けているのですが、なお干潟を埋めるためのゲートはつくってしまっています。しかも、韓国は経済的に不況に入っています。政府や一般大衆は、この地域の経済開発を求めています。

すでに、この干潟は死に始めています。この干潟は、魚、貝、カニなどの宝庫だったのです。同じような状況のちょっと小さな干潟が、ソウルの近くにあります。こちらの方は堤防で完全に囲ってしまった結果、中にできた淡水の始華湖は都市からの排水で汚染されてしまい、完全に「死の海」になっています。海沿いに住む漁民たちは、すでに魚や貝が取れなくなって困っています。

セマングム地区の面積は、ニューヨーク市のあるマンハッタン島の10倍もあります。海を埋め立ててできた国であるオランダの埋め立て面積よりも大きいと言われています。ここは、300を超す鳥たちのすみかです。世界的に絶滅が心配されているクロツラヘラサギも飛んできます。エコシステム（生態系）全体に大変重要な場所なのです。

この場所は、韓国の巨大企業である「現代」が所有していたり、利用権を持っていたりします。私自身が中学生だった頃は、「利用価値のない場所を、金の鉱山にする」という言葉で表現されていました。それは結局、去年になって政府は、中国も近い場所だからツーリストの町にすると候補地の一つに指定しました。カジノなんかをつくるというのです。ディズニーランドを誘致するという話もあります。ゴルフコースをつくるとも言っています。ゴルフコースには、いっぱい肥料や農薬をまく必要があります。それが、川に流れ込む。本当にそんなところに中国から客が来るでしょうか。マカオや香港にもカジノはあります。全くどういう考えなのか分かりません。

ＫＦＥＭは、全国に２３０人の有給スタッフを抱えています。メンバーは約7万人。子どもたちも会員になっているので、会費を払ってくれている人は2万８０００人です。この数で２３０人のスタッフを支えるのは大変です。実際、私たちは深刻な財政危機に陥っていて、私はこの2カ月、給料をもらっていません。プロジェクトを進めるためには、給料に回すお金がないのです。私たちは、アジア最大級の環境保護団体なので、人々は私たちのことをお金持ちだと思うと思います。しかし私たちは、よほど環境にいい活動をしている会社からでないとお金はもらいません。だから、財政はとても大変な状態なのです。

私自身は、ＫＦＥＭで働き始めたのは、今年の5月です。だから、まだ4カ月しか経っていません。私は27歳です。これまでいろいろな仕事をしてきました。去年まで、イタリアのフィレンチエに住んで、ブランド品のグッチに勤めていました。アジア市場のマーケティング部長でした。その前は、投資銀行で働きました。

その前には、自分の会社を四つつくりました。二つは失敗しましたが、二つは成功しました。ソウルのような、大都市のレストランの情報サイトを運営するインターネットの会社はうまく行きました。１９９９年のことです。３００万ウォン（約40万円）でつくった会社を1500万ウォン（約200万円）で売りました。ウォンですから、大した金額ではありません。輸入高級車を売る会社もしました。BMWやベンツを扱いました。

大学では、経営学を学びました。特に、マーケティングが専門です。グッチで働いた後、同じようなことはしたくないと思いました。人が単に買ってうれしく思うというような仕事は、つまらないと思いました。その頃、NGOの動きにとても興味を持ったのです。6月から韓国で行われた国際捕鯨委員会（IWC）の年次総会に、グリーンピースが乗り込んできていて、それも面白そうだったし、同時に私は人権関係の活動にも興味がありました。グリーンピースのウェブサイトを見ていたら、KFEMがインターネットが分かる人間を欲しがっているのが分かったので、インターネットの責任者で入ったのです。

日本と中国、韓国が一緒になって展開している東アジア環境情報発伝所のプロジェクトは、すでに3年の歴史があります。私は、それにまだ3カ月しか加わっていませんが、とても面白いプロジェクトだし、集まっている人が面白い。だから私は、自分自身の派遣時期はすでに終わったのだけど、週末を利用して自費で戻ってきたのです。

この万博全体は、まさに日本式でとてもうまく運営されています。大きな問題も起きていません。しかし、全体は大変に商業主義的だし、「トヨタの博覧会」だと思います。環境がテーマと言われていますが、私たちNGOは、はずれた場所に置かれています。その一方で、この地球市民村のスタッフはみんなが家族のようです。みんなの目が生き生きしている。情熱にあふれ、知的で、同じ目標を達成しようと頑張っている。ワークショップがいくつも行われ、議論がさまざまに行われている。ヨルダン館のスタッフまでがここに来て情報交換をしている。NGOだけではなく、国と国との情報交換もここで始まっています。日本と韓国ですら、まだまだ互いに学ぶことがあると感じます。先週、韓国に戻って仕事をしていて、何かし忘れたような気がして戻ってきてしまいました。もともと私は、もっと長くいるつもりでしたが、韓国での仕事もあるので、日本語もしゃべることができる別のスタッフが派遣されて私と交代することになりました。

私自身は、そんなに貧しい家の出身ではありません。お金をためることができたのは、BMWなどの車を売っていた時でした。父親は投資銀行に勤めていましたが、2000年に引退しました。おじいさんが土地持ちで、相続した土地に父はゴルフクラブをつくろうとしたこともあります。私は反対しました。とてもきれいな場所で、それを壊すのはいけないと思ったのです。それが、私の初めての環境運動だったのかもしれませんね。

韓国では、経済危機からは脱出していると言われます。生き残った企業は前よりも強くなって、利益もいっぱい出すようになっていますが、人々の貧富の差は拡大していると思います。

私は、これからの人生全部をKFEMで送るとは思っていません。もっと国際的に活動したいです。死ぬ時に、後悔しないように生きたいというのが今の思いです。

＊もっと知りたい人は：韓国は大規模な干潟が多く、各地でその開発が大きな問題になっている。中でもセマングム干潟はその規模が大きいこと、世界的大企業である「現代」が深くかかわることから、注目されている。当初の農地としての利用から、540ホールという世界でも最大級のゴルフ場をつくるという計画を含む、観光レジャー地域の開発へと様相を変えつつある。釜山市

の西側を流れるナクトンガン（洛東江）河口の干潟も広大な規模だが、その中央部を新しい橋で結び開発しようとする計画もあり、反対運動が起きている。干潟に飛来する鳥たちは、日本も経由することが多い。

ＫＦＥＭ（韓国環境運動連合、韓国語と英語）
http://www.kfem.or.kr/
日中韓環境情報サイト　ＥＮＶＩＲＯＡＳＩＡ
http://www.enviroasia.info/

中国に木を植え続ける

小椋好和　Ogura Yoshikazu　さん

＊略歴　おぐら・よしかず　会社員として働きながら、15年にわたって中国に木を植える活動にボランティアとして参加。ＮＰＯ法人地球緑化センター理事。59歳。（9月24日、万博最終盤、地球市民村に過去の出展団体全部が再度集まったイベントに登場した時にインタビュー）

私は今日は、ボランティアと仕事の両方で万博に来ました。この地球市民村に参加しているＮＰＯ法人地球緑化センターの理事として来たのと同時に、仕事でここに清掃作業の人員を派遣しているので彼らの激励に来ました。地球緑化センターには、13年前の発足時からかかわっており、今は理事をしています。

私は、もともと鳥取大学の遠山正瑛先生が始めた日本砂漠緑化実践協会の会員でした。中国にとても興味があったところに、環境保全という関心もありましたので、遠山先生の活動が始まったのでさっそく入ったのです。それが、44歳の時です。鳥取砂丘における研究方法や、その成果が中国の砂漠研究に生かせるのではないかというので、中国の砂漠に緑化のための会員を連れて毎年出かけて行っていたわけです。そこから枝分かれして、今の地球緑化センターができました。会員は９００名です。年会費１万円です。年予算が、約1億円です。

地球緑化センターは、１９９３年から活動を始め、１９９９年にＮＰＯとしての法人格を取得しています。その13年前の発足時から、中国一筋で砂漠の緑化に努めてきました。砂漠緑化実践協会の会員の多くが、そのまま地球緑化センターをつくったものですから、活動は中国の砂漠の緑化が中心です。以来、中国には17回行きました。

私自身は、大学で中国経済を専攻し、第一外国語も中国語だったものですから、中国語の日常会話ができるということと、非常に中国そのものに関心があり、しかも環境保全に役に立つということで、「中国」「経済」「植林」が結びついて、こういう活動に加わったのです。

地球緑化センターでは、中国の3カ所で植林をしています。内モンゴルの砂漠地帯、重慶の郊外、そして北京の北にある豊寧満族自治県です。この順番で、活動を広げてきました。モンゴルと豊寧では、ポプラを、大都市である重慶の郊外では果樹を植えています。

重慶は揚子江が流れていて、川に向かって両岸の土地は25度くらいの急な傾斜を持っています。大雨が降ると表面の土が流れてしまうのです。そこに、また木を植えようというのですが、そこに日本のようにスギなどを植えても、大きくなるのに何十年もかかってしまう。そこで、とりあえずすぐに村人へのお金にもなるように果樹を植えています。ミカン、モモ、ナシ、ギンナン、そういう市場で換金できる植物を重点的に植えています。重慶で始めて8年目になりました。もう収穫ができて、村人は喜んでいます。村人も一緒になってやっていますので、もう何十万本もの木を植えました。

日本からの植林ボランティアが行く時は、40人前後で行きます。費用は1回25万円くらいです。その中に、苗木代約3万円が入っています。植林作業のほかに、一日だけ観光の日も入っています。

苗木作りは、現地の人にも難しくない仕事です。種はいっぱいありますから。苗木代を日本側が払うことで、現地の農家は生計を立てることができるのです。地域と、とても深いお付き合いをしながらの活動です。

中国からの招へい事業も、すでに9年になりました。三つの地域から、毎年12月に計8人くらいに日本に来ていただいています。日本の緑化の事情を勉強してもらい、実際に国有林に入って間伐作業もしてもらいます。そういう体験をして、日本の森林の勉強をしてもらいます。一番参考になるのは、日本人は「稲作漁労民」で、森林がないと民族そのものが成り立たないということです。それで、緑を大切にしているということが大変勉強になったと言って帰ります。江戸時代から、例えば木曽のヒノキでも、「木一本、首一本」というくらい大事にしてきたという歴史なんかも勉強して帰ります。

中国の砂漠化は、家畜の過放牧や家庭の燃料として木を切るのが大きな原因です。重慶は、人口が大幅に増えていますので、その人口を養うために、もともとは森林だった斜面を切り払って段々畑にしてしまったのです。大雨が降ると、表土を一気に流します。表土と言っても、せいぜい40センチくらいの厚さです。表土が流れてしまえば、生活の基盤が一切なくなってしまいます。

内モンゴルで私が一番涙したのは、日本軍の兵隊の遺骨がそのまま置いてあったのです。現地の人が鳥葬をしてくれたのですが、その残った骨がそこに置いてあったのです。これ日本軍の骨だよ、と言われました。頭のがい骨だけでしたけどね。さすがに涙が出ました。

こういう活動をする最大の理由は、同じアジア民族ということですね。日本と中国は切っても切れないです。草の根交流を続けることでしか、友好を続けることはできない。われわれが一生懸命木を植えるのは、誠に地味な草の根交流です。現地の人を毎年8名とか、9名とか招いて日本の事情を見ていただいて、改めて緑化の大切さを認識して、それで自分の故郷を緑豊かな森にしてくださいという事業を行っている。

経済でお金がからみますと、歴史にほんろうされますね。例えば、今の総理大臣は中国が好きだからODAの援助を促進しましょう、その次の総理大臣は中国が嫌いだからアフリカにODAで援助しますというような、お金で援助するとなると、政治と経済の流れで変わりますので、ボランティアが草の根でやるということが一番、自然というか、無理がないことだと思います。

中国全体では、最近は植林活動が活発になりまして、国民は年に3日間、植林や緑化に携わりなさいという法律ができたんです。ですからわれわれが植林に行くと、村の人が出てきて一緒に手伝ってくれます。私たちは3日間いますから、毎日来てくれて、彼らは法律の義務を果たしたことになるのです。何十万本を、われわれだけでは植え切れないので、農民にも植えてもらうのです。村人には、植林が活着するまで面倒を見てもらいます。その労賃や肥料も、苗木代の中に入っているのです。活着率は8割です。

砂漠と言っても、実は地下水脈は近いんです。内モンゴルでも、1メートルも掘りますと湿った砂が出てきます。木が育つとそこに水分が保たれるようになり、水蒸気が出て、雨が降って…ということになります。何百年も前の、黒々とした森に戻ることを夢見ているのです。

私が10年前に植えた木が、一升びんくらいの太さになっていますね。ポプラです。最初は直径2センチくらいの苗でした。高さも12メートルくらいの立派なポプラになります。見渡す限り一面のポプラの森になっていますよ。下草も、だーっと生えてね。そうすると砂は移動しませんので、黄砂はそこからは起きません。動物、鳥が集まり、川ができて、それから、人が移り住めるようになる。

彼らは「井戸を掘った人」を大事にしてくれますね。いったん一緒に井戸を掘ると、いつまでも大事に付き合ってくれます。人の恩という部分では、日本人以上に大事にしてくれますね。仏教の国ですね。そこが、草の根交流の楽しみなところです。

どうしても、中国が好きなんです。計り知れない人の魅力ですね。日常、手紙のやりとりとかは、そんなにしているわけではありません。現地に再度行った時に、やあやあやあということです。年間2回くらい行っています。

今回、地球市民村の活動で、内モンゴルの大学生らを招へいしました。内モンゴル大学の日本語学科の生徒たちです。純真ですね。いいですね。そういう若者が、中国のこれからの緑を語る時に、彼らが万博で経験した思い出がきっと役に立つと思います。彼らには、ものすごいインパクトです。ここに来て、しかもセミナーで片言の日本語でしゃべる。強烈な印象でしょう。将来の友好が楽しみです。

＊もっと知りたい人は：中国各地で砂漠化が進んでいることに対して、日本から多くの民間団体が植林を実施している。この動きに呼応して、日本政府も1999年に100億円を拠出して「日中民間緑化協力委員会」という機関を設置し、年間5億円前後の規模での植林活動を、日中友好協会などの友好団体や環境NGOらの実施主体に対して助成金を提供する形で後押ししている。
地球緑化センターは、北京市の北約200キロにある河北省豊寧満族自治県で、中国科学院、河北省林業局やトヨタ自動車と共同で砂漠緑化のための植林を2001年から実施している。当初の3年間で、トヨタが1億5000万円を投じて1500ヘクタールにポプラなどを植えた。2004年からの3年間は、現地の人々が自力で緑化を管理できる仕組みづくりなどを実施する。北京や天津への水源地であり、また北京を覆う砂嵐の発生源の一つとなっている地域なので、緑化による環境改善が期待されている。
地球緑化センター
http://www.kk.iij4u.or.jp/~gec/
豊寧におけるトヨタの活動
http://www.toyota.co.jp/jp/news/04/Apr/nt04_0404.html
『盲流：中国の出稼ぎ熱とそのゆくえ』（葛象賢、屈維英著、東方書店、1993年）

トイレから環境改善を進める

今津啓　Imazu Akira　さん

＊略歴　いまづ・あきら　東京の大学で国際海洋法を学んだ後、米国モンタナ州で野生生物の生態系を学ぶ。帰国後、日本トイレ協会に所属。31歳。（万博最終盤の9月24日、地球市民村の屋外ステージでのオープンインタビューで）

私自身は、もともと大学で野生生物を勉強していました。特に、山の中でどのような生態系があるのか、動物と動物のかかわりを研究しました。

行っていた大学は、アメリカの西側のカナダとの境にある、本当に田舎のモンタナ州というところにある大学でした。林学部の野生生物学が専攻です。その前に、日本の大学で国際海洋法を学び、クジラとかマグロとかの漁業問題、環境保護との関係などを研究しました。文系でしたが、アメリカでは完全な理系。大学を二度やったのです。親の援助で行かせてもらいました。大学院も行きたいのですが、今度は自分の力で行きたいと思っています。

モンタナで住んでいた場所は、普通の道路にクマのふんが落ちていたり、町の真ん中にもクロクマが歩いてくるところにいました。東京育ちなので、全く違った環境の中に身を置くことで、都会も自然も、どちらも必要だということを感じていました。

卒業して帰国した後は、ただお金を儲けるだけではなくて、今の自然の状態をよくする仕事に就きたいなと思っていました。そこに、おじの知り合いから環境に配慮したトイレのコンサルティングというか調査をする「日本トイレ協会」を紹介され、最初はアルバイトをしていて、やがて正職員になって山にも調査で入るようになったのです。

もともと山登りもしていたので、山の上の方につくられたトイレを調べるのに何泊もするということも平気でした。去年も今年も、富士山に登って、一軒一軒山小屋を訪ねて、利用状況を聞いて歩いてきました。北アルプスにも登りに行きました。こういった実地調査がある仕事は、いいと思っています。

日本トイレ協会という組織は、公衆トイレを快適にしようというところから始まっています。富士山のトイレ問題にも取り組んできました。富士山では、3年前から静岡県が導入してから、トイレはエコトイレになってきています。毎年調査をしていますが、静岡県側のトイレは微生物が汚物を分解する自己完結トイレになって、山はきれいになりつつあります。

なかでもバイオ式おがくずトイレは、おがくずを使っているので、室内は木の香りが漂っています。雨が降ると、そこで泊まろうとする人まで出てくるほどです。富士山だけではなく、登山者の多い山ではトイレ対策の必要性が高まってきています。

トイレ協会は、組織としては任意団体です。会員が多いわけでも、スポンサーがいるわけでもありません。環境省など国の組織や、県からの調査事業を中心に活動をしています。現場を調べ、分析しという作業です。今、中心にやっているのは、環境にインパクトを与えないトイレの普及です。地震の被害でインフラが壊れた時に、どういうトイレがいいのか、なども研究しています。

地震の際には、特に都会ではトイレが大変になります。停電になると、マンションの屋上にある給水塔に水を上げることができず、トイレを流す水が来なくなってしまいます。どうするか。難しい問題です。

ミニブースでも展示しましたが、携帯用トイレというのがあります。袋状になっていて、おしめのような吸収剤が入っていて、そこに用を足すという仕組みで、用がすめばその袋を縛って処理する。この携帯用トイレを用意しておくことも対策になる。ただ10回、20回、30回ということになると、吸収剤をたくさん持っておくことも大変になる。長くなると、そこからは地域の力が要るということになると思います。

地震対策で簡単な勉強会を開くと、地域の人々が集まって行政と一緒になってインフラをどうするのかを考えることができる。ある段階になったら、中越地震の時も、トイレが大変だったと聞いています。

日本のトイレは、今一回流すと8～12リットルの水が流れます。それも水道水です。大量の水を使っていること、それをどう認識するか。そういったことを、今回の万博で見てもらおうと思いました。

日本は、ペットボトル入りの飲料水を世界から大量に輸入するようになった。そして、飲むことができる水道水を、トイレに流しているんです。そういう情報を提供する場として、この地球市民村はよい場所だったと思います。

今回、万博に出展したのも、トイレを見せるために出てきたのではなくて、トイレがいろいろなところにつながっているということを分かって生活をする。食べること、出した後の水とのかかわり、世界との関係が重要になっているということを、皆さんに聞いてもらいながら、自分たちも学んできたと思います。

　自分自身の将来については、専門をトイレに絞っていくというよりは、人間と山とのかかわりがどうバランスがとれていくのか。例えばトイレであれば、人間の影響を山や川に及ぼさないために、トイレをやめて一切を持ち帰るようにするべきなのか。そうではなくて、人がたくさんいるからこそ問題になるのであって、バランスが大事なのではないかと思う。そのバランスを把握できる人間になりたいと思っています。

　今、31歳です。嫁はいません。NGOに務めていると、経済的にも楽ではなくて結婚できないという人もいますが、同じ職場で33歳で普通に結婚して子どもがいる人もいます。市民団体の中で自分の生活も支えながら、社会に役に立つ行き方をするのは、難しいことだとは思います。私自身も、ぎりぎりのバランスで生きているので、さらに若い人たちにどうこう言うのは変なのですが、こういう仕事をするためには、いろいろな業務を臨機応変に柔軟にこなす能力が必要だと思います。何かに特化していくことも必要かもしれないけれど、組織が小さいうちは何でもやらないといけません。

　私たちも、5人くらいしか専従がいない状態なので、山にも登るし、翌日にはスーツを着て司会をするということもしている。何でも挑戦していくということが、市民団体などで働く際に大切なことになってくると思っています。

＊もっと知りたい人は：富士山は、夏場の大量の登山者によるし尿がトイレットペーパーとともに山肌にこびりつき、景観面でも衛生面でも大きな課題となってきた。このような山岳部のトイレ問題に対して、環境省や静岡県などの取り組みで、し尿を持ち帰る方式、燃焼する方式などさまざまな実験が繰り返され、生物分解式のトイレが利用者の評判もよく、し尿の分解も進むことが分かった。平成17年度までに、山小屋のトイレのほとんどが新しく整備された。
日本トイレ協会
http://www.toilet.or.jp/
静岡県の富士山関連情報（トイレ情報を含む）
http://kankyou.pref.shizuoka.jp/shizen/fujisanpage/

日本各地にドングリを植える

佃正寿　Tsukuda Masatoshi　さん

＊略歴　つくだ・まさとし　東京でのサラリーマン生活を経て、1974年、もの作りを志す仲間5人と飛騨に入りオークビレッジを設立、木工に携わる。91年、森林たくみ塾を創設。55歳。（9月24日、地球市民村の最終幕イベントとして屋外ステージで、公開インタビュー）

ドングリをここに持ってきました。ドングリを見た人はおられると思いますが、芽生えたところを見た方は少ないと思います。これが、ドングリの木になるのです。ちっちゃいものがものすごく大きくなる。そのパワーですね。それがいいところです。

どなたか計算していただくといいのですが、指先ぐらいの大きさのドングリが、1年目でこのくらいの大きさになり、10年経つと背丈を超えて2メートルから3メートルになります。森にまでなると、高さ10メートルになる木はざらにある。直径もどんどん大きくなって、ミズナラだと直径1メートルを超えるものも出てきます。高さが20メートル近くになる。それだけ大きくなる。何倍になるか、一度計算してみたいと思います。

そういうドングリの不思議に取りつかれた人間が、「ドングリの会」をやっています。森づくりに自分たちができることは何だろう、と考えました。「林業」などと言うと、身を引いてしまう。そんな立派なことはできないと。何かできることがないだろうか。木を育てるのはできるのではないか。花を植えるということは、やる人がいる。庭に花を植えて、それを楽しんだり、木を植える人もいる。庭に木を植えるまではしている人がいるが、それが森になるとまで考えている人は、あまりないと思います。

僕たちは単純に考えて、種を拾ってきて育てて、大きくなったら山に植えに行けば森になるのじゃないかと思った。それだったら、自分たちでもできるだろうと。

もともと私たちは、木を使う立場にありました。今もそうです。皆さんが今、座っておられる椅子も木でできています。木造の建物が、最近見直されています。また家の中にあるものも木でできているものもたくさんあります。身近なもので言うと、ご飯をよそうしゃもじ。プラスチックのものもありますが、ヒノキのものは香りがよくて使い勝手がいいんですね。身の回りに木のものって、たくさんあるんです。使うって言うことをずーとやってきて、この先もたぶん木を使い続けます。だから、木を切り続ける。木を切ってしまうんです。使うのなら、植える努力もしないといけない。そのためにはどうしたらいいのか、というのが始まりなんですね。そこでドングリを拾いに行こうということにつながったのです。

木でものを作ることを始めたのが、30年くらい前。自分たちで木を植えるということをやってみようと思って24、5年くらいです。最初は、自分たちでドングリ拾ってきて、植えたら芽が出た。「当たり前じゃないか」ということだけど、感動しますよね。

なかなか芽は出ない。秋に拾ってきて、植えて、冬になっても芽は出ない。春先になっても出ない。だめかと思っていたら、私たちの住んでいる飛騨では5月くらいに芽を出すんです。小さいあずき色のかわいい芽を出すんです。それがだんだん大きくなって、今ご覧になっている大きさまでになります。それを育てていくと、背丈に届くくらいの苗木になります。そこまで行けば、山に植えられますね。

皆さんは、いろいろな生きものを育てていると思います。森を育てる最初の段階の木を育てることは、楽しいことだと思います。最初はずぶの素人で、半信半疑で、でも木の種だから芽は出るだろう、と思ってやっていたのです。いつ頃、出るんだろうと思いながらです。実感というのは、とても大切だと思います。植えてみると、芽が出るというごく当たり前の実感が得られる。この感動は大きいですよ。種はちゃんと芽を出す。家庭菜園などだと見逃してしまいがちなことだと思います。木の種だと、森づくりの第一歩が始まったなあという感じになるのです。

実は、僕が拾った最初のドングリはプランターで育てて、今、玄関の前の土に戻してやったんですよ。高さ3メートルから4メートル、太さも10センチ近くあります。上に電線があるので、切ってやらなければいけない高さになりました。これが20年近くなった木です。このくらいになると、またドングリの実を付けるようになります。それが新たな感激ですね。自分が種を植えて、それが育ってくれて、実を付けてくれる。それも一粒じゃないですよ。木になって実らせる時には、数千粒にまで行くわけですよ。これも自然の不思議です。一粒のドングリが、数千粒のドングリを実らせるまでのエネルギーを蓄えている。これもすごいなあと思います。木によって違いがあるようですが、家の庭に植えたのは12、3年目からドングリを付け始めました。花を咲かせる。ある程度大きくなると花を咲かせ、その上で実を結ぶようになるんです。家の庭木は今年はちょっと成りが悪いんですよ。成りが多い年と少ない年があって、だいたい4年から5年の周期なんです。わっと付けると次の年少なくなる、そして突然全然付けない年もある。

定説はないみたいですが、成りすぎると子孫が多く成りすぎるから次は減らすという大きなサイクルがあるのだとも言われています。また、動物との関係も密接で、ドングリは動物の食料でもある、供給源でもある。植物の偉いところですね。動物はみんな植物のおこぼれにあずかっているというか、植物を自分のエネルギー源にして子孫を増やしている。木は光合成をして、自分自身で自分自身のエネルギーを作り出すことができるんです。しかも、それを動物にもあげる。ドングリは、カケスやリスや、大きい動物だとクマも食べる。こういう動物の食糧だから、豊作の時は動物も増える。増えるのを押さえるのに、実のつけ方をまたコントロールしているのかな、とも言われます。いろいろですね。

私たちの仲間内で、「彦左衛門」と呼んでいる大きな木があるんです。うちのそばの山奥にある。勝手にみんなで樹齢900年と決めたのです。胴回り3メートル、高さは20メートルくらい、巨大なドングリの木です。年齢は勝手に推測したのです。ぜひ皆さん、会いに来てください。その木は、ひときわ大きくて、峠道を上っていくと見えるんです。あそこだと思っても、なかなかたどり着けない。道も曲がりくねっている。たどり着くと、あまりの巨大さに本当に見上げてしまうという感じです。

土の状況、風、日当たり、いろいろな要素があって、大きく育つかどうかが決まるのだと思います。木によって身を置ける場所が違うのだと思う。僕たちは、まとめてドングリと呼んでいますが、大きくなるのはミズナラです。だいたい生えているのは、山の中腹。てっぺんでも尾根筋でも沢筋でもなく、平地でなくても大丈夫。あんまり温かくないところ。標高では700メートルくらいから出てくる。でも、あんまり寒くもない場所です。

森は、日本にはたくさんあります。面積で言えば、国土の7割が森です。でも、その70%の森は植えっぱなしであったり、木を切りかけてそのままにしてしまったというようなところが、その内の80%もあるんです。日本の国土の半分以上が荒れているんです。70%の80%だから、56%です。それが、荒れているんですよ。

どう荒れているかと言うと、最初はきっちり木を植えて森林にした。残念ながら経済的に成り立たなくなって、手を入れられなくなった。植えたはいいが、後の手入れができなくなってしまっている。これが大問題。このままいくと「国土崩壊」にまでいってしまいます。崩壊。兆しは、手を入れられなかった木が、山崩れを起こし始めている。木ごと山が崩れていく、という現象がたくさん起こっているのです。それが、おそらくこれから連続的に起きるのではないかと予測されているのです。

一生懸命植えたが、その後で手入れをする人がいなくなってしまった。一斉に植えたから、一斉に大きくなった。大きくなったら、ある程度間引きをしなければならないのに、それができていない。同じ時期に植えているので、この後10年くらいで一斉に倒れ始めるのではないかと言われています。本当に、国土が崩壊してしまうのではないかという危機感があります。

今回、地球市民村に出ていますが、ボランティアの力というのはものすごく大きい。今までは、林業を生業《なりわい》としてきた人が悲惨な目に遭っていて、その人たちの力だけではどうしようもないところがある。そこにボランティアがかかわることによって状況が好転することがあるのです。

手前味噌ですが、自分たちの活動で今年の春に、倒れてしまった杉林の始末をしたことがあります。自分たちが、3年前に植林した場所でした。杉林に広葉樹を、ミズナラとかブナとかを植えて、針葉樹と共存できる豊かな森をつくろうとしました。杉を間伐したところに広葉樹を植えたのです。

ところが後から分かったんですが、間伐の時期が遅かったんですね。去年秋、飛騨は台風に見舞われかなりの風が吹いて、私たちが植えた1ヘクタールくらいの土地の杉が全部倒れてしまったのです。せっかく植えた木の上に倒れてきた。今年の春に、この倒れた木を切ってどけようと思った。いろいろ専門家に相談したのですが、最初は難しいと言われた。倒れてしまった木の始末は危険をともなうので、素人の手には負えない。やっても、これには2、3年かかるのではないかと言われた。それでもやろうと思って、皆さんに呼びかけたら数十人集まってくれた。プロが倒れた木をうまく切って、それを人力で運んだ。人が運べる2メートルから3メートルにしてもらい、二人がかり三人がかりでやると運べる。数十人いると、あっという間に片づいた。指導してくれた人も驚いていました。一日で、6割以上終わってしまいました。その人も「人海戦術も効くなあ」と言っていました。人の力は侮れない。集まるとパワーを発揮する。それを実感してみると、人も捨てたものではないと思いました。

直径40センチから50センチくらいの木でした。水をたっぷり吸っているので重いです。樵《きこり》さんたちは、自分で木を切って自分で運ぼうなどとまず考えない。短く切っても売れない。そういうなかで、林業は成立しなくなっている。お金が有る無しにかかわらず、森を救おうという志で集まると、パワーを発揮する。一時のことでも、一つのことで動くと、実感が得られる。それが、大切ですね。実感を持てるかどうかが、今、出口がないような中で皆さん模索されているようだけど、出口がどこかにあるよね、という希望につながるのではないでしょうか。勇気づけられてくれる人の力を感じます。

自分でもできることがあるという実感が大切で、それを提供できる場所があまりにも少ない。「森づくり」などと言うと、それは林業の人に任せるしかないなと思ってしまう。この状況が、まずい。森づくりに誰でも加われる。ドングリ拾えばいいじゃないですか。単純な話です。拾っていけば森づくりになる。そこから始まらないと、大きな森をどうしましょうという問題にたどり着けない。自分でもできることがあるということを伝えることが、重要ではないかなと思います。

海外の特別な場所に行った時に、拾ってきたドングリの実などを日本に植えていいかどうかには、大きな問題があります。国内でもそうですが、ここで拾ったドングリを別の場所に植えるのは遺伝子をかく乱させるのでよくない、という意見もあります。それは事実なのですが、よくないかどうかは議論が分かれるところだと思います。

歴史的に見ると、縄文の時代からドングリは人間の身近にあって、食べたりしてきた。じつは植えていたのではないか、という感じもある。縄文の時代から持ち歩いているので、遺伝子はすでにかく乱しているとも言えるかもしれません。今さら、という人もいるし、いやここにあるドングリはここで育てたいという人もいる。その部分は尊重すべきだと思うが、そんなに神経質にならなくてもいいと私は個人的に思います。それよりも、どうやって自分が森づくりにかかわれるかどうか、が大事だと思います。木を育てるという実感を持ってもらうのが、今の時点では大事かと思います。

僕は、ものを作っています。家をつくったりもします。創造意欲があって充実感を持つことはできますが、自然に比べるととても小さい。こういうドングリの小さな葉っぱが増え、どんどん大きくなるというダイナミズムは、躍動感があって充実感が持てる。森をつくるだけではなくて、命を育む活動に自分自身が参加することなので、いい教材になると思います。

これまで、いろいろと植えてきた。一方で、先ほど言ったように手を入れられない森があまりに多すぎる。反対のように思われると思うが、これからは一本でも多く木を切らないといけない、という使命感を僕は持っているんです。たくさん切らないとだめだ。そこにステップを踏み出したい、と思っています。木を切るというのは反対のように思われるけれども、日本の森はそんなになまっちょろいものではなくなっているのです。とにかく切らないとどうしようもないんだよ、というところまで来ているのだと思います。

杉に限らず、ドングリなどの広葉樹もそうです。雑木林でも、昔は炭を焼くのにどんどん切っていたのが、燃料革命で生活の中ではマキや炭は不要で、プロパンガスが普及してしまっている。全然、手が入れられていない。ここも、ちょっとまずい状況なのです。

使うということが大事なのです。工業レベルで使うことも大事なのですが、もっと身近に、30、40年前にやっていた生活の知恵を見直すということだと思います。素直に山にある木を資源として使う技をもう一度見直さないと、無駄になってしまう。

関連しているのだけど、日曜大工の復権がものすごく重要だと思っています。誰もがものを作るという当たり前のことを当たり前にできるようにならないかな。30、40年前、みんなやってたのではないですか。「飛騨の匠」という言葉を聞かれたことがあると思います。匠というのは、いろいろな意味がありますが、飛騨の匠は、大工などのもの作り技術一般を指すのですが、専業にやっていない人もレベルが高い。近所の人が4、5人集まれば、家一軒建てられる。今はプロの手伝いの人がいて、みんなで棟上げをする。2日から3日で、おおむね屋根までできてしまう。底辺に、その実力があるというのは大事だなあと思っています。

私は、東京出身。理科系、物理を学んで、秋葉原の電気屋さんで1年間サラリーマンをしていました。コンピュータ経理をやりました。理科系だからできるだろうって言われて。地に足が着いた暮らし、もの作りをしたくて、もの作りを生活の中心にしようと飛騨に入りました。大学紛争が終わった時代です。5人の仲間で入って行きました。手と足を動かして生きるということを考えていました。当時は、同じような考えで農業に入っていく人は多かったのです。僕たちは農業は難しそうだなというので、木を削るという木工で入ったのだけれど、結果的に長続きしたのはうちぐらいでしょうか。最初は木工しながら畑も、と思った時期もあるが、どっちつかずになると思って、木工専門で来たのです。それが、オークビレッジです。

当初は全くの任意団体で、みんなで資金を持ち寄って、機械を買って、工場を借りて、売り上げの分け方も考えて働いた時間を申告して、それで分け合うということをしたのです。これだけの仕事はしようね、とみんなで大きな目標は持って、それを実現するにはどうするか、それぞれが考えて働いてきました。今は株式会社になって、70人くらいの組織になりました。僕は今は、後継者を育てる、同じ志を持った人間を育てるための「森林たくみ塾」という組織を運営しています。15年前からやっています。

ドングリの会を始めたのは、オークビレッジをしていて、いつも木を使うだけでよいのかなということでした。いい材料も集めたいと思ってもだんだんいい素材が思うように入らなくなってきた、なぜだろうと。山に行って直接買えばいいのではないか、などと気軽に思っていて、山に入っていった。そうしたら、現状が見えてきたということです。いい木を確保したいというレベルだったのですが、こんな大きな木はどこにもないんですよ。どこにあるのだろうと思ったら、そんななまっちょろい話ではないということが見えてきたわけです。これは、市民レベルでやらないといけないというので、NPOということになったわけです。

現場に行かないと分からないし、実感できないものです。そうするための入り口を作ろうと思います。森づくりに参加すればするほど、危機感が強くなります。これは大変だなと。今の社会は、市場経済のシステムがきっちりと入り込んでいるから、それでしか見えない。しかし、そうではない回路もあるはずです。単純に言えば物々交換の世界です。そこで労働力分担ということも考えられるかもしれないし、エコマネーの考えにもつながるかもしれませんね。

＊もっと知りたい人は：ドングリは、コナラ、ミズナラ、マテバシイ、クヌギなどの実全体の呼び名。よく見ると形はさまざまだ。ドングリの実は乾燥すると発芽しにくくなるので、拾った後、土に植えて冬の間、乾燥させないように適度に水をやる必要がある。春になると芽が出る。牛乳パックなどでも1、2年間は育てることができる。

地球全体では森林伐採が大きな問題になっているが、日本の森については「伐採されないこと」が皮肉なことに大きな問題になりつつある。特に日本の森の4割を占める人工林は、手入れをする資金を入手できないまま、放置状態が続き、最後は地崩れなどを引き起こす危険性が高まっているとされる。国内の木をもっと使うことで手入れの原資を作り出し、森を健全な状態に維持することが必要と、「木づかい運動」などが始まっている。

市民の側でも、ドングリの会のような直接の植林運動があるほか、里山の保全活用を進める動きは全国各地に広がっている。

オークビレッジ
http://www.oakv.co.jp/main.html
森林たくみ塾
http://www.takumijuku.com/

第3章 支える

バングラデシュで農民自立を支援する

フェルドース・リリー　Ferdous Lily　さん

＊略歴　Ferdous Lily　バングラデシュの高校教師。農民を支援する組織UBINIGの活動にボランティアとして加わる。（8月25日、地球市民村で8人の仲間と伝統音楽の演奏を交えたワークショップを開いた後、シャプラニール＝市民による海外協力の会事務局の白幡利雄さんの通訳でインタビュー）

「ひと、自然、異文化」が、大前さんの組織エコプラスのテーマと聞きました。私たちの活動も全くその通りです。

私たちは「ノボプラン・アンドロン」というグループです。これは、音楽を通して何ができるだろうか、何が伝えられるだろうかを調査しながら活動しています。人をテーマにした歌を通して、人同士が平和に過ごせるような、そういう社会を目指す運動をしています。

バングラデシュでも、平和でない人もいます。ほかの国でも、例えばイラクでも、日本でも平和でない人はいます。しかし、みんな同じ人間として、放っておけないと思います。音楽の中で、人と人の平和というものを訴える活動をしていますが、テレビにいろいろな悲しい知らせが映し出されるのを見て、非常に心を痛めています。

自然もテーマです。自然をテーマとした歌を通して、大地を守ろうという運動を進めて行こうと思っています。歌の中には、自然環境、例えば天候、大地、川、水などを歌っています。特にバングラデシュでは、大地と水はすごく大事な財産だということになっています。これを通じて、環境を壊さずに生きていけるということを歌を通じて訴えていきたいと思います。

例えば、土地について、どんどん建物を建てたいと思う人がいるから、ジャングルを切り開いて、木を切って、池を埋めて、どんどん建物をつくる。それでは、環境や大地が壊れてしまいます。私たちは、池は池のまま残しておいて欲しいし、家の敷地は敷地として、農作業に使う土地はそのための土地として、農地は農地として、そのまま置いておくということを訴えていきたいと思います。

農業について、農薬を使うべきではないと思います。それについても、運動をしています。バングラデシュは、農業が中心です。害虫が付かないように、たくさん農薬を使ってしまうようになっています。それは、よくないと訴えています。

ノヤクリシ・アンドロンという運動を進めています。「新農業運動」という意味を持っています。農薬や化学肥料を使わない、自然にやさしい農業です。

異文化についても、大事なことだと思っています。たった今も、こうやってバングラデシュと日本の異なる文化が出合っています。しかし、人間としては同じです。歌を通じてけんかをしない、それぞれがそれぞれの固有の文化を持ちながら交流していくという、そういった関係をつくりたいです。一つずつ信頼関係が結べれば、やがては世界中に平和が訪れると考えています。

私たちの組織は、UBINIG（ユビニィグ）と言います。ここでは、さまざまな調査研究事業をしています。農業のこと、環境のこと、健康のこと、そして音楽について、いろいろ研究をして、それをニュースレターなどで広く伝えていく活動に取り組んでいます。首都のダッカに本部オフィスがあり、国内に七つの活動拠点であるセンターがあります。そのセンターを通じて、ノヤクリシ・アンドロンを進めているわけです。

私たちは、こういう運動を通じて安全な食が手に入る環境を目指しています。そのために必要な啓蒙活動もしています。

バングラデシュには、世界中の企業などからいろいろな食品が入ってきます。それは援助の形でも入ってきますが、私たちは仮に飢えたとしても、安全な食べ物を口にしたいと考えています。例え、貧しいからということで、ほかの国では食べないようなものを押し付ける、仮にそのようなことがあった場合でも、私たちはきちんと断る運動をしています。例えば、コーラ飲料とかがいい例です。食に限らず、石けんや洗剤とかシャンプーなどを含めてそう考えています。

パキスタン時代にさかのぼる話ですが、バングラデシュに「高収量品種米」というのが入ってきて、それまでは年に3回米が取れたのを今は年1回にして、昔の3回分以上の収量が取れるようになったのです。その高収量品種米を耕作するために、大量の化学肥料と農薬を導入しました。そういったことを、農業トレーニングとして人々に教えていったのです。それが普及してしまった、という状況があります。

しかし、そういう農薬や化学肥料で、いかに健康を害するかというのは普通の農民は知らないわけです。それが普及してしまったために、今は肝臓の病気、腎臓の障害や、皮膚病などの病気が非常に蔓延してしまったわけです。そういった実情を広く訴えると同時に、今は作られなくなった品種を復活させることを通して、健康を保とうということを広めて行こうとしています。

それでもなお、市場にはほとんど高収穫米が並んでいるわけですが、確かに外見はいいのですが、それでは健康にはよくないということを訴えていきたいと思っています。

バングラデシュでは最近、大きなスーパーマーケットがどんどんできています。大きなビルで、エアコンが効いています。

しかし、そこで売っているのは死んだ魚で、何日も保存しておけるように加工されて売られています。そういう魚などを食べて、いったい健康になれるのでしょうか。鶏の肉も、加工されて包装され、死んでから1週間も経ったものが売られています。本来のバングラデシュの市場なら、その場で鶏をしめて、そのフレッシュな肉を食べるという生活だったわけです。私たちはそういうフレッシュな方を望みます。

野菜や果物にも、それぞれの季節があるはずです。それに従って食べるのがいいのです。本来の季節ではないのに食べられるような、さまざまな手が加えられているのは許せないと思います。そういうことも啓蒙したい、と思っています。

万博に来て、地元のスーパーにも行きました。日本の皆さんも、ぜひフレッシュな市場で買われるといいと思います。日本で、地元のものを地元で食べる「地産地消」という活動があることを聞きました。私たちは、そういう運動とつながっていきたいのです。そういう運動があるということを聞いて安心しました。

私は、高校の先生が本職です。子どもたちに何をどう教えるべきかを考えてきました。UBINIGの活動をその中で知り、その目指している社会に共感して、長く活動をしています。あくまで社会活動で、高校の教師が仕事です。今、休暇を取ってこちらに来ているのです。5日後の8月30日から、また働かねばなりません。学校では家政学を教えています。家政学の中でも、当然こういうことは教えないといけないことだと思います。

今回一緒に来日した7人のうち笛を吹いている男性は、日ごろは放送局ラジオバングラデシュで働いていますが、その他はUBINIGの専属職員です。UBINIGの職員は、みんな歌を歌います。歌とともに仕事が始まり、歌とともに仕事が終わる日々です。コミュニティで活動する時も、歌をメッセージの道具に使うのです。

私も1968年から社会活動をしていて、そのなかでUBINIGに出合ってきました。小さい時から、外に向かう仕事をしたかったのです。

バングラデシュの側から日本のNGOに期待することは、まずはお互いを知り合っていくことが大事だということです。私たちが農薬や化学肥料を使わない農家を支援しているということ、健康の大切さを訴えているということ、そういうことをまず知ってもらいたいです。

どういう言葉を使うかは別にして、「援助」という名の下に私たちの国を壊すようなことはしないで欲しいです。援助にしても支援にしても協力にしても、内容がよければすごく歓迎します。

世界規模のグローバルエコノミーに対して、地域に根ざした小さなエコノミー（バングラ語で「チョット・チョット・エコノミー」）が集まって大きくなっていくといいと思います。一滴一滴が集まって川になっていき、その川が集まって大河になるようにね。

白幡利雄さん（シャプラニール前ダッカ事務所長）**の補足**

私は、もともとほかのボランティア活動を一緒にしていた友人の誘いでシャプラニールにボランティアでかかわったのがきっかけで、そのまま卒業して、すぐに就職しました。

早稲田大学教育学部で地理学を学び、大学院に進んで日本の農村研究をしていました。当時は、手話の勉強もしていて、聴覚障害者の運動に通訳などとしてかかわっていました。たまたまシャプラニールが創立20年記念で、中・高生を対象として作文小論文コンクールというのがあって、それの実行委員に誘われたのが、シャプラニールとつながるきっかけになりました。

バングラデシュでの勤務は、1回目が1996年3月から1999年4月まで、2回目は2001年8月から2005年7月までです。併せて7年は、シャプラニールの中では最長不倒記録です。ダッカ事務所には日本人は二人、カトマンズ事務所では一人です。バングラデシュで、シャプラニールの給料をもらっている現地スタッフは130人以上います。ただ、今はいくつかの地方の事務所をNGOとして独立してもらっています。この4月に、すべての事務所を独立させることを終えました。なので、直接の専従のスタッフは、ダッカ事務所の13人です。地方の村に三つとダッカの町に一つの計四つのパートナーNGOができているのです。バングラデシュ支援では一番の老舗ですし、バングラデシュと言えばシャプラニール、と言ってもらえるようになったと思います。

運営資金は、会費、寄付金を一番大きくするように頑張っています。全収入の75%は自己資金でという組織としての内部目標を立てていて、それを切っても1%か2%というレベルです。会費、寄付金、それに手工芸品の販売、こういったもので回しています。それ以外は、政府からの事業の補助とか財団からの助成金とかです。

ダッカでは、2回目は事務所長としてバングラデシュで行われている事業の現場の責任者でした。1回目は現場の広報担当でした。日本から来る訪問者を、プロジェクトに連れて行って活動を紹介したりするのが中心でした。

異文化の中で仕事をするので、日本人にとっては生活をするのがつらいところですが、その中でも組織を運営しながら活動を進めていかなければならない、そういうマネージメントが非常に大変でした。

現地での活動を通じて、特にこれを見つけたと言うことはないけれども、小さい団体なので自分で何でもやらないといけない中で、しかも異文化の中で、いろいろな経験ができたのがすごく貴重だと思います。日本人の少ない地域なので、在住者が少なく、日本人コミュニティが小さい。そうは言っても、大使館、外務省職員、JICA、各企業の駐在員が結構いて、そういう人と生活の内情が知れるくらい密着してお付き合いをしたので、日本では見えない日本の縮図を見られたと思います。いろいろな立場の人によって、どのように社会が構成されているのかがすごくよく見えました。

正直に言って、援助をしてあげるという考えや思いが一番分かりやすいのは事実ですが、そういう関係ではもう何も進まないだろうな、と思います。バングラデシュも変わらないでしょうし、日本も変わらない。そういう意味では、援助ではないやりかたをもっと真剣に日本人に問いかけていかないといけないと思います。つまり、抱えている問題は実は同じなんだと。ただ現れ方は、経済の面、文化の面、食べているものの面、その切り方で全然違って見えてくると思います。経済の面だけで切って見ると、確かに経済的な豊かさ貧しさがあるのでしょうが、違う面で切って見れば、実は日本の方がだめなこともたくさんあるわけですから、どの側面で切ると何が見えるかを、お互いが勉強していくことが大事だと思います。

ですから、シャプラニールとしては、ちょっと分かりにくい表現ではありますが、「共生」という言葉をテーマにしています。援助という言葉は、1970年代以降の早い段階から使わないようにして、「協力」という言葉を使ってきましたが、その協力もやめようと言っています。「共生だ」と数年前から言っているのですが、自分たちでは概念整理もなかなかできていないですし、難しいです。例えば、貧しいバングラデシュではあるが、豊かな音楽を持っている、というのも見てもらうこの地球市民村での活動も、その一環ではあるのです。貧しさなどを出すのが一般的で、その方がお金が集まるという現実はあるのですが、展示の中でも貧しさというのはほとんど出していないんです。

私は、バングラデシュから帰ってきてまだ1カ月経っていないのです。これから日本の中で、自分の口と体で現地のことを伝えていければなと思っています。

＊もっと知りたい人は：バングラデシュでの新しい農業を進める「ノヤクリシ・アンドロン（Nayakrishi Andolan）」は、約10万の農家で取り組まれており、世界的にも注目されている。大企業が開発し提供する商業的な種ではなく、農民がその地で育てた伝統の植物の種を自分たちで保存し、多品種の野菜を農薬などを使わずに堆肥などを活用して育て、地域で消費しようとしている。
一方で、日本政府は1982年以来、国営の肥料工場の新設などで総額700億円近い借款援助を実施。「肥料投入を多く要求する高収量品種米の方が収益性が高く、収量増にともなう雇用の増大が見られる」（1997年海外経済協力基金事後評価）と、高収量品種米を後押ししてきたことを評価している。

UBINIG
http://membres.lycos.fr/ubinig/
シャプラニール＝市民による海外協力の会
http://www.shaplaneer.org/

韓国で対人地雷を無くす活動に協力する

キム・スミン＆チョウ・ジェイコク
金洙悫＆趙載国　さん

＊**略歴**　**金洙悫**　韓国北部の出身。17歳の時に対人地雷に接触、両手と顔面に負傷。左目を失明。20歳。　**趙載国**　韓国・延世大学教授、韓国対人地雷対策会議（KCBL）のメンバーとして国内の対人地雷問題にも取り組む。（7月27日、地球市民村の現地オフィスで、チョウさんの日本語通訳でインタビュー）

チョウ　韓国内では、地雷がどのようなものであるとか、国内に地雷があるということはだいたいみんな知ってはいます。地雷の事故が度々あるというのも、男はみんな軍隊に行っているので知っています。ただ、一般の市民や女性たちはあまり知らないです。地雷というのは、事故がないように使われていると思っているのですよ。民間の人が被害を受けているとか、あちこちに地雷があるということはほとんど知らないですね。地雷の被害を受けた一般市民の苦しさというのは、もっと分かっていない。

毎年平均して、この10年の間に5人から15人の人が、地雷で亡くなったり大けがをしたりしているんです。今年も5月19日に、3人が事故に遭って、一人が亡くなっています。事故に遭って、病院に運ばれて10時間くらいして亡くなっています。もう一人は、破片があちこちに入っていて神経が切られていて、肝臓などにも破片が入っています。手術ができないままになっている。神経が切られているので、足なども動かない。あと1年とか1年半とか治療してみないと、動くようになるどうかは分からないという状態です。もう一人は、軽いけがでした。

7月7日にも、40代前半くらいの奥さんが、だんなさんと子どもたちと山菜を取りに入って、地雷を踏み右足を切られて、今、病院で手当てを受けているという状況です。田舎に住んでいる人、仕事がない人が、事故に遭うことが多いのです。問題なのは、いわゆる地雷原に入ったとか、地雷の事故が予想されるところに入ったということで健康保険などがきかないことです。ですから、私たちがみんなそういう治療費を払うことを支援しているのです。

キム　2002年の1月13日午後2時ごろ、母と親戚の3人で、川沿いのダムの湖になっている所の一番上流側を歩いていました。冬場なので、水があまりなくて乾いている場所です。上の方には道路もあって、人も通れる場所です。ソウルの北東にあるソヤンガンダムの上流です。枯れ木を集めていました。すごい田舎なので、たきぎを集めて部屋の暖房に使っていたのです。枯れ木は、こういった水辺にたくさんあるのです。村からちょっと離れた場所です。流れてくる枯れ木が水辺に集まるのです。枯れ木を集めて道に上がろうとした時に、事故に遭ったんです。

小さな石がごろごろしていて、枯れ木もあって、その時ちょっと雪も残っていました。その雪が積もった石の上で滑ったんです。滑って転んだ時に、両手を前にして倒れて、それで爆発が起きました。顔もやられ、両方の手のひらも吹き飛ばされたのです。左目は失明してしまいました。2年くらい前から少しずつ手術をして、足の皮膚を顔に移したりしました。

爆発の時には、母たちは5メートルほど後ろにいて無事でした。音がしたのでそっちを見たら、私が倒れて顔を血だらけにして気を失っていたそうです。母が頬を叩いたりしたら、私はちょっとだけうなずいたそうです。そして、また気を失う。母はとにかくしっかりさせようと、頬を叩いては意識を持たせようとしたようです。救急車を呼んだのだけど、来たのは2時間とか3時間経ってからでした。その間、ずっと母は意識を持たせようとしてくれたのです。救急車でしばらく運ばれ、それからヘリコプターで大きな病院に運ばれました。

私が住んでいる村は小さくて、40世帯くらいしか住んでいません。小学校は1年生から6年生まで全部で7人、先生も二人しかいないところです。山の中です。38度線に近い場所で、北朝鮮との間の非武装地帯（DMZ）に近い、韓国半島の東側の山間地です。

こんな場所に地雷があるなんて、それまで一回も聞いたことがありませんでした。地雷で被害に遭うなんて、夢にも考えたことはありませんでした。韓国に地雷があるということも、一回も聞いたことはありませんでした。

チョウ　この近くには、地雷原はないのです。この湖（昭陽湖）は大きな湖で何十キロにも広がっているので、その反対側にある地雷原から流れてきたと思われます。M14という、小さなプラスチックでできていて、水に浮かぶ地雷だと思われます。金属がほとんど入っていないので、金属探知器で見つけられない種類です。「足首地雷」とも言うのです。足首だけを飛ばしてしまう。アメリカ製です。韓国は、ほとんどそれなんですよ。探知できないから大変なんです。

キム　けがをして病院に運ばれた後、マスコミの人たちが来て、こんな事故が自分だけではないということを知りました。

今は、大学1年生です。社会福祉の勉強をしています。事故に遭う前は、世界の地雷のことなど何も関心がなかったけれども、けがをしてからいろいろそういうことを見聞きするようになり、韓国以外のいろいろな国で被害があることを学びました。

けがをする前は、コンピュータの仕事をしたいと思っていました。エンジニアになりたかったのです。しかし、こういう地雷の被害で、いろいろな人から助けられて生きている自分の姿を見ながら、自分自身も人を助ける仕事をしていきたい、と考えるようになりました。それで、社会福祉を学んでいるのです。

自分のけがでは、母が何より自分のために尽くしてくれたと思います。改めて母の愛を感じたし、中学校の友だちたちがすごく助けてくれた。マスコミ報道を見て、病院に来てくださった人もいたし、隣のおじさんもなぐさめてくれました。

地雷に関しては、ともかく一つでも除去して、地球から無くしていかなければならないと思います。地雷があちこちにあるということを考えると、私のようにけがをしたり亡くなったりする人がいると思うと、本当に残念で悔しいです。自分ができることは、ＫＣＢＬに協力して体験したことを証言したり、こうやって万博に来て話したりすることだ、と思って手伝いをしています。

チョウ　私は、日本で勉強をして１９９６年に韓国に帰りました。同志社大学で神学を勉強しました。帰った時に、社会問題をやっていた研究所で働いたんです。キリスト教関係で、平和などを研究するところです。ちょうどその時期の、１９９７年12月に地雷廃絶国際キャンペーン（ＩＣＢＬ）がノーベル平和賞を受賞しました。

9月にその発表があった時に、関心を持って調べてみたら、アメリカ政府が対人地雷全面禁止条約（オタワ条約）に反対していたことを知りました。それで声を上げる必要があると思って、いくつかのＮＧＯに声をかけ、力を合わせて意見を言おうとしました。韓国対人地雷対策会議（ＫＣＢＬ）という連合体をつくりました。28のＮＧＯが入りました。韓国の大きなＮＧＯは、みんな入っています。

その12月3日の授賞式に二人を派遣して、受賞したジョディ・ウィリアムズさんを韓国に招く話をしてきました。次の年の2月に、ジョディ・ウィリアムズさんは、韓国と日本に来られたのです。そこでいろいろ調べたら、韓国にも民間人の被害者がいるということが分かってきた。私自身も、よく知らなかったのです。義足もあまりないというので、あちこち呼びかけて、ジョディさんが来た時に、被害者たちに義足を差し上げるというセレモニーもしました。そこから始まったのです。

その時に韓国政府の立場は、あくまで地雷はＤＭＺに限定して使っていると、民間人の被害者はいないと、だからカンボジアなどとは違って、オタワ条約を作ったりする時の例外にすべきだと主張していたのですよ。

私たちは、すぐさまＤＭＺ以外の、「後方型」という地雷原があるかどうかの調査をしました。また、民間人の被害がどれくらい出ているのかを調べたのです。それに対しては、地雷廃絶日本キャンペーン（ＪＣＢＬ）も助けてくれて、共同作業で地雷原を調べ出して36の後方型の地雷原があることを発表したのです。１９８８年のオリンピックの前年頃と、１９８６年のアジア大会の前につくられていたのがほとんどでした。なぜかと言うと、北朝鮮からゲリラが攻めてくると想定したのです。ソウルを囲む山の上に対空基地があるわけです。その基地を守るために地雷原をつくったのです。そう発表したら1カ月後に、すぐさま韓国の国防省は2006年までに除去すると約束して、今、除去している最中なのです。それが、一つの大きな成果です。

韓国の民間人の地雷被害者は、2000人くらいいると思っています。なかなか名前とか分からないのです。亡くなった方もいるし。キムさんの場合は、私がたまたま新聞を見ていて、連絡して、現地に行って確認できたのです。

被害を受けた民間人をどうするのか、ということに対しては、私たちは被害を受けた民間人を一括して救済するための特別法案を作って出そうとしています。草案は出来上がっていて、細かいところを協議しているところです。韓国の国家賠償法では、こういう地雷の被害者は訴訟を起こせることになっているのですが、時効が3年なのです。昔に被害に遭った人は3年はすでに経ってしまっているし、ほとんどはそういう方法があることを知らないのです。そういう人を救済すること。同時に、今被害に遭った人は、国が補償をするようにせよと運動しています。

キム　日本には初めて来たので、楽しみです。ちょっと暑いんです。

＊もっと知りたい人は：キムさんが被害に遭った地域は、日本でもヒットした連続テレビドラマ『冬のソナタ』の撮影地として日本からの観光客も多いチュンチョン（春川）の上流に当たる。韓国では、朝鮮戦争時に非武装地帯（DMZ）周辺に100万個の地雷が埋められ、その後も増えている。使われている地雷の7割がアメリカ製のプラスチック地雷で、金属探知器で捉えられず、水に浮くので洪水などで流れ出し、その被害がDMZ以外にも広がっている。

対人地雷全面禁止条約には、世界150カ国（2006年3月）が批准しており、世界の4分の3の国が加わっている。しかし、中国、ロシア、アメリカが参加しておらず、不参加の国が保有する対人地雷は1億6000万個に上る（ICBL）。地雷や不発弾による2005年の被害者は、1万5000人から2万人とみられる（ランドマインモニター）。被害者の中では、生存者が多くなっているのが特徴で、地雷被害生存者への支援が重要になってきているとされる。日本政府は、2004年度にカンボジア、スーダン、スリランカなどに合計約40億円（JCBLまとめ）を、二国間援助やNGO経由などで拠出している。

地雷廃絶国際キャンペーン
http://www.icbl.org/
地雷廃絶日本キャンペーン
http://www.jca.apc.org/banmines
ソヤンガンダム
http://sourunabi.co.kr/miru/miru.php?id=341

インド北東部の山岳地帯の人々を支援する
アンバ・ジャミール　さん
Amba Jamir

＊略歴　Amba Jamir　インド北東部の山岳地帯ナガランド州の少数民族アオ族出身。環境弁護士。同じ山岳民族の子どもらを支援活動をするNGO「ミッシング・リンク」を組織する。40歳。（4月21日に、地球市民村で行った「ないしょの企画第4回」で、高野孝子・エコプラス代表理事の通訳で英語で公開インタビュー）

こんばんは。とっても親しい家族のような皆さんと、今からの時間を一緒に過ごせることをうれしく思います。この地球市民村の住人の一人として、私が連れてきたナガ族の子どもたちについて話ができることを誇りに思います。皆さんの多くは、すでにこの子たちの展示などをご覧になっていると思います。いくつかのスライドを使って、私たちがどのような暮らしをどのような場所でしているのかをご紹介し、その後で質疑応答をしたいと思います。

本当に手元の写真をかき集めただけなので、とてもひどい発表になるか、とてもいい発表になるか分かりません。最初にそれだけご了解をお願いします。

最初に、なぜここに子どもたちを連れてきたのかです。未来は過去から始まるという信念からです。私たちは、過去を忘れるこ

写真1　アオ族（左）と狩り用の小屋

写真2　セマ族の子どもたち

とはできません。未来は今の世代からつながっています。なので、子どもたちは過去と今の掛け橋だと思います。同時に、今と未来をつなぐ橋でもあると思います。

左側の二人の女性は、ナガ族の中のアオと呼ばれる人たちです（写真1）。私もアオ族の一人です。この写真は、私たちが生活する家です。典型的な、農地に立てられる家です。畑で働く家族がここで食事をし、眠ります。隣の木の上にある小屋は、イノシシやシカや野鳥が来るのを見張るための場所です。狩りをするための小屋です。

私たちは、基本的には農耕民族です。ここにお見せするのは、セマという民族の子どもたちです（写真2）。農業の基本は米ですが、いろいろなタイプの農業をしています。写真の後ろに写っている木はハンノキです。大事に保存してきて、樹齢300年にもなるものです。このハンノキは空気中の窒素を土に戻す効果があり、その知恵を農民たちは昔から活用してきたのです。

私たちは、農耕社会です。踊りや祭り、祈りというものはすべて農業と関係しています。植え付けの前とか後に必ず行われるのです。同時に、こうした機会に、若い男女が知り合って結婚につながっていきます。

これが典型的な農地の使い方です（写真3）。ここが誰の土地で、あそこは誰それの土地、というような使い方はしていません。コミュニティ全体で土地を共同利用します。森があちこちにあります。用水路はありません。水を回して畑地に流し込むという灌漑は私たちはしません。農薬も、肥料も使いません。雨が降り、その雨だけで育てるのです。雨に100％依存した農業です。

私たちの農業の方法を説明しましょう。最初に森の一部を切り開きます。そして慎重に火をつけます。村全体が参加して、まる

写真3　共同利用する農地

A primitive farm plot or rather an ill-maintained forest to the unfamiliar eye
CAN YOU BEAT THIS?
• 167 types of crops
• 12 rice varieties
• No. of species in each field varied from 18 to 60 varieties/species
• 18 residual crops even after main crops were
写真4　雨後の農地

一日かけて森を焼くのです。焼いた後でも、たくさんの木が残って立っています。木はみんな生きているのです。私たちはバナナの幹を割って、その皮で木の幹を巻いて保護するのです。バナナの皮には水分がたっぷりと含まれているので、木を守ってくれるのです。そして表土が流れていかないように、枝や竹などを地表に敷き詰めます。そしてこの場所で2年間農耕をし、その後は17年間経って、初めてまたここに戻ってくるのです。この17年間で、森は全く元と同じように戻っていくのです。

雨が降り始めると、あっという間に焼いた土地はこのようになります（写真4）。雨は豊かに降り、土地の再生はとても早いのです。表土はとても肥えていますし、農薬や肥料で化学汚染されている場所はどこにもありません。人手をほとんどかけないので、一見するとただの荒れた森のように思われるかもしれません。しかし、この土地には１６７種もの食物が育っており、12種類の米が含まれているのです。ここには三つの場所があるのですが、それぞれの場所に18から60の植物が存在しています。米や麦を収穫した後にも、18種類の作物が残っています。その後ろにある森は、私たちが4年前に利用していたところで、その後休ませている場所です。森の再生はとても早いのが分かってもらえると思います。

収穫の前、そして収穫の後で、私たちはたくさんのお祭りをします。民族ごとに違った祭りをするのです。

畑で米を収穫したら、その米を村に運んで竹のマットの上で干します（写真5）。ここに写っている米のバスケットのミニアチュアを、この万博会場で子どもたちが作っているのをご覧になったと思います。太陽の下で乾燥が十分に終わったら、最近は近代的な脱穀の機械も入ってきましたが、ある種の米では今でも人手による脱穀作業の方がいいと思っています。人手による脱穀は村で

写真5　天日に干す米

一緒にしたり、それぞれの家でしたりします。木の棒でついた後は、みのに乗せてもみ殻を吹き飛ばします。

左下の写真は、木をくりぬいた太鼓で、戦いなどの緊急時だけに使われるものです（写真6）。一本の丸太です。このスクリーンのサイズほどの太さで、長さは長イス3本分くらいもあります。昔は、この木を選ぶのが大変大事な儀式でした。木には、何の傷も汚れも付いてはいけないことになっていました。なので、これは音楽などの遊びのためには使われるものではありません。右下の写真の右すみにあるのは、村の少年たちの合宿所になっている小屋です。まるで徴兵制のように男の子たちはここに集められて、長老たちから踊りや、結婚における責任や、村で

写真6　脱穀作業（左上）や、木をくり抜いた太鼓（左下）

の役割について教えられるのです。女の子たちはそれぞれの家で、結婚していない年上の女たちから教えを受けます。これは昔のことではなくて、今でも行われています。昔よりは減ってしまいましたが、昨今はまた復活しつつあります。

ナガランドに住む私たちは、基本的には大きく二つの民族に分かれていて、建築様式も大きく異なっています。片方の民族は、土地を平らにすることなく家を建てます。斜面をそのままにして家を建てるのが特徴になっています。

高野 アンバさんは環境弁護士として、どんなことをしていますか。

アンバ 弁護士としての仕事は本当に大変で、私はほとんど環境弁護士としての仕事をしなくなっています。なぜかと言うと、インドの今の法律の体系は、少数民族の自然保護などの考え方や掟《おきて》といったものに対して全く敬意も払わず、見向きもしていないからです。この少数民族の信念や考え方こそ、自然保護などに役に立ち、今ある森を守り続けてきたものなのです。森を守ってきたのは、インドの森林保護法などではないのです。私の関心は、自然保護の原理とか倫理という面で、少数民族の社会が備えている法システムで仕事をするということです。

高野 NGOの「ミッシングリンク」での仕事は何でしょうか。

アンバ ミッシングリンクは、私自身が森林省のプログラム担当者として働いていたことがあるように、いろいろな経験を持つ多数のボランティアから成り立っています。

ミッシングリンクができた理由は、こういうことです。いくつもの政府機関やNGOが地域支援に入っていながら、時には互いの悪口を言っている。NGO同士が互いに非難し合ったり、競合し合ったりしていました。NGOと地域社会が分かり合っていないこともありました。いろいろなギャップがNGO同士、NGOと地域の間にあったのです。多くの人々が、よいことをしようとしながら孤立して仕事をしていました。そこでミッシングリンクが登場したのです。

私たちは、何のプロジェクトもしません。プロジェクトのための資金集めもしません。プロジェクトを担当している人たちが、もっとうまくプロフェッショナルに仕事ができるように支えるというのが一つ目の目的です。次が、法律的な調査です。現場で活動しているNGOが、政策とのつながりを持つことが大変に大事だと思っています。やっていることを支える政策につながっていかない限り、いくら素晴らしい仕事をしても、それはとても小さな範囲でのことに終わってしまいます。

高野 少数民族の社会にとって、何が一番の問題になっているのでしょうか。

アンバ なかなか難しい質問です。それぞれの地域の状況は、それぞれの場所で違っていて、住んでいる斜面が西を向いているか、東を向いているかで、課題や問題は大きく違います。町との距離でも違います。

しかし、主要な課題としては、孤立の時代は終わったということだと思います。アジアや南アジアに共通すると思うのですが、市場原理の波がやって来ているということです。山岳民族の社会は、ビジネスというのは全くなかった存在です。天然資源を求めて外の人々が来て、いろいろなことを持ち込んできます。それは、大変に危険なことだと思っています。もしその天然資源を失えば、私たちはどうなってしまうのかということです。その結果、どこかの町でどこかの会社のために働く労働者になってしまったら、資源のみならず私たちの文化や伝統、独自の価値観までもごっそりと失ってしまうことになります。確かに開発は必要で、私たちは進歩しなければならない。同時に私たちは、自分たちを自分たちが持っているものの中にしっかりと根付かせないといけないと思います。未来は、過去と今とのつながりの上に築かれるべきで、その過去と未来をつなぐ活動が大事だと思います。

会場から　山の土地の管理はどのようにされるのでしょうか。

アンバ　住民のすべての氏族を代表する会議が村にあって、そこが共有地の管理の最終責任を持っています。私たちは、土地の個人所有という考え方をあまり好みません。なので、共有地にすべて依存しているのです。村の共有地のほかに、氏族それぞれの土地があります。それぞれの氏族だけに許された森があります。そして家族の土地があります。ここで言う家族というのは核家族とは違っておじいさん、おばあさん、おじさん、おばさんなどを含む大きな家族全体を指します。家族の土地で兄弟同士で土地の争いが起きた時は、その家族の中で問題解決が図られます。同じ氏族に属するいとこ同士での争いが起きた場合は、氏族の中で解決されます。村人同士の争いが起きた場合は、村レベルで解決が図られるのです。インドの最高裁判所ですら、村会議の決定を尊重することになっています。ということで、土地に関する争いはそんなにありません。他人と衝突するというのは、私たちの伝統としてもあまりないことなのです。

会場から　17年間の期間を考えると広大な土地がいるのではないか。もう一つ、教育はどうなっているのでしょうか。

アンバ　いい質問です。まず土地についてです。

山全体の面積に比べて、人口はとても少ないです。インド本土では1平方キロメートル当たり２００人とか３００人がいると思います。しかし私たちの地域では、60人とか70人にすぎません。なので、土地はいくらでもあります。農地は、そんなに大きくありません。私たちの農地は、自給自足のためのものです。山の斜面ですから、巨大な農地というのはそもそも不可能です。せいぜい一家族当たり1ヘクタールから1・5ヘクタールくらいの面積です。村の人口も減っています。そういう意味で、土地の問題は今のところありません。今後15年とか20年は、土地が足りないということは起きないと思います。

教育に関しては、学校教育は全く助けになっていないと思います。それは教育が子どもたちを都市生活に備えさせるものだからです。子どもを医者や弁護士や教授にする教育であって、村の中で、よき村人、よき農民になるためのことを教える教育にはなっていないからです。その環境や家族を素晴らしい、と思わせるような教育ではないのです。

しかし、教育システムを非難することは簡単です。両親やコミュニティ全体が、学校教育だけでなく継続的に教えるということをしなければならないと思います。私の世代や私の親の世代は、自分たちの根っこというものを教えることに成功したとは思いません。

子どもたちは、町や都会に出たいと思うように教育されています。しかし、町に出ると町の子どもと競い合っていけるとは思えない。そこで、また村に戻ってくる。そこでは、自分自身が畑に出て行くには教育されすぎてしまっていると感じる。どこに行けばいいのか、社会的に不安定な状況になってしまう。そういうことが起きていると思っています。

インドで、「田舎の大学（Rural College）」というものができ始めています。そこでは、地域に根ざした農業の仕方を中心にした授業が用意されています。農業のほかに、数学や英語という通常の科目を教わります。しかも、そこで大学卒業の資格をくれるのです。いい事例だと思っています。

会場から　ナガ族の人は、自然というものをどのように考えているのでしょうか。

アンバ　伝統的に私たちは、自然の全部を敬います。石ころ、木、動物、植物、みんなそれぞれに霊があるというのが伝統的な信仰です。いい霊もいれば、悪い霊もいます。この世をつくった創造主がいます。この創造主は今もいて、ずっと私たちのことも見守っています。私たちは、この創造主を敬わねばなりません。これが、もともとの考えです。今は、それが変わってきています。人々は教育を受け、進歩したということになっています。

しかし、私たちの8割は今も田舎に住んでいます。もし森がなく、木がなければ、水も食料もなくなってしまいます。そして大事なことは、文化もなくなってしまうということです。私たちの文化は、森や農業のリズムに依存しています。農業を2年して、17年森に返すという周期の中に私たちはいます。

例えば、私が狩猟に出かけるとします。シカを仕留めた場合、近くの木の枝を折り曲げます。その枝が完全に乾き落ちるまで、その木の近くでは狩りをしないという決まりがあります。2週間以上かかります。特に雨期には、もっとかかります。そういう決まりは、今も守らねばならないのです。こういうことから、いろいろなことを私たちは学ぶことができると思います。もちろん、少数民族の知恵全部が正しいということではなく、間違ったこともいっぱいあると思います。私たちは、自然がたっぷりとあることを前提にしているので、未来を心配したことはありません。しかし、今私たちは全く違った次元に入ろうとしています。長所も、短所もあるはずです。

＊もっと知りたい人は：ナガランドは、インドのもっとも北東部にある小さな州。アッサム州に北と西が隣接し、東はミャンマーの国境となっている。標高３７６７メートルのサラマティ山をはじめとする高い山脈がミャンマー国境沿いに走り、急峻な谷間が連続する山岳地帯となっている。広くナガ族と呼ばれる少数民族は、20以上に分類され、さらにその居住地によって細かく分類され、32の言語があるとされる。

住民は、女性の機織り、男性の竹細工など、日本と同じような伝統技術を受け継いでいる。ニッケル、コバルト、鉄鉱石などの地下資源もあり、石油の存在も確認され、開発の波が押し寄せている。インドからの独立を訴える武装集団もあり、インド政府との間で停戦の話し合いが続いている。第二次世界大戦の際には、日本が行ったインパール作戦でナガランドの首都コヒマに進駐したこともある。

アンバさんの講演

http://www.wschool.net/showart.php?lang=ja&genre=10&aid=159

ナガランド州政府 http://nagaland.nic.in/

オーストラリアで芸術で障害者を支援する

エンマ・ベニソン&アンジェラ・ジェスキー さん

Emma Bennison & Angela

＊略歴　**Emma Bennison**　大学で音楽を専攻。障害者支援団体「アクセスアーツ」の非常勤役員を経て、専従スタッフに。全盲。コンピューターを駆使して自宅から勤務することもある。29歳。**Angela Jaeschke**　大学で福祉を学ぶ。在学中に実習をした「アクセスアーツ」に就職。会員サービスを担当。21歳。（9月19日、地球市民村の現地事務局で、二人一緒に英語でインタビュー）

エンマ　私たちは、オーストラリアで活動している「アクセスアーツ」という団体で働いています。障害者のための活動をしています。絵や演劇などの幅広い芸術活動をしています。その一つが、「サウンドサークル」という自分自身を音と体の動きで表現する手法です。オーストラリアのクイーンズランド州各地から、計13人が今回参加しています。カブーチャ、ナンバー、ケアンズ、それにブリスベンで活動している仲間たちです。私は、英国でもワークショップをしたことがありますし、ほかのメンバーは別の場所でいろいろなワークショップを展開しています。

横にいるアンジェラは、今回のツアーマネジャーです。アンジェラも私も、いつもはアクセスアーツの事務所で働いています。

地球市民村で毎日行っているワークショップでは、言葉を使うことなく、音を使って自分自身を表現する手法を学ぶ機会を来場者に提供しようと思って頑張っています。私たちの英語と来場者の皆さんの日本語との、言葉の違いを感じることなくできる手法です。もちろん、説明とか質問とかは通訳が必要で、言語の違いは私たちには大きなチャレンジにはなっていますけれどもね。言葉が違っても、コミュニケートはできるのです。

これまでオーストラリアの中で、韓国やカナダの人たちと一緒に活動したことはありますが、日本という別の文化の中で活動するのは初めてです。

オフィスでは、私はニュースレターの編集などをしています。「メンバーシップサービス」といって、今いる３００人の会員に対して、ボランティア活動に参加したい時などに活動先を紹介したりしています。

アンジェラ　私が今回やっている「ツアーマネジャー」という仕事は、一緒に日本に来た13人について、すべてがうまくいくように調整することです。宿泊から食事から、全部です。オーストラリアでは、エンマが話したメンバーシップ部門で同じように働いています。会員向けのワークショップの担当者でもあります。

エンマ　毎週土曜日に、このワークショップをしています。芸術を習ったことがない人に対して、さまざまな形の芸術手法を教える講習会です。サウンドアーツのほかに、体の動きで劇のような表現をしたり、ドラムを使ったりという講習です。先住民族アボリジニに関するワークショップもします。アボリジニの皆さんとも一緒に活動しています。

アンジェラ　アクセスアーツは、１９８３年に活動を始めました。22年になります。

エンマ　当時は障害者が集まって芸術活動をするなどということは極めてまれでした。もっと活動をしたい、と動き始めたのです。日本でもそうだったと思いますが、社会の見方というものも今とは違っていました。そこで地域と一緒になって、障害者にも芸術活動ができるようにと広げてきたのです。州内に四つの事務所を持って、それぞれの場所で地域と密接な関係を築いてきています。

障害者団体や子ども病院、プロフェッショナルな芸術家の団体などと連携しています。次の週末は介護犬協会と、事務所の隣にある大きな公園でバーベキューイベントをします。そこで、サウンドサークルやほかの芸術活動の紹介を共同でする予定なのです。

事務所には6人のフルタイムスタッフと、3人ほどのパートタイムスタッフ、それにボランティアがたくさん働いています。

アンジェラ　私は大学で社会学、特に福祉を学びました。その実習でアクセスアーツを選んだのです。私も音楽をするので、障害のある人と一緒に芸術をするということに興味を持ったのです。そして、そのまま就職しました。実習の結果として単位ももらい、就職先も見つけてしまったのです。今年の初めから働き始めたばかりです。それなのに、もう13人の旅を全部管理しています。これまでのところ、行方不明者はいませんよ。もちろん、こんな大きなグループの海外旅行の面倒をみるなんてしたことはありません。みんなに、いっぱい助けてもらっていますよ。招へい元である財団法人「たんぽぽの家」の担当者、柴崎由美子さんにはすごく助けてもらっています。

私自身、小さい時からずっと芸術、特に音楽に関係してきました。同時に、いとこの一人も障害があり3歳で亡くなりました。私の姉は、障害者の教員をしています。そういうことが影響していると思います。

エンマ　私も、同じように音楽をずっとやってきて、大学で音楽を専攻していました。卒業してから、政府関係のコールセンターで電話を受ける仕事をしていました。その後、子どもができました。同時に、アクセスアーツの役員になっていました。２００１年に台湾で開かれた「アジア太平洋わたぼうし音楽祭」に参加しました。そういう活動を通じで、アクセスアーツが働くのにもよい場所だと思い、転職したのです。

コールセンターの仕事は、正直に言って単調でつまらなかったし、赤ちゃんもいた。夫も同じように目が不自由で、今２歳になった男の子は夫が面倒を見ていることが多いです。私も事務所で仕事をするのは週３日で、後は家からインターネットで仕事をしています。読み上げ装置がついたパソコンを使って、打ち込むのは普通のキーボードです。音声認識の小さな装置もあるので、入力全部をキーボードでしなくてもすみます。私は、小さい時は光を感じましたが、今は物を見る力は全くありません。今回も、日本から自宅の夫とコンピュータ経由で話しています。

アンジェラ　私たちは今回、日本に22日間滞在します。ワークショップは13回、あちこちでやります。「たんぽぽの家」のある奈良市に４日間行きました。万博会場近くの豊田市の施設にも行きました。これまでのところ、ワークショップの評判はとてもいいです。みんな見ているだけではなく、参加してくれていますし。子どもたちはかわいい。サウンドサークルのアクティビティは、障害がある人だけではなくて、普通の人でも、コミュニティの中でも展開できる内容です。つながりを育むことができる活動ですから。

こういうワークショップを出発点にしたやりかたというのは、いろいろな方向に発展させていくことが可能です。だから、それぞれの組織がそれぞれの中で応用していくことが可能だと思います。

エンマ　ワークショップをするたびに、全く違った形になっていくんです。サウンドサークルは、自分自身を表現する新しい「声」を提供しているのだと思います。何を感じているのか、何を考えているのかを表現するのです。このアクセスアーツの活動がさらに広がっていくとうれしいです。

アンジェラ　日本にこうやって来ることができ、素敵で親切な人々に会えたのがとてもうれしいです。この関係を続けて、成長させ、サウンドサークルが日本でも世界でも広がればとってもいいなあと感じています。

＊もっと知りたい人は：障害者も一緒になって、障害のある仲間たちを芸術を通して支えるという活動が各地で始まっている。アクセスアーツは、オーストラリアで1983年から活動を開始。地球市民村でのホスト役になった財団法人「たんぽぽの家」（本部・奈良市）は、1975年から障害のある人たちの詩を歌う「わたぼうしコンサート」を実施していている。これが国際的に発展して「アジア太平洋わたぼうし音楽祭」となり、2001年には台湾、03年にはブリスベン、05年に上海と展開されている。2007年はマレーシアのジョホール・パルで開かれる。

アクセスアーツ（英語）　http://www.accessarts.org.au/
たんぽぽの家　http://popo.or.jp/
エイブルアートジャパン　http://www.ableart.org/

アイヌ民族の自立支援を行う

秋辺得平　Akibe Tokuhei　さん

＊略歴　あきべ・とくへい　北海道・ウルップ島生まれ。アイヌ民族の文化伝統を伝え、世界の先住民族と連携した活動を展開する。社団法人北海道ウタリ協会副理事長。62歳。（4月18日、北海道ウタリ協会釧路支部のパビリオンでの公開勉強会「ないしょの企画」として一般来場者の皆さんと一緒に公開インタビュー）

今日は、このポスターを最初にご覧いただきたいのです。「アイヌ民族の誇りが尊重される社会を」と書いてあります。この標語を立てたのは、「お国」なのです。日本政府が、初めてこのようなことを言ったのです。しかも、アイヌ民族という民族固有の名前を政府が口にしたのも初めてなのです。それは政府のみならず、北海道庁さえも、アイヌという民族固有の名前を言い始めたのは、つい最近なのです。

昭和42年まで、アイヌのことを北海道庁が何と言っていたかというと、「旧土人」と言っておりました。それを知った時は、私は腹わたが煮え繰り返る思いでした。

北海道庁が調査した人数では、2万数千人ということになっています。しかし、それは手を挙げた人だけなんです。5万から10万人はいるだろう、と言われています。北海道の人口は517万人いますので、本当に少ない人数しかいないのです。圧倒的に多数の「和人」は、新しくやって来たのだから「新土人」かとよく言っているが、日本語で「土人」というのは決してほめ言葉ではありません。辞書で引けば「土着の人」というのかもしれませんが、言葉というものは人の心をぐさりと刺す刃を持っていることがあるんです。

そういう意味で「アイヌって何だ」って聞かれた時に、普通に言えば「人間という意味です」という返事はできるのですが、実際にこの言葉を口にするのはアイヌ自身の中でも本当に限られた人しか口にすることができないくらい、100年以上、いやな響きを持った言葉として歩んできたのです。でも、アイヌという言葉は、実際は素晴らしくいい言葉なのです。

さて、このポスターは、「アイヌ民族の誇り」と書いています。つまり、今もアイヌ民族の誇りが傷つけられているということを言っているのです。あまり言いたくはないのだけれども、アイヌが和人と結婚したいと言ったら、まず間違いなく和人側の家族から反対されます。萱野茂さんという参議院議員をされた大先輩がいますが、つい最近まで30組近い仲人をしました。そのカップルのどちらかがアイヌなわけです。ところが、一度たりとも和人側から賛成されたことがない、という現実があるんです。もちろん、アイヌで弁護士は聞いたことがないし、医者も聞いたことがないし、ひとえに明治以来の同化政策のなかで、共に対等な教育の機会を得られなかったことによって、この日本の社会においては、収入の高い仕事に就いているアイヌは非常に少ないわけです。誇りが傷つけられているというのは、その社会的な現象で言われることと同時に、私の目から見るとアイヌって何だろうといつも思いました。小学校の時から逃げ回って、中学校行っても高校行っても、さっぱりアイヌということでいい思いをしなかったものですから、傷つけられていたと思います。

成人して、初めてアイヌというものに向き合うようになったのです。だから、「アイヌって何だろう」とここで言うのは簡単ではないのです。「学術的にはアイヌは民族だよ」とか、「アイヌは人間という意味の言葉だ」とも言うけれども、私が知ったアイヌというものはもっとすごいものなのです。

地球市民村の「いよいよ開村」というチラシに「アイヌネノ、アンアイヌ」という標語が印刷されています。アイヌ語で「人間らしくある人間」という意味なのです。アイヌの生きることの思想というか哲学があって、人間というものやカムイという神々のことを口にすることは、あまりしないものだと教わりました。口に出すほど信用ならない。言葉というのは、本当に必要な時に使えばいいのであって、言葉を使いすぎるのはよくない、と何度も何度も言い聞かされました。それは、ただ私がおしゃべりであるからだけなのですが。

萱野茂さんから真っ先に諭されたのが、「人間というものはな、二枚の耳と一枚の舌を持っている。二枚の耳でしっかり人の話を聞いたら、一枚の舌の分だけ答えればいい。得平さん、あなたは二枚の耳と20枚くらいの舌を持っていないか」ということだった。

山本太助さんという別の長老からは、こう言われました。「しゃべりすぎはな、アイヌ語でオベンチャロと言ってな、単なる多弁に過ぎないんだ。多弁でないものは、タエトと言って雄弁であること。雄弁とは何か。それはたくさんの知識を持っていて、その知識を駆使していかに人に説得でき、いかに自信ある行動が取れるかを自分の言葉として持っているかなんだ」と言われた。同時に「言葉というものは、トリカブトの毒よりも強く人を殺すこともできるから、十分注意して使いなさい」と言われた。まだ、20歳台の後半の頃でした。

トリカブトの毒は、神経毒ですから、矢の先に付けてかすっただけでも大きな獲物はころっといってしまいます。和人との戦いでは、蝦夷地に行ってからでも大きな戦いが3回ありました。コシャマイン戦争、シャクシャイン戦争、そしてクナシリメナイ戦争と言っています。1457年、1669年と、そして1789年のフランス革命の年です。150年から200年間、我慢に我慢を重ねて、和人と戦うんです。その時に使うのがトリカブトの毒です。ところが、シャクシャイン戦争の頃に鉄砲が現れて、それ以降アイヌは和人に勝てなくなるのです。

どのくらい和人と戦ってきたかと言うと、聖徳太子の時代からなのですね。四天王寺を大阪に構えて律令国家をつくるといったけれども、その裏で何をしていたかというと「蝦夷征伐」をやっていた。アイヌをやっつけるために、10万の大軍を東に向けた。向けた先は、静岡県ですから。静岡以北に、アイヌがたくさんいたということです。

学界では、その人たちをアイヌとは言わないです。エゾとかエミシとか言うわけでアイヌの直系の先祖です。その後は、阿部比羅夫の蝦夷征伐、坂上田村麻呂の蝦夷征伐、そして最後は源頼朝が東北を平定したということで、本州のアイヌを全部やっつけたということです。ずいぶんと長い戦いを、千年に近い戦いの結果、アイヌは北海道に「押し込められて」しまったわけです。アイヌは、北海道にいると思われている人が多いかもしれませんが、北海道に押し込められたのです。

だから万博に来られるお客さまには、私は、日本の文化と歴史はアイヌ抜きには語れないのだと話しています。みんな「へーっ」と言います。そういう私自身も知った時は、へえーと思ったんです。それくらいアイヌは知られていないし、私自身も知りませんでした。知りたいと思って本屋さんに行ったら、あまり本はない。釧路の図書館に行ってみたら、アイヌの本はかなりある。が、いろいろ読んでみましたが、あまりいいのはないのですね。30年から40年前の話です。

さて、言葉の話に戻ります。人が心を込めてしゃべる時は、相手を信頼している時です。恋人であったり、親友であったりします。中学生や高校生が、担任の先生に心を込めて携帯電話で話している、ということはありえないですよね。しかし、同じ携帯電話から、親友や恋人から「おまえなんかきらいだ、死んでしまえ」と一言漏れてきたら、その子は本当に死んでしまうことがあるわけです。たった一言が、人を殺すことが現実にあるのですね。私にとって、アイヌのルーツに近づく時の入門編がそれでした。

結局、本から学んだのではなくて、やっと生き永らえてきたたくさんのアイヌのおじいさん、おばあさん、長老から学んだのです。それが、今私が言えるアイヌって何だという答えとして、そういうものだったんだよということなのです。

儀式をする時に使う「敬う」という言葉は、アイヌ語では「アイヌコロ」と言います。アイヌは「人間」です、「コロ」は持つです。「人間を持つ」という言葉が、日本語の尊敬するということになる。最初、解せなかったのですが、だんだん儀式に参加したり、アイヌの文学を耳にしたり読んだりしたりするうちに、「人間」という言葉が実に奥深く重いものであることがだんだん分かってきたんです。

それは、カムイという神々に対して対等に使われる言葉なんです。カムイは、要は自然界そのものです。ありとあらゆるものが、神々なのです。自然界の中で、私は間違いなく私しかいないわけで、同じ人間の仲間もいっぱいいるが、あとはみな自然界そのものので、まさに驚異の世界なのですね。月が、いかに私たちに影響を与えているか。口先では、人が亡くなるのは引き潮の時で、赤ちゃんが生まれるのは満ち潮の時だとか軽くは言えます。しかし、これほど科学文明が発達した社会と言われながらも、やっぱりまだこの万博に「もしも月がなかったら」というパビリオンがあるように、自然界は未知なのです。

アイヌは、またアカ族や、世界中の先住民族は、自然界はまだまだ未知の世界だというのはよく知っているのです。世界を未知だから知りたいのではなくて、そこに神々が存在し自分も一緒に生きている。「人と自然が共に生きる」などと言いますが、本気で人と自然が共に生きていると思っているのなら、「自然を保護しよう」とかいうことになるのでしょうか。

昨日、岡山から中学生たちが来て、「地球をこんなにしたのは大人たちじゃないか」と怒られました。そこから始めていいと思いますが、世界はもっとすごいんですね。アイヌの社会では、ツルは食べないけれどもハクチョウは食べるんです。ハクチョウを保護しようという日本で流行っている活動がある。しかしアラスカの少数民族ユピックの子どもたちは、中学生になればライフルを持ってハクチョウを撃つわけですよ。そしたら、東京の子どもらはライフルを向ける時はどんな気持ちですかと聞いたら、「誇りに思う」というわけです。この落差が示すように、この地球の中で、違う環境の中で生きる人間は自然に対して違う考えを持ちます。違って当たり前なんです。違うということを、尊重しないといけない。それほど自然界は多様であり、奥深く、不思議なものなのです。アイヌの世界でも、天空は限りない神々の世界、無限なのです。

アイヌとは何か。それは不思議な自然界であり、脈々と小さなものから大きなものまで命をいただいて生きている、という在りようそのものを持っていた人たちなんだと思うのです。それを伝えたくて、万博に参加したのです。

この地球市民村では、アイヌの真髄を伝えたい。ここに、木彫り熊があります。本当は、出したくなかったのです。寄付が欲しいので、出しました。本当は、観光みやげです。アイヌにこういうものを作る伝統はないのです。これを持ち込んだのは、徳川家なんです。明治になって、徳川義親という人が北海道の八雲という場所に入った。北海道は稲作ではなく酪農だというので、スイスに勉強に行きます。スイスに木彫りのクマがあるのを買い求め、冬の長い農閑期に農夫にクマを彫らせた。それを知った旭川のアイヌの青年松井梅太郎が、八雲とはちょっと違うクマを彫り、大ヒットしたのです。旭川、札幌のアイヌが、こぞってクマを彫ったのです。それで、すっかり木彫り熊はアイヌのものだと定着したのです。

ところが、アイヌ語を母語とした私の祖父、秋辺福治は「クマは彫ってもいいが、売るな」と言っていました。今でも、どっきりします。この木彫り熊には…3万1500円の値札が付いています。売るなと言われて、今売っているのですけれど…。

明治36年に大阪で博覧会が開かれた時、アイヌのほかに琉球、朝鮮、台湾の人間を集めて「人類館」ということをやっているのです。生きた人間を集めて陳列するということをやってのけたのです。

パリ万博やロンドン万博の真似なのです。科学技術の最先端を見せると同時に、「未開人」「野蛮人」を同時に見せて、自分たちがいかに文明人かを示したいというのが博覧会なのです。その時に、さすがに物議をかもし、「人類館事件」と呼ばれています。アメリカであった1904年のセントルイス万博にも、アイヌは三家族一独身が船に乗せられて連れて行かれます。生身の陳列をされるのです。インディオたちと一緒になって、仲良くやるいい話もいっぱいあります。しかし、見せ物にされるのです。だから今回、最初にお誘いがあった時に、万博はまた見せ物かと思いました。しかし事務局から、「初の市民参加」ということをうかがったので、見せ物として連れて行かれるのではなくて、アイヌ自身の意思でアイヌ文化を展示したい、アイヌの心を伝えたいと思いました。

ほとんどの来場者は時間がないから、私たちのパビリオンに入って「あーシカの角だ、クマだ」ということで通り過ぎて行きますが、毎日何人かは少し知りたいという人がいて、手応えを十分感じています。

高倉新一郎という北海道大学の教授が書いた、『アイヌ政策史』という本を読みました。まだ、20代の後半の頃です。ページをめくっていくうちに、気持ちが悪くなっていきました。植民地主義、そのものなのです。それに、あまりの惨さ。近代化と開発という名の下に、アイヌがいかに政策的に封じ込まれてきたか。遅れているから、これらをどう処分したらいいのか、というのが政策の歴史だったのです。それ以来、どうしたらいいのかを常に考えてきました。

突き当たったのが、旧土人保護法という明治32年にできた法律です。それが、1997年まで生きていました。ふと思ったのは、萱野茂さんが参議院に当選して最初に言ったことの一つに、「北海道のこの広大な土地を、売った覚えも貸した覚えもない」という言葉がありました。北海道は、日本国土の24%もあるのですよ。その土地を、全部取られてしまったのです。

国は、明治の初めに全部国有地にしてしまい、32年経ってこの法律を作り、「旧土人にして農業をしたい者には、1万5000坪の土地を給付する」としたのです。30年以上経って、農業に適している土地は全部和人に取られてしまっているのですから。和人はどうしたか。国有地にした後、移住した農家の次男、三男らには土地を10万坪、屯田兵には20万坪、三井などの財閥には欲しいだけ土地をくれてやった。ただでですよ。アイヌには30年経ってから1万5000坪。それも、谷底とか崖っぷちとかしか残っていなかった。しかも、5年以内に開墾しなかったら没収。それが、一つ目の腹立ち。

二つ目は今も続いていますが、北方領土です。日本政府は北方四島という言い方で、このウルップ島を固有の領土とは言っていないのです。私はウルップ島で生まれましたが、アイヌはカムチャツカまでいたのですよ。樺太にも、樺太アイヌがいたのです。今、ほとんどが北海道に来ていますが。その全部の島は、日本ではないのですか？　政府にも、旧ソ連大使館にも文書を出しています。ロシア語でも、北方領土はホッポウリョウド、固有名詞になっています。ロシアでは、「北方領土はロシアのものでも、日本のものでもない、あれはアイヌのものです」と言っているのです。何で日本政府は、こう言わないのか。

毎年、私は国連に行っています。先住民の権利を宣言しようという案を作っています。国連の「世界の先住民の10年」が去年終わって、今、2度目に入っています。しかし、ほとんど知られていない。しかし国連は、先住民に着目しているのです。

第二次世界大戦が終わって、旧来のほとんどの植民地が次々に独立しました。しかし、内国植民地の先住民族は独立しえなかったのです。だから、アイヌも独立したらどうかと言われます。昭和21年の夏に、占領軍の少将が札幌に来ました。アイヌ代表が集められて、この際、独立してはどうかと話した。その代表らは、国の復興に日本人として協力すると断っているのです。これは、実は本当に素晴らしいことです。

国連の会議には、いろいろな先住民族が来ていますが、独立しようという先住民族はありません。なぜか。先住民族は、国境というものを考えないのです。独立というのは、先住民族の思想でも哲学でもないのです。

私は、独立したいなあと思う。だから私の頭の中は、日本人なのです。本物のアイヌじゃないのです。私のこの過激な発想は、和人なのです。「これほど礼儀正しい、心優しい人たちを見たことがない」と、江戸時代末期に日本各地を調べに入ってきた欧州各国の人々が書き残しています。なんという、お人よしなのか。土地を取られても、権利を取られても、黙っている。それがヨーロッパの人々が見たアイヌ観なのです。

隣人である和人と一緒にやっていくことこそが、アイヌの精神なのです。国境などは要らない。独立して国を持つことは、また新たな争いを生むのです。それよりも大切なのは、失った土地の権利や文化を取り戻すこと、それを基礎とした教育をすること、それが私の最後の仕事だと思っています。

私がこうやって、あちこち出かけて行って話をするようではだめなので、これくらいはみんなが知っていて欲しいことなのです。小・中・高校の教育の中で、当たり前に知っておいて欲しいことなのです。文化と言葉と土地を、日本政府がどう扱っていくのかを皆さんと一緒に見守りたいと思います。本当にアイヌ文化が役立たずなら、消えていいと思います。私も何度も捨てていい、と思いました。アイヌのほとんどの人たちは、アイヌに戻りたいと思っていませんから。

会場から　熊を売るなと言ったおじいさんの真意は何でしょうか。

秋辺　キブンカムイという熊神様は、自然界を象徴する森を司る神様です。それは常に敬いなさい。その心根を忘れる最も困ったことが、それを彫って売ることなのです。彫ることは、構わないです。儀式に使う熊神様を彫ることはありますので。しかし、それは売ることはありえない。売るということは、お金に替えるという目的があるわけで、それはよくないことです。売るなというのは、祖父にとっては切実な自分たちの後輩に対する願いだったと思いますね。

会場から　小学校の頃、アイヌの人が来て踊りなどを見せてもらった記憶があるが。

秋辺　それは１９４５年から。明治以降１００年は、アイヌが熊祭をやったりしたら、アイヌ文化はやるなとされました。祖父母はアイヌ語を母語としましたが、母は「土人学校」というところに入れられました。読み、書き、そろばん、農業実習しかない学校です。歴史は教えない。その時代を経て、アイヌの長老たちは密かに文化を守ってきました。それが戦争を終えて、アイヌの長老たちに火がついたのです。北海道各地で、長老たちが熊祭などを始めた。それが、日本中の小学校に流れ込んで行って興行師になった。ところが、明治生まれの人しかそういうことができなくて、後が続かなくなってしまったのです。私の母は、祖父母に連れられて日本各地を回ったので、祖父母から歌や踊りを教わったのです。意味は分からないが、聞き覚えで歌を歌っていたのです。

会場から　アイヌの歴史に象徴される勝者、敗者という歴史が、これからも続くのでしょうか。

秋辺　先住民族の中で独立を目指す動きがないことが、先住民族の知恵だと思います。

世界中の先住民族が何とか持ち続けてきた、人間と自然、あるいはまさに地球と共生していく哲学こそが、未来に向けた一番手近な道しるべだと思います。それが、みんなが体系化して共有できることではないかと思います。もっとたくさんの情報も、もっと整理して発信して、教育のベースとして作り上げていく必要があるのではないかと思っています。日本人も、かつては持っていたはずなのに、どこかに置いてきているんです。それをたぐりよせることもできると思いますが、他の文化に習った方が早いかもしれません。

アイヌ文化はどのくらいすごいのだろうかと、私自身はのたうちまわりながら見てきました。その結果、なかなかすごい、自然界と向き合っている文化だと誇りを持っています。もう、引き下がるつもりはありません。もう、60歳を超えましたから、私の願いは、釧路湿原の片わらにチセという伝統的な家を建てて、この囲炉裏《いろり》よりもう少し大きい囲炉裏を作って、そこで火を燃やして、祈りをし、若い人を集めてアイヌの話を聞いてもらい、それを実践してもらう若者たちを育てること、伝えることをしてみたいのです。

アイヌ文化をできるだけ手元に引き寄せて、それを伝えていくのが人生に残された仕事なのです。アイヌでなくても、青い目の若者であっても、黒い肌の若者であっても、それを伝えていきたい。北米の先住民も、中南米の先住民も、アジアの先住民も、実は同じような考えを持っているのではないかな、とつくづく思うようになっている。これからは、ネットワークかなと思い始めています。

タイのアカ族やリス族やカレン族らを、どうネットワークしていけるか。それぞれの哲学や思想を、どう掘り起こすか。自分が何かするしかない、と思っています。

＊もっと知りたい人は：

ウタリ協会
http://www.ainu-assn.or.jp/
アイヌモシリ年表
http://www.alles.or.jp/~tariq/kampisosi/historymain.html
秋辺さんの参院憲法調査会での発言
http://www.sangiin.go.jp/japanese/kenpou/keika_g/156_04g.htm
「人類館事件」について
http://www.okinawatimes.co.jp/spe/kaizu20020417.html

タイ山岳部の少数民族の支援活動をする
アリヤ・ラッタナウイチャイクン Ariya Rattanawichaikul さん

＊略歴　Ariya Rattanawichaikul　タイ北西部の山岳民族アカ族出身。センチャルン・マイ村生まれ、僧侶の修業の後、日本で農業研修を受ける。山岳民族を支援する「アブアリプロジェクト」を展開している。記録上は35歳。（4月14日、地球市民村・大地の広場での公開勉強会「ないしょの企画」第4回として、来場者の皆さんの前で、日本語でインタビュー）

最初に、インド洋の津波で亡くなった人たちのために、皆さんと一緒に一分間の黙とうをしたいと思います。よろしくお願いします。では、黙とう。

私は、アリヤと言います。アカ族の言葉で、アリというのは男、ヤというのは子どもという意味で、アリヤというのは男の子、という意味です。

名字は、ラッタナウイチャイクンとありますが、これは私の本当の名字ではありません。本当は、アリヤ・チュムと言います。十数年前、初めてパスポートを作る時に、あなたは少数民族で、こんな名字ではパスポートを発行できないと言われ、ラッタナウイチャイクンというタイ風の名字を作りました。

なぜなら、少数民族は中国人に似ていて、中国にもたくさんいるので、少数民族の名字でパスポートを作るとちょっと大変なのです。

アカ族の村は、山の中にあります。そして、村にはたくさんの音があります。豚、馬、そして子どもの泣き声、人の話し声、鳥の声、たくさんあります。そんなところで生まれました。私はいつ生まれたか、正確にはわかりません。パスポートには1969年5月1日となっていますが、正しいかどうかわかりません。ただIDカードを作るために、そうしたらしいです。

アカ族の村は、700メートルから1200メートルくらいの標高の所に、高床式の竹の家をつくります。つくり方はたぶん日本の昔の家と似ていて、壁は竹、屋根は全部カヤですね。もともと釘などはないので、竹のロープを使います。木と竹があれば、アカ族はどんなところにでも住めます。

家の中では、女性と男性の部屋は分かれています。それはどうしてかというと、昔話に基づいています。昔、神様が、男性一人ひとりに女性をあげた時に、アカ族は一日遅れて行ったためにもう女性が残っておらず、神様は、歩いて帰る途中で女性を見つけることができたら連れて帰りなさいと、言ったそうです。それで、途中で出会った女性を連れて帰ったら、その娘が山の神様の娘らしく、毎日、神様が娘を見に来るそうです。それでアカ族は、男女の部屋を分けて住んだらどうかと言われてそうしたけれど、それでも神様は見に来るそうです。

アカ族は、村の出口と入り口に日本でいう鳥居のようなものをつくり、そこに男の人形と女の人形を付けておいたそうです。鳥居はアカ族の言葉で、ダレイと言います。ダレイというのは、魔除けです。村に悪いものが入らないようにというもので、アカ族の村なら必ずあります。

村の裏のゲートのようなものがあって、そこに男と女の人形が置いてあるのです。アカ族はアニミズミ、精霊信仰ですから、シャーマン、アカ族の言葉では、ジュマと呼ばれる祈とう師がいました。ジュマには、何千年も前からそうした技術を持っている家族でないとなれません。もしシャーマンが亡くなると、いろいろなものが全部替わります。墓も、鳥居も、水場も、神社も全部替わります。

鳥居は、みんなでつくります。自分たちの入り口には、一番大きな鳥やその辺にいる動物や神様を作って上に飾るんです。鳥居の上には、外に向けてのこぎりのような歯を付けて、悪いものが入らないようにするのです。その近くで立って話をしたり、鳥居に触ったりしてはいけないことになっています。危険な場所です。すぐに立ち去らないといけない場所ですね。

自分の村には、学校はありませんでした。十何歳かの頃、タイ政府の社会福祉ということで調査員たちが入ってきて、タイ語を教えるということだったので、私も教えてもらいました。学校ではありません。紙がなかったので、ペンもないです。小さな黒板のようなものに書いて覚えて消して、書いて覚えて消しては勉強しました。父は、私に勉強して欲しくはなく、むしろ一緒に農作業をしようと言いました。身体も大きいし、病気もしないから、勉強はもうやめろと言われました。けれど祖父が、お前のお父さんは気が多くて奥さんが何人もいるから勉強しなさいよ、と言われて（笑）。私は祖父の言うことを聞きました。

私の家族は、運があるのかもしれません。たまたま、チェンマイという町からチェンライを通って私の村にお坊さんが一人入ってきたらしいのです。お坊さんは帰りに、お坊さんにするために父の弟を連れて行きました。入山した伯父が、その弟も連れていき、さらに私たちを連れて行ったのです。私もそれから4年半、お坊さんとして勉強しました。
チェンマイとチェンライの間は、180キロくらいあります。町から私の村は、それほど遠くありません。山道ですから、下る時は早いです。歩くと3時間くらいです。日本人の足なら、4時間くらいかかると思います。町から10キロくらい離れています。山道で曲がりくねっています。小さい時は、馬に乗って町まで下りて、そこから車に乗って5時間くらいかけてチェンマイに行きました。今は道がよくなっていますから、2時間くらいで行けます。

お坊さんの修業をしながら、タイ語を覚えました。午前中はお坊さんの勉強、午後は一般的な勉強。日本にはないかもしれませんが、そこは「学校以外学校」と呼ばれて、学校に行けない人たちがやってきて、午後にその人たちに教えるのです。例えば、小学校は3年で終えることができます。1年間で、小学校1年、2年くらいをやるのです。学校に行けない人たちを受け入れます。

そこで寝泊まりしながら、私も勉強しました。お坊さんの黄色い袈裟《けさ》をかぶって、朝4時くらいから托鉢して、歩いて回り、食べ物をもらってそれを食べたら、お坊さんの勉強して、午後はチェンマイ大学の3年生くらいの学生たちがボランティアで教えに来ます。ですから、中学校3年生くらいまでの勉強をしました。中学校卒業というのは18歳の時です。

それからお坊さんをやめて、チェンライに戻って農業高校に入りました。3年間で野菜作り、堆肥《たいひ》作りなどを勉強しました。農業専門学校ですね。本当は、チェンマイのメージョー大学という結構有名なところに入る資格も取ったのですが、15、6年前のことです。学費が、10万バーツ（約30万円）必要でした。父は、そんな金はないから、自分で貯めてから勉強しなさいと言いました。今でも、勉強するかと言えば、時間がないです。お金もありません（笑）。

英語は、イエスかノーくらいしか言えないではないですか（笑）。一応、習っていたけれど、先祖からの言葉ではないと思ってあまり勉強しませんでした。勉強が嫌いだったからかもしれない。山に戻りたいと思っていました。山に入れば、動物もいっぱいいるし、自分も自由に鉄砲を持って山に入ったら、イノシシとかシカとかよく獲れるのですよ。勉強にはあまり興味がなかった。父の言ったことは正しかったかもしれないね。農業をしながら、早めに結婚して子どもをつくってね。もし、その時結婚していたら、この愛知万博まで来れなかったかもしれない。

私は、そのまま町で暮らしてしまおうと思わなかったのです。私はたぶん古い世代でも今の世代でもなくて、まだ山への気持ちが強く残っているのですよ。ただ、町は嫌いではないけれど、例えば女性だったら、化粧などしているのはあまり好きではなかったのです。きれいはきれいだけれど、自分の奥さんになる人ではない。それだったら山のほうがいいなあ、と思うのです。自分と同じ民族だったら、ケンカしたり相談したりするのも、自分の言葉でちょっとできるではないですか。でも違う民族だと、ケンカしたら、もう離婚しましょう！ ということになってしまうではないですか。同じ民族であれば、困ったら相談できるだろうから。

日本については最初、全く知りませんでした。タイしか知らない。村を出るまでは、自分の民族しか知らない。でも村を出たら、カレン族もアカ族もラフ族もいる。あれっ、これはいろいろな人がいる、ということで。

農業高校を出て仕事を探す時に、ちょうど島根県出身の豊田武雄さんという方が、ちょうどチェンライの少数民族の村でトイレをつくるプロジェクトを始めたのです。そこに行って話をしたら、「ああアリヤさん、いいじゃない、やってください」と言われて、スタッフになったのです。私は、全然やるつもりはなかった。農業を勉強したのに、便所をつくりなさいとは。農業なら何とかしますが、便所というのは初めて聞きました。というのも、その頃、山ではトイレというのはなかったのです。どこに行っても自然の中でする。

山の中には、棒を持って行きます。用を足そうとすると、犬は来るし、豚は来るし、そのたびにこうして、後ろ向いて「シッシ」と言って追払わなくてはならないし。本当に噛まれそうになるのです。そういうことで、まあ山の中ではトイレをつくったほうがいいよということでした。

豊田さんに会ってから日本人との交流が重なって、鹿児島の大学の「からいも交流」というのがあって、誘われました。平成6年から1年間、そこに農業研修ということで入りました。日本語を習ったのは、鹿児島で3週間だけです。来日した時には、日本語は全く知りませんでした。

でも習ったのは、日本語ではなく鹿児島弁でした。朝から「てげてげ」(適当に)と言い、「ありがとう」も「ありがとうごわした」とか言うのですよ。「1週間ばっかや」とか。ホームステイ先のお父さんも、「アリヤ、これは覚えなくていい。これは日本語ではないから」とか言うのですよ。今でも、鹿児島弁を交えてそのまま使っています。

鹿児島での暮らしは、思っていたのと全く違っていました。私は、日本ではまず文化を勉強したいと思っていました。二番目には日本の農業、三番目には日本の家族のこと、そして四番目にNGOの活動のことを知りたいと思っていました。

なのに、朝から夕方まで牛の世話だけ。山の中で一人で、話しもできない。牛の世話をするだけ。エサをやったりとか、もうさみしいですよ。朝8時とか9時とかに食べてから、ずっと牛についていて、堆肥作りとか、それだけです。一年は長いなあ、本当に来てよかったのかなと思いました。

その時、ロータリークラブの人が遊びに来て、私のタイの村の支援してくれると言いました。でも、あなたが日本語を話せないとあなたたちのことがわからないと言われたので、夜1時まで日本語を勉強しました。朝5時から勉強して、6時から牛の世話をして。毎日。来た時、体重が80キロでしたが、帰る時は75キロになっていたのですよ。

最初、日本語はどうやって勉強したらいいかと思っていました。まずはタイ語から英語、英語から日本語にして勉強していたのです。そうすると日本語から英語、英語からタイ語、それからアカ語に直さないとだめだし。そうすると、自分の頭の中が何度かわからなくなりました。半年くらい経ってから、アカ語で考えて日本語にするとうまくいくことに気づきました。最初は、発音がうまくできなくて苦労しました。最初、私に日本語を教えてくれた先生も泣いていました。自分が悪いと思って。アカ族の言葉で、「ご飯を食べますよ」というのは「ホジャジャマ」と言います。ホがご飯、ジャマが食べる。日本の言葉や文法とよく似ていることがわかってきました。タイ語も要らない、英語も要らない。アカ語を思い出しながら、日本語を勉強しました。

初めて聞いた言葉は、全部メモして勉強しました。ここに来てからも、そうです。「私物」とか。今日も新しい言葉を教えてもらいました。さっき皆さんにお願いした「黙とう」というのは、今朝勉強したのです。どう言ったらいいのかなあ、と考えていたのです。

　勉強した日本の農業をそのまま持ち帰っても、タイの山では使えないと思います。日本は、私たちの村からすれば夢の中の国ですね。でも私たちの村では、父、祖父も、子どもも一緒に暮らしているので、たぶん幸せだと思います。日本にはいいこともあるし、悪い点もあります。日本の社会では、どんな人でもやさしくしてくれる。例えば、タイで村長さんと言えば結構、偉いです。町の役場の郡長さんと言えばもう、「お願いします、お願いします」と頭を下げなくてはいけません。日本では、「どうぞよろしく」と言うだけです。全然違います。そういうのは、いいなあと思いました。県の知事には、1カ月も前から約束しないとだめ。でも、日本人とかアメリカ人とか来たら、どうぞどうぞとすぐ会ってくれる。でも、タイ人だとなかなか会えない、少数民族だと後回し。いつまで経っても後回しです。

　タイ以外の国にいると、自分はあまり差別を感じません。今、タイに戻って、自分の村をもう少し何とかしないといけないと思います。子どもの教育や、女性たちに何か教えたいと思います。その中で、国籍や身分証明書（IDカード）のことがあります。日本では普通に取れるから、あまりピンと来ないことかもしれませんが、タイではミャンマー、ラオス、マレーシア、ベトナムなどいろいろな国と接しているので、国籍を取るというのが大変です。

　私はタイの国籍を持っていますが、でも山岳民族です。ここに来るのも大変でした。何カ月も前から、招いてくれる北海道ウタリ協会からさまざまな書類をもらわないと、ここまで来ることができません。山の人たちは、もっと大変。だから私も、子どものため、アカ族のためというか、アカ族というのはタイでも8万人くらいいますから、国籍取得のために、自分のできることをやろうと始めたのです。

　山の子どもたちが、町の学校に通うための寮をつくったり、学校に入る前の子どもたちのために村に保育園をつくったりとか、毎週、女性たちの交流会をしたりしています。女性というのは、伝統的に村の男たちが話している時には、一番奥に座って聞くだけということになっています。前の方は、全部男性だけです。これを、できれば男も女も一緒に勉強しながら、家族や村を守っていこうという活動をしています。

　このプロジェクトの名前は、「アブアリ」と言います。アカ族の言葉でアブというのは女性、女の子、という意味、アリというのは男です。女の子も男の子も一緒になって、という意味です。

　タイ人は、18歳から2年間の徴兵制度があります。私は、兵隊には行っていません。ところが、パスポートを取る時に軍隊に出た証明書が必要です。パスポートも、当時はバンコクに行かないとだめでした。でも、ある必要とされる資料がなくてバンコクから舞い戻って、そしてまた行ってということになります。その資料というのは、「この人はタイ人だけど、少数民族なので法的に軍役の義務がない」という証明書なのです。

　パスポートにもいろいろな種類があって、それを見たら普通のタイ人ではないということがわかる。私は、チェンライから出国できません。必ずバンコクからです。バンコクの社会福祉の事務所に行き、日本に行く理由を聞かれます。「一般のタイ人でも日本に行けないのに、少数民族がどうして行くの」とか言われるのです。帰国すると、日本の領事館にパスポートを持っていかなくてはなりません。ちゃんと帰ってきたことを示すためです。

　タイ政府もそういう問題はわかっていますが、さまざまな国と接しているので、本当にタイに生まれた人なのか、最近入ってきた人なのか調査できないのです。例えば、私たちの展示コーナーに貼ってある資料には、タイのアカ族の人口は3万人としか書いていない。50年前の数字ですよね。今は倍くらいいますが、国籍を持っている少数民族は40％くらいです。

少数民族は、五つくらいのカードを持っている。例えばブルーカードとか、「宮沢基金」のカードとか。そのカードを持っている人は、村から出られない。町にも出られない。いつでも捕まってしまいます。山の人は、町にあまり出られないのです。

政府は少数民族に、町に来て欲しくないし、山にも住んで欲しくない。日本のODAとか、アメリカ政府の支援とかで、政府に資金が入ると、少数民族を移住させてしまう可能性もあります。毎年あります。例えば、今年、チェンライでも250くらいの集落が移動する可能性があります。それは少数民族だけではなくて、タイの村々も対象になります。

それは、海から何メートルとかいう調査結果を使って、観光客のためにとか、森を守る植林のためとかいう理由を作るのです。そういうことが決まったら、政府は車で住民を村から連れ出してしまうのです。タイでは、そういう問題が増えています。

南部では、宗教関係の問題も増えています。こないだは津波があったし、たくさん問題があるなあという感じですね。

山岳民族は、もともと国境には無関係に移動していたのです。アカ族はタイにいつ入ったのですか、と聞かれることがありますが、それはわかりません。100年前からか、2000年前からか。移動して入ったり、出たりしています。中国とかミャンマーとか、焼き畑をやっていたところであまり収穫できなくなると、ちょっとこちらに入ったり、あっちに行ったり。ずっと移動しているから、いったい何年前から入ったのかわからない。日本にも、いろいろ資料があります。20世紀とか、20年前とか、最近とか、でもそういうのは、タイ政府が言っていることばかりです。でもこういうことは、あまりタイ政府には聞かせないほうがいい。私も怖いから。

開発と少数民族の関係は、説明しづらいですね。村人の中にも、山で暮らしたい人もいれば、町に出たい若い人も結構います。村では学校にも行けないし、農作業も大変です。もちろん、ODAでダムや道路がつくられて、どんどん焼き畑農業もできなくなっています。焼き畑農業をしたとして、捕まる人も毎年います。若い人たちもどんどん町に行って、先のことは分からないけれども、とりあえずレストランで働くとか、ガソリンスタンドで日雇いになるとかいうような人が増えています。

伝統的な静かな暮らしができるような村は、どんどん減っています。政府の考えでもあるし、外国人の考えでもありますね。伝統的な村に旅行してみたいということで、どんどん旅行者が入るのですよね。でもそういう人たちは、村人と同じような暮らしができない。地元のご飯が食べられない。パンやラーメンを買って入ってくる。パンしか食べない、コーヒーしか飲まない。村人もそういう違うものを見たら、もちろん食べたいですよね。食べたらおいしかったり、甘かったりする。そういうところから、少しずつ変わっていくんですよね。

自分もそうだったけれど、どこでも行って見ないとわからない。例えば、日本にも来てみないと分からない。だから村人も、町に出てない人は町に行ってみたいと思う。開発も同様。欲しいけれども、どうしたらバランスが取れるかわからない。それが大きな問題だと思います。

例えば、テレビが欲しい。でも、どんな番組を見たらいいか、自分たちではわからない。ニュースとかは、意味がないから見ない。この漫画は面白い、きれいだな、この食べ物いいなあとかだけ見て、若い人もバンコクに出たらこんな暮らしができるのではないかな、とかそういうことから始まる。若い人が外に出るのはいいけれど、違う世界を勉強して、ちょっとでもタイ語を話せるようになっていったらいいのではないかなと思います。何も分からずに行くのでは困りますから。

山から出る人は、日雇いだとチェンライで一日60バーツくらい、200円くらいです。山の暮らしからするといい収入ですが、町では一日暮らすには足りない額です。それで、若い女性は収入が足りないから、スナックで働いたり売春をするようになる。家族のためにということで、親にお金をあげて新しい家を建てたり、他のものを買ったりというようなことが広がっています。

ではどんな方策がありうるのかと言うと、まず政府が少数民族をタイ人と認めなくてもいいので、山で暮らしていいと認めて欲しいですね。山を守って大事にしてください、焼き畑はここだけで自分のものを作ってくださいと。そうでないと、自信が持てない。いつ移住させられるかわからない。そうしてくれると、これは自分たちのものだ、子どもたちのために守ろう、という気持ちになると思います。そこが心配です。あと200年、500年経った時に、アカ族はかつてここにいた、という話だけになってしまうのは悲しいことだと思います。だから今の若い人たちも、タイ語やタイの法律を勉強して、農作業も小さい面積で収穫が上がるような方法を覚えたら、焼き畑を広げずに森が増えていくのではないかと思います。

今、私の活動に対しては、政府からは一銭ももらっていません。まだどんな活動をしているのか、危ないことをしていないのか、詳細を調査されている段階です。自分は正しいことをしている、とわかってもらえると思う。支援は、かわいそうだからするというのではなく、支援したらよりいい生活になるのではないかな、ということでしてもらえるといいと思います。

アカ族は土も食べています。土を食べられる場所があるのです。自分も大きな命の一つになっていて、伝統的には死んだらお墓をきれいに建てるとか、そういうのもありませんでした。死んだら、命に返るということです。ところが今は、お墓という考え方が入ってきている。自分が生きていたことを、お墓にして残したいと思い始めている。でも昔の人は、死んだらそれでいいよという形だった。写真を撮られたら、命までも一緒に連れて帰られるというので、いけないとされていたのです。でも今は、何でもお金になって、旅行者に写真撮られたら、「10バーツちょうだい」ということになってしまうのですよ。

支援も、お金だけではありません。農作業とか何か教えることができれば、それがいいと思います。水は今、山の水を使っていますが、秋は濁って大変です。夏はいいですけれどね。お金もかかるかもしれないけれど、この地球市民村に展示されていたように、水を浄化する方法もあるでしょう。そういうことが分かったら、山の人もきれいな水をいつも飲めるようになると思うのです。本当に汚れているから、小さい子どもが時々死んだり、病気になったりします。でも、水はそれしかありません。だから、いろいろな水を飲める方法を教えてもらえばうれしいです。

あとは山の方でもエイズが増えていて、誰かがエイズになったら近寄らないとか、家族ごと山奥に連れていって隔離したりというような例もありました。エイズがどのように人に移るのかということも教えられれば、村人もエイズに罹った人を信用できるようになって一緒に暮らすこともできます。エイズに関する知識といったことも、教えてもらえればと思います。

　日本の若い世代に関しては、私がやっている子どものための寮のこととか、IDカードの取得のこととかについて、スタディツアーで交流して少しでも知って欲しい。現地に来てもらって、日本は豊かな国なのに、どうしてこんな村まで来るのか、それを村人に言って欲しい。村人は外を見たことがないから行ってみたい。豊かな国からやってくる日本人に、この村はいい場所だと言って欲しい。それを何回も何回も言って欲しい。なぜならば、山の人は町に行けばおいしいものがたくさんあると思っている。でも、それは身体によくないとか、そういうことはわからない。そうしたいろいろなことを、日本や他の国の人との交流をしながら教えて欲しいと思う。

　日本では、みんなは忙しい、忙しいと言う。でも、村では豊かというか、ゆっくりできるのです。でも、わざわざ飛行機代かけて、どうしてこんなところまで来るのかと村人に伝えて欲しい。豊かな国もいいかもしれないけど、村の暮らしもいいよということを。山では何でも食べられるし、川に行けば魚も取れる。これは食べてはだめ、ここに部落をつくってはだめ、何でも安全のため、これは危険とか、そういう規則は山にはありませんよ。

　パチンコがあれば鳥が捕れます。この会場で子どもにそう言ったら、「かわいそう」という。あなたは何を食べているの、と言うと、豚と言う。豚はかわいそうじゃないのですか、と言うと、あれーと言うのですよ。本当を言うと、全部かわいそうなの。でも山の方だったらお互いに、豚は人間の糞を食べるでしょ、その豚を自分が食べるでしょ、豚に食べさせる。これが、本当に自然ですよね。

会場から　政府との関係での山岳民族の地位は、どうなっているのでしょうか。森林は保護区域なのでしょうか、私有地なのでしょうか。移動しながらの耕作は、自然に対してどのようなインパクトを持っているのでしょうか。

アリヤ　アカ族などの少数民族が住んでいる場所は、法律的には100％住んではいけないところです。なぜなら、実際に自分たちが住んでいる場所は、昔から調査などできない山の中でした。タイはドイツの法律を土台にしていて、調査する人たちが行けるところは法律で守り、自分たちが行けないところは使ってはいけないところ、とされたのです。

　少数民族だけでなく、山に暮らしている人たちに土地を使っていいという証明書を作れば、土地を大切にするはずです。しかし政府は、どこからか援助がもらえればこの人たちは移動させますよというので、少数民族の側からするといつまでも信用できないのです。

　ラオスに入ってモン族の村に入ったら、当時は森がいっぱいありました。しかし数年して行ったら、木がなくなっていました。わけを聞いたら、ラオスの政府は私たちのことをラオス人だと思わない、だからどうしようが構わない、というのです。

　でも、山の少数民族はそうではないのです。これから、山を守っていこうとしているのです。焼き畑農業も、どのくらいの期間使ったら次に回す、という技術を持っていますよね。移動するだけです。土地の循環を考えながら、自分たちの土地の中で動いているのです。これをしてはいけない、あれはいけないというので困っていますね。

　山岳地帯は、国立公園になっています。政府というよりも、王様の命令ということで入ってくるのです。だから、誰も何も言えない。王様の国だから。逆らうと、兄弟まで首になる。王様が本当に何を言っているかは別にして、王様の命令です、移住しなさい、と入ってこられるので何もできない。

山での暮らしが、すべていいと言っているわけではありません。自給自足で学校に行けない人もいます。できれば子どもも大人も教育を受けられると、いろいろな課題を理解してもらえると思うのです。

＊もっと知りたい人は：

『加速するアジアの教育改革』諏訪哲郎・斉藤利彦編著、東方書店（第3章　アカ族の社会・生活・文化の変容と学校教育）

からいも交流
http://www5.synapse.ne.jp/karamosia/toha.htm

宮沢基金
http://www.jil.go.jp/jil/kaigaitopic/2000_12/taiP02.htm

フィリピンで農民の自立支援をする

ゾライダ・タン　Zorayda Tan　さん

***略歴**　**Zorayda Tan**　フィリピン・ネグロス島出身。大学で農業を学んだ後、日本の支援団体「オイスカ」の現地スタッフとなり、日本で研修と勤務で3年間を過ごす。今は現地で、日本からの見学者の受け入れなどを担当。34歳。（7月27日、招へい元のオイスカのパビリオン前で、日本語でインタビュー）

　私は、フィリピンのネグロスという島の出身です。サトウキビの島です。ネグロス大学で4年間、農業を勉強しました。その後に、日本の支援団体である「オイスカ」に入りました。1992年のことです。大学で農業は学んだのですが、現場での経験はほとんどありませんでした。家族の中でも、誰も農業を知りませんでした。父は大学の先生でしたし、母は6歳の時に亡くなっていました。家族の中に農業をしている人がいないのに、どうしてか分からないのですが、私の中で農業が好きになってしまったのです。たぶん、母の親戚の中に農業をしている人がいた影響かもしれないですね。大学で学んだだけでは分からないと思い、どこかで本当に農業をやって経験を重ねたいと思っていたところ、私のクラスメートがオイスカの奨学生だったのが縁で、オイスカに入りました。研修生ということで、ネグロス島のバゴ市にある、オイスカのバゴ・トレーニングセンターに入ったのです。大学も出ているし、仕事もあるということで、すぐにアシスタントスタッフになって、ほとんどが高校を卒業しただけの研修生のお世話をする係になりました。自分の勉強もしながら、研修生の皆さんのお世話をしたのです。

その中で習ったのは、人間が一番大変だということでした。育つのが、一番大変なのが人間。勉強になりました。1994年1月から12月まで日本に来て、農業と日本語の勉強をしました。その後、またフィリピンに戻って、オイスカが現地でやっている「子どもの森計画」という活動をしました。学校の敷地に、子どもが木を植えて育てる計画です。子どもに木の大切さを、緑を守るということを理解してもらう活動です。3年間、98年の6月までやりました。

その後、今度はまた日本に来て、オイスカの東京本部で2000年の6月まで、組織部というところで外回りの仕事をしました。現地での活動を日本の会員に報告したり、PRしたりしました。生の声を、冊子を持って歩き、活動について説明に回るのです。そういう形でやりました。

この2年間の仕事が終わって、またバゴ市のセンターに戻りました。毎年毎年、日本からのボランティアが来るんですよ。その日本語しかしゃべれないお客さんの世話をしています。毎月毎月たくさん来るので、忙しい時もあります。8月の夏休みになると、本当にパニック状態になるのですよ。でも、自分のところで頑張っていることをいろいろ紹介して、見ていただきたい、自分の住んでいる島も発展してもらいたいので、大変だけど頑張りました。今でも、ボランティアのお世話はしています。その後、アメリカのテロとかSARSとかがあって、やってくるボランティアの数は少し減りました。

またネグロス島には、ネグロス・アヒムサ会という団体があって、日系人の3世、4世に奨学金を提供するプログラムなどを行っています。オイスカのメンバーです。その団体も、日本からのボランティアを受け入れているので、そちらのボランティアのお世話もしています。自分も、そこでは給料はもらっていないのだけど、できることをしようと思っています。

そういう忙しさなので、農業はなかなか自分ではできないけれど、ちょっとだけやっています。いくら疲れていても、家に帰ったらトマトを育てています。芽が出てどんどん大きくなるのが一番楽しみなのです。ほかにはサツマイモも育てています。サツマイモは大好きだから。東京にいた時でも、築地の魚市場に行ってマグロを入れる発泡スチロールをもらって来て、生ゴミ入れてコンポストにして、キュウリとかナスとかパクチョイとか作っていました。スイカも一個、直径15センチくらいの大きさのを作ったのだけれど、カラスにやられてしまいました。いい経験でした。バケツをかぶせておいたのだけど、残念でした。でも、いいところまでできてうれしかったです。

今は、休みの日に友だちを招いて飲み会をすることもあるけれど、ほとんどは家にいるから畑づくりを楽しんでいます。今、ネグロスの西側にあるバコロド市に住んでいます。南に向かうと、21キロ離れたところにセンターのあるバゴ市があります。

兄弟は4人です。兄、姉、私、弟という順番です。弟も結婚しています。私だけが独り者です。町の中に親戚が住んでいた家が空いたので、そこに住んでいます。こういう仕事をしていると電話が必要なので、町の中に住んでいるのです。友だち3人とシェアしています。センターの近くにも、小さな家があります。土地を買って、一人分の家をつくりました。5メートルと4メートル。本当に、小さい家です。その家では電気が大変。自分で引くと、お金がとてもかかります。隣の家からコードを引っ張り出して、電気をもらっています。井戸も自分で掘って、使っています。だから、水はただ。

町の中の家はバスターミナルの近くで、土地もないからプランターで野菜を育てています。町は暑い。周りはコンクリートで、日が当たるとオーブンみたいになってしまいます。野菜は暑さには弱いので、植えたのは花です。だから、自分で建てた家に住めるようにしたい。今、そう考えているのです。

ネグロスという自分の島のことについては、子どもの頃は何も知らなくて、オイスカに入ってから分かってきました。ネグロスは、お金持ちの人が広い土地を持っていて、あとはみんな労働者という構造でした。一番苦しかったのは、1979年から80年ごろのことです。砂糖の価格が暴落して、お金持ちの人は政府から借りたお金を持って海外に出て行けたが、労働者はそのまま残りました。モノカルチャー（単一作物の栽培）だったのです。サトウキビしか作らなかったので、大変困ったのです。オイスカが、その時に支援に入ったのです。オイスカの目標は、ネグロスの人々が自分たちで食べるものを作って生活を安定させるようにすることでした。センターで、水田での米作りや野菜作り、鶏や豚の飼い方を、現地の人たちを集めて教えたのです。村長さんの紹介で、研修する人がセンターに来たのです。

研修生は、2年間センターに住み込んで研修します。最初は1年だったけれど、2年になりました。最初はジュニア研修生、2年目はシニア研修生で、ジュニアの人の面倒をみながら研修します。技術だけでなく、自己開発もします。オイスカの目標は、リーダーをつくることです。研修を終わった後も、日本に派遣したり、頭がいい人には奨学金を出して大学で勉強できるようにしています。大学に行く場合は、自分の村とかコミュニティに役に立つ教師になるとか、農業を勉強するとかするケースが多いです。自分で農業を始めたい人が田んぼや畑をつくったら、オイスカが種や肥料を貸す仕組みがあります。借りたものを、そのままセンターに返す。養豚だと、豚舎と2匹の豚とエサを借りて、しばらくして豚が増えたらそれを返してもらい、あとは自分でどんどん増やしていくというやり方をしています。

ネグロスには、まだ問題もあります。フィリピンでも、農地改革をしています。しかし、まだまだうまくいった場所は少ないです。サトウキビ畑で働いていた人は、農民ではなくて労働者なのですよ。自分で自分の畑を管理するという経験がないので、すごく困っていると感じます。労働者が、政府からもらった土地をまた誰かに貸したり売ったりするのです。結局、またお金持ちの人に土地が戻るということになるのです。

オイスカはそういうことを見て、1990年頃から、養蚕プロジェクトを始めたのです。もっと前かもしれません。94年には、スタッフが誘拐されたのですよ。3カ月間、山の中に連れていかれたのです。ニューピープルズアーミーにね。それで一度中断したのですが、95年からバゴセンターの所長の渡邉重美先生が養蚕プロジェクトをもう一度始めて、農民の人と組合を作っていろいろ打ち合わせて、養蚕プロジェクトをどんどん進めました。パビリオンにも展示をしています。

一番のターゲットは、農業労働者です。彼らが本当に身に付けることができる技術を紹介したい。自立するために、養蚕を紹介したい。フィリピンの田舎だと家族が多い。12人の子どもがいる家も、よくあります。子どもも作業を手伝うことができます。使わなくなった糸を取る機械を日本からいただいて、センターに入れてあります。２００３年までは、マユの種も日本から輸入していたけれど、２００４年からは現地でできるようになってきました。メスは日本の品種で、オスは中国の品種で、それを交配して大きなマユができるような実験もしてきました。私の父も化学の先生なので、このプロジェクトに協力してくれました。今は、センターでほとんど全部できるようになりました。

これまでのプランテーションの考え方を変えたいということで、小さな田畑しか持たない農民たちが自分でできることだけをして自立する、という風に考え方を変えてもらおうと思っています。サトウキビだと、一年一回植えて、あとはずーっと待っているだけ。刈り取りの３カ月間働くだけ。養蚕のプロジェクトでは、１ヘクタールの土地があれば、半分は養蚕のためにクワを育てるけれど、残りの半分は田んぼと畑にして、食べるものは自分で作る。オイスカでは、植林プロジェクトもしているので、クワを植えると緑にもなる。ネグロスは、山の上までサトウキビ畑にしてしまったので、森がなくなってしまっています。政府の農地改革のプログラムでは、山の斜面で水がない場所も農地として分配されています。そういうところでも、クワなら育てられる。輸出できる品質のシルクが取れるようになっています。ネグロスの隣のパナイ島では、昔から生糸とパイナップルやバナナの繊維で布を編む伝統があります。そこで、織物にします。フィリピンの中では、ルソン島でも生糸の伝統もあります。できるだけスタッフが指導を丁寧にして、着実に進めるようにしています。急速に広げて失敗すると、それで終わってしまうので、そうならないように一歩ずつ進めているところです。

バゴセンターには、研修生は18人、スタッフは33人、養蚕も忙しくなっているのでスタッフが必要です。養蚕をしている農民は、１５０人くらいです。畑全体は２５０ヘクタールあります。

私自身はコーディネータなので、こういう養蚕の担当ではないのですが、お客さんを連れて行くのでいろいろなプロジェクトを少しずつ知っているのです。もともと農業をしたかったというのが自分の気持ちですが、今ではオフィスワーカーでもあり、旅行ガイドのようでもあります。

私の一番やりたいこともありますが、現在一番大切なこととして、自分の島の仲間に対してできることを支援したいと思っています。自分で持っている技術を生かして支援したい。私は、日本語をしゃべることができるから、日本からのサポートを紹介して支援をもらえることもあります。養蚕を支援したいボランティアがいれば、いろいろ案内して話して、こちらのことを分かってもらえるようにしています。

もう一つ、幼稚園のプログラムを支援しています。オイスカが農業をやっている一方で、教育も大事だと思ってチルドレンプログラムを行っています。オイスカが建物を寄付して、フィリピン政府が先生を出して、そこで子どもたちを見ています。デイケアセンター、３歳から６歳の子どもを面倒みています。子どもの教育が進むと島全体も進むと思います。バゴ市に21の幼稚園をつくりました。日本国内のオイスカ関係のいろいろなグループから支援してもらいました。お母さんのための婦人セミナーも毎月やっています。

ネグロスは、経済的にまだまだ発展していないけれど、できるだけ農業で発展したいと思います。そのためには、現在のモノカルチャーを変えないといけない。できるだけ土地をみんなに分けて、お米や野菜をみんなで作っていかないといけないと思います。隣のセブ島は工業の島になっているので、食べるものは私たちからということでいいと思います。

フィリピンは天然資源は豊かなのに、それをみんなは大切にしていないです。雨期が始まると山は緑になるのだけれど、木が見あたらず草ばっかりなのです。だから土地については、フィリピンの人は自然の土地が豊富にあるだけに、それをどう守っていくかということには弱いと思います。

オイスカに入って、バランスを考えないといけないということに気づきました。土が大切だということを深く理解していないように思います。ネグロスの島の4割しか森林がないのです。100年前は、全部森だったのにです。プランテーションをつくり、山で木を伐採したところを焼き畑にしたのです。政府の土地だから、どうなっても誰も気にしない。天然資源を大切にすれば、自分も豊かになるのに。毎年台風が来て、森に被害が出ています。

「子どもの森計画」である学校に、植林の準備を事前に頼んでおいて現場に行ってみたら、子ども一人入れるような大きな穴が掘ってありました。苗を植えるということが分からないのですよ。先生たちも勉強はしてきたが、分かっていないことがある。苗を植えて、そのままビニール袋をかけたままにしていたこともあります。小さなことだけれど、教えないと分からない。本当に知らないのです。周りに自然があるから、逆に分からない。森がなくなるということを深く理解しない。分かっても、どうやって解決するのか分かっていません。問題なのは、教育だと思います。

＊もっと知りたい人は：オイスカは、1961年から活動を開始し、69年に財団法人となる。アジア、アフリカ、南米など世界26カ国に事務所を置き、現地スタッフを含めて約300人が、農業実習を中心とした人材育成事業を展開している。

フィリピン・ネグロス島は、1980年代に砂糖の国際相場が暴落したことから、基幹産業であるサトウキビ栽培事業が打撃を受け、サトウキビを刈る農業労働者らが飢餓に瀕する状況となった。日本でも多くの市民団体が支援に参加し、緊急の食料援助から農民らの自立支援、日本などの消費者と現地を直接つなぐフェアトレードなどが、現在に至るまで続けられている。

オイスカ
http://www.oisca.org/
日本ネグロスキャンペーン委員会
http://www.jca.apc.org/jcnc/

インドで農民の自立支援に当たる

オルデンドゥ・チャヤタジー　さん
Ardhendu Chatterjee

＊略歴　Ardhendu Chatterjee　大学で会計学を学びながら、カルカッタのスラムの子どもらを支える活動などに参加。日本のアジア学院などで学んだ後、各種の支援団体で働く。西ベンガル州の農民を支える開発調査コミュニケーションセンター（DRCSC）代表。（6月28日と29日、地球市民村で2回に分けて、日本語でインタビュー）

私は、父親が中央政府に働いていた関係で、インド各地を3、4年ごとに動いていろいろな場所で育ちました。ちょうど高校を終えた1970年に、バングラデシュとの戦争が終わり、その難民キャンプの活動にボーイスカウトからボランティアとして行きました。バングラデシュにも入って、3カ月ほど働きました。何も関係していないのに、争いに巻き込まれて被害を受ける市民の姿に大変心を痛めました。

カルカッタの大学に進学しました。インドは建物が足りないので、午前の部と午後の部の大学があって、私は午前の部の学生だったので、午後は時間がありました。なので、ボーイスカウトとして、いろいろな社会活動をしていました。大学生のボランティアとして、夏休みには地方の村に行って、そこでレンガを積んで学校を建てるというようなプロジェクトに参加しました。そういうキャンプで2、3回働いている時、夜は村の人と一緒になって教育の問題などを話し合うようになったのです。

分かったのは、問題解決のためには、お金というよりも、そこにかかわる人々が一緒にやるという気持ちになるということが大事だということです。そうなれば、たくさんの問題も解決できるということが分かってきました。

村にモスクをつくるには、村人がお金を出し合います。では、学校だって同じことです。政府のお金を待つだけではなくて、自分たちでお金を出し、力を合わせればつくることができるのです。自分の中にそういう力があることも、ちょっとずつ感じ始めました。

そういうこともあって、大学が休みの時期だけではなく、授業のある時期でも都市部での活動をするようになりました。大学2年生の時には、カルカッタのスラムの子どもの教育を始めたのです。12、3歳くらいの子どもらが、一日中働き詰めで文字も読めないので、それを何とかしようと思いました。午後2時から空く学校の建物を見つけて、それを夜まで借りて、スラムの子どもらを教え始めたのです。

子どもは、なかなか通い続けられない。どうすれば、面白くなるか、授業に来てもらえるか。毎日仕事をして10円、50円ともらっている子どもたちに、どういう教育をすればいいのかを考えました。教育の道具についても、いろいろ検討しました。ポスターを作ればいいのか、物語にして話すといいのか、そういう教材づくりにも興味が出てきました。そのように、最初の頃は教育に興味があったのです。

大学を出てからも、大人も対象として、都会のスラムだけではなく村の方でも、先生たちの指導者マニュアルとかハンドブックとかいった教材を作ってくれないかと言われ、その仕事をしていました。「ボランティア先生」として始まって、先生をどう教えるかという教育プログラムのコーディネーターになっていきました。「カルカッタ・アーバン・サービス」という、キリスト教関係の組織の専従職員として働いていました。大学で習ったのは会計学だったけれど、全く関係のない世界に入って、そこで2年ほど過ごしました。

その時、興味があったので、都市近郊の村にもよく行っていました。農業はよく分かりませんでした。兄が花などを作っているのを、見ていただけでした。日本の農業協同組合のことを知りたいと思っていたので、夕方の空いている時間を使って勉強しようと思って、日本の領事館が開いていた日本語教室に週2、3回、行くようになりました。

そのおかげで、たまたま視察に来た日本にあるアジア学院の創始者の高見敏弘さんの通訳として働くことがあって、その高見さんに誘われて1976年から10カ月、奨学金をもらって日本のアジア学院に来ました。学院は栃木県の西那須にあって、アジア各地から20人くらいの留学生が来て、自給自足の生活をしながら、米、野菜を作り、豚を育てるという中で学んでいました。タイ、バングラデシュ、フィリピンなどからの若者もいました。

それと同時に、毎週1日は自分のプロジェクトをしていいので、僕は農協のことも勉強したし、写真を撮ってスライドを作るという技術も学びました。研修期間が終わった後も群馬県の農協に1カ月いたり、新宿のキリスト教視聴覚センター（AVACO）で、さらに写真の技術も身に付けました。初めからこうしようと思っていたわけではないけれども、だんだんと道が開けてきたのです。

インドに戻って、元の団体で仕事を1年ほどしました。その後、手工芸品を作っているが、なかなか売れないで困っている工場を20くらい調べて、それをどうやって売るかという仕事をしました。デザインをどう変えるかとか、売るためのカタログを写真の技を使って制作するなどをしたのです。

1978年ごろに、「UNNAYAN」というベンガル語で「開発」を意味する名前を持った団体をつくって、新しい活動を始めました。都会で働いてはいるが、その存在が公には認められていない村から来ている人々を支える活動をしはじめたのです。力車を引っ張っていたり、道端で物を売ったりする人たち、そしてスラムや道端に住んでいる人たちを、都市計画を担当している人たちにアピールすることを始めました。都会の人は、その人たちのことを白い目で見ているが、実は彼らが都会の生活を支えていたのです。

その人たちは、朝10ルピー（約25円）を借りて、夕方12ルピー（約30円）を返すというような暮らしをしていました。貧しさの後ろに何があるのか。なぜ立ち上がって戦えないのか。戦っても直らないのか。そういうことを考えていました。

例えば、力車はほとんどが自分のものではありません。貧しい人は車を買えないのです。お金持ちは当時で1200ルピーくらい、30ドルくらいで力車を買うが、それを毎日8時間、貧しい人に貸すことで3カ月で元が取れてしまうのです。貧しい人は、ただ運が悪いとか、うまくやっていないとかだけではなくて、社会的にその人たちの道に課題があることが分かってきました。

その3年間を終わってから、1年ぐらいは自分で考え直そうと思いました。村にも問題はあるが、同時に団体のそれぞれにも問題はある。そこで勉強モードというか、写真をもっと現像もできるように、6、7人の仲間と一緒に学んで、スラムの人の生活を見せようと考えました。自分の目で見た社会を、「もう一つのカルカッタ」という名前で発表する仕事をしました。

都市部の貧しい人たちは、西ベンガル州以外の地域からも来ていました。

私は、Frere des Hommeというフランス系の組織の代表になって、その間に、インドの青年たちを訓練する仕事をして、その結果五つの団体が生まれました。

単に困っている人にお金をあげるという支援だけではなくて、社会をもっと公正にするために、法律がきちんと運用されることも必要だと思い始めました。なので、1983年から、それぞれの団体に、社会的ないろいろなサービスを提供するセンターとして今もやっている、「開発調査コミュニケーションセンター」（DRCSC）をつくったのです。

それまでは、教育とか地域の組織とか、教材づくりとか写真とかに時間を使ってきました。このセンターをつくった後は、農業が中心になっていきます。

これも偶然もあるのだけれど、北インドのアララバード農業研修所という場所に、日本から来ていた米の専門家、牧野さんがいて、そこに三重県の愛農会から指導員が5年のプロジェクトを担当するために来ていました。しかし、彼が病気になってしまったために、私に教員をしないかという話が入ってきて、3年間の農業指導を行うことになってしまったのです。

この間、毎年、日本の愛農会にも1カ月半ほど行き、農家を回って日本の農業を見つめたら、インドとの共通点もずいぶんあることが分かりました。農業の問題、日本とインドのそれぞれの問題も分かってきました。

アララバードの3年間の後に、インド南部にある多国籍コミュニティ「オーロビル」に、日本人の妻、公子《さとこ》と一緒に住んで子ども二人が生まれました。ここは20カ国から８００人くらいの人が集まって、20平方キロくらいの荒れ地でいろいろな農業の実験をしていたところです。アララバードと違って、時には摂氏45度から50度にもなる暑い場所で、どのようにしたら荒れ地に木が戻るかとかを試みていました。またここの実験の成果を、その周辺の地域住民に伝えるためのサービスセンターをつくって、そこにいろいろな資料を置き、図書室を設けて、外の人に提供できるようなことに取り組んでいました。

１９９４年からは、日本ボランティアセンターの依頼で、カンボジアの難民支援として青年らに農業を教えるネットワークづくりに参加し、農業を教えている人たちをネットワーク化したり、ＪＶＣのスタッフのトレーニングをしたりする仕事をしました。公子も、図書館の情報センターの仕事などをしていました。カナダのＮＧＯのプログラムに加わって、カンボジアの山岳地域で農薬を減らしながら害虫対策をするプロジェクトの仕事もしました。化学肥料を使わなくてもどれだけ生産できるか、という経験を積むことができました。

１９９７年に、ようやくインドに戻って、センターの仕事を再度するようになりました。

センターは、当初は社会問題全部に取り組んでいたのですが、中心の問題はたくさんの人がインドでは土地を持たず、あるいは限られた0・3ヘクタールしか持てない状態にいて、その人たちがどうやって食べるものを作れるか、ということでした。課題は、農業と環境に集中するようになってきました。インドとしての生産量は増えているが、森もなくなり、川も肥料で汚染されています。一方で、生産したものを買うことができない人がいます。貧しい農民には、自分のための生産をすることだけでなく、どのようにしたら森から資源を得ることができるか、を教えるような活動を今はしています。

家庭で野菜も作ります。種も店から買うのではなくて、自分で保存して繰り返し育てるようにします。米がない時に、お金持ちから借りると利子が高いから、自分たちで作った「イネ銀行」から借りるという仕組みをつくりました。これは、カンボジアでやってうまくいっていたものです。一つの仕事をすれば、それが次の仕事につながっていきました。

オクスファムなど英国の慈善団体からの寄付金のほか、ドイツからも、日本からも寄付金をもらって、活動を展開しています。インド政府が、国内十数カ所で始めた化学肥料がなくても、十分な生産が継続できるかどうかを調べるというプロジェクトもやっています。

余った野菜、例えばトマトができ過ぎたら、それを缶詰めにするとか、木の苗を作るとか、10人ぐらいが会合ができるとか、植物や動物に関する本とか絵本とかがあるとか、そういうリソースセンター（集会所）が、五つか六つの村ごとにあったらいいなあ、と思っています。

夢かもしれないけれど、僕たちは大人と仕事をしているが、12、3歳から15、6歳の教育をどう直していくかにも取り組みたいと思っています。村の子どもは面白くないから学校に来なくなるし、親は貧しいから学校へ送り続けられない。小学校に、そもそも50、60％しか来ないし、その半分くらいは3年くらいでドロップアウトしてしまう。今の教育は、子どもの力になっていません。町に行って、仕事をするためのものになっているだけです。自分がどうやって生きていけるか、自分の生活様式をどうするか、といったことを考える力にはなっていません。一日、牛を追って面倒を見て過ごすと、月に5ドル（約600円）分のおカネがもらえる。その5ドルは、その家族にとって大事な収入です。なので、学校がお金をいくらか学生にあげるようなことができれば、半日勉強して半日仕事をするような仕組みになって、いいなあと思っています。それも、実験です。話し合いはしているが、どうやって始めるかまだ分からないでいます。

こういう試みをする時には、海外とのつながりがあったほうがいいと思います。お金も必要だけど、いい技術を教える先生とか大切になってきます。例えば日本の技術で言うと、和紙とか竹細工とか瀬戸物を作るとか、これらは日本でも今はあまり見られなくなっていると思いますが、インドに導入して、2、3カ月状況を見てみれば使えるものがあると思うのです。

日本はある時、全部、機械化してしまいました。インドは、全部手でやる。そのまん中くらいがいいと思っています。例えば、森の木の実から油をしぼる時、インドの木と木の間にはさんでやる方法だと、1日で500ミリリットルしかできない。日本の機械でしぼると500リットルになるかもしれない。この真ん中の、5リットルとか50リットルとかができるくらいがちょうどいい。

村の中に、頭のいい若い人が残らないといけません。ソーシャルワーカーにお金を払うような村ではなく、村の中に生活自体がある、そんな村づくりのために。パートタイムで開発行為をするのはいいと思う。開発しているけど、農業のことも分かっている。そういう青年を、もっとつくらないといけないですね。1年、2年の話ではないけれど。

以前は、いろいろな団体からのサポートがありました。今は、政府の援助とかは、道をつくるとか建物をつくるとかになる。人間をつくるところに、お金を出すところはなかなかない。人間をつくるところに、お金を出すような、何かそういう仕組みが大事だと思うのです。

日本の学生の中にも、学校が合わない、面白くないという人が増えていると聞きます。自分の学びになり、学んだことが地域の役に立つ、ということになっていないからだと思います。今の教育は、すべて都会の文化のためにある。どうやってもっと持続可能な社会をつくるか、開発は必要だと思うがどこで止めるか、を考えないといけないと思います。今は、その基準が抜けていると思います。時速50キロの電車が時速300キロになって、それ以上になる必要があるのでしょうか。電車が時速300キロで走るようになって、人々の生活がどれだけゆったりできるようになったでしょうか。

前には考えられなかったような、小学校や中学校の生徒が相手を殺すとか、非常に日本は不安です。この30年を見てみると、そう思います。便利だけど、人間がロボットみたいになってきています。この地球市民村でも、来場者たちは市民団体のパビリオンを回って、それぞれの場所の記念スタンプを押していくだけです。一方で、人気のある企業などのパビリオンでは、技術一つ見るのに3時間並んでいる。僕たちの地球市民村に、朝、たくさん子どもらが来て、10分だけで、先生が「もう時間ですよ」と言ってすぐ出て行きます。何か自分で考えたり、質問したりしない。そういう人間が少なくなってしまいました。

社会をどこまで楽にするかというよりも、あくまでも安定した社会をどうやってつくるかが必要でしょう。頑張るために頑張る。それで社会全体がひどくなったというのでは、よくないと思います。

＊もっと知りたい人は：

開発調査コミュニケーションセンター
http://www.drcsc.org/
アジア学院
http://www.ari-edu.org/
愛農会
http://www.ainou.or.jp/

カンボジアで清潔な水を提供してきた

奥村いずみ　Okumura Izumi　さん

＊略歴　おくむら・いずみ　薬剤師。大学卒業後、病院での勤務を経て、米国留学。2001年から、日本国際飢餓対策機構のスタッフとしてカンボジアで3年半、活動。同機構の専従スタッフ。32歳。（9月23日、最終盤のイベントであわただしい、地球市民村の本部事務室前のベンチでインタビュー）

2001年1月に、カンボジアに派遣されました。最初の半年間はプノンペンで語学研修をして、その後7月から、カンポット州で水衛生プロジェクトにかかわりました。プロジェクトの主な活動は、井戸掘り、簡易フィルター、衛生教育でした。そのプロジェクトで、保健衛生アドバイザーとして働かせていただき、2004年7月に帰国しました。

大学生の時、戦争責任などを考えて、日本人として海外の、特にアジアの人のお役に立てないかと思いました。最初は、青年海外協力隊を目指していたのですが、大学生の時に、日本国際飢餓対策機構という今の団体のスタディキャンプでタイに行き、そこで現地の人と共に住み、共に働いて、喜んだり泣いたりというようなことを実際にさせていただいたことが、その後の進路に大きく影響を与えました。

大学3年と4年の時に、キャンプに2年連続で参加しました。3年の時は、タイのシーサケット県で、特に子どもの教育のための支援に行っているプロジェクトを見せていただきました。現地の方のお宅に泊まったり、現地のスタッフの仕事に同行しました。現地はっきり覚えていませんが、現地には、20、30人くらいのスタッフがいたと思います。

そこは田園風景が広がり、人々は高床式の木の家に住んでいました。人々の生活は、とても質素で、外で水浴びをしたり、また木炭を使って料理をしていました。

この時、タイの田舎がすごく好きになって、将来行くならそういうところがいいと思っていたのです。カンボジアに派遣されてみると、カンボジアの農村部は、学生時代に行ったタイの農村部とほとんど同じだったので、うれしかったことを覚えています。

タイの農村部を訪れた時、子どもたちが裸足で、あまりきれいではない洋服を着て、犬の糞や牛の糞とか、衛生状態の悪いところを歩き回っているということがすごくショックで、なぜ、日本に住む私たちとこんなに違うんだろうと感じました。

4年生の時、ワークキャンプでフィリピンに行った時には、人々が貧しさや困難の中でも希望を持って頑張っている姿を見て、この人たちと一緒に何かをしたい、一緒に泣いたり笑ったり、生活をしたい、友だちになりたい、とその時に思ったのです。

大学を卒業してから、神奈川の病院で3年間、薬剤師として働きました。その後8カ月くらいアメリカに勉強に行きました。アリゾナでは語学学校に通い、フロリダではクリスチャンの異文化訓練のコースに参加しました。その異文化訓練コースは、3カ月半、電気も水道もない第三世界を模したような村で、15、6人くらいが共同生活をしました。私以外みんなアメリカ人で、海外で働きたいという方たちでした。

面白かったですね。農業を学んだりとか、井戸掘りの仕方を学んだりとか。みんなで、実際に井戸を掘ってみました。ウサギを育ててそれを食べたり、ヤギを育ててそれを解体したりしました。

フロリダから帰ってきて、カンボジア出発前にはトレーニングに参加しました。そのトレーニングの最中に、派遣国が決まったのです。私たちの団体では、海外ボランティアは、出発前に3カ月間くらいかけて支援者を募り、その方々にサポートしてもらって、海外での活動を行うことになっています。私は、教会や友人などに支援していただきました。

カンボジアの農村部は、水道も電気もありません。私自身はホームステイをして、プロジェクトがあるのは、自宅からもうちょっとバイクで行ったところでした。最初の2年間、私が住んでいた町は電気は夜の間だけついていたのですが、上水道がきていませんでした。井戸もまだだったのですね。だから、雨期の間は雨水を溜めていて、乾期になると池の水を使っていました。

私が住んでいた集落の中で、トイレがある家はそれなりにお金持ちの家でした。1500世帯くらいの集落でした。一方、村に行くとトイレもなかったですね。私たちがプロジェクトをさせていただいた村では、穴を掘って壁を建てただけのトイレでも50軒中2軒あっただけでした。井戸も、村の中では数個しかなかったので、そのような必要のある村々に行って、村人たちと一緒に井戸を掘っていました。

プロジェクトチームには、井戸掘りの機械があったので、一年間に約20の村で井戸を掘りました。うまくいけば、30、40メートルで水が出ます。井戸掘りの機械が70メートルまで掘れるのですが、そこまで掘っても水が出ないこともありました。岩を砕く機械もあったのですが、それを使っても岩盤が堅くて掘れなかったりということもありました。

カンボジアでは、メコン川がある地域は軟らかくて掘りやすく、比較的水も出やすいのです。しかし、私たちが活動していたベトナムの国境に近い地域は、山が多いのです。日本のような山というより、丘のような山々があって、場所によっては岩盤が堅く、井戸を掘るのが大変な地域もありました。

プロジェクトスタッフは11人で、日本人が1人、アメリカ人が1人、カンボジア人が9人です。井戸掘り専門の技術者は4、5人です。アメリカ人スタッフは、マネージメントのサポートをしていました。

村人たちは、井戸を掘っただけでは井戸水を飲んでくれないんです。飲み慣れた池の水の方が、彼らにとってはおいしい。彼らにとっては、土が混ざっていて甘い感じなので、年配の方たちは、なかなか井戸の水を飲んでくれませんでした。マンガンが入っていて、奇妙な味がしたりするのが理由だったようです。そこで、スタッフが、保健衛生講習を井戸の傍らで行います。何回か講習を行って、きれいな水を飲むことの大切さというのを教えてはじめて、やっとみんなが飲んでくれるようになります。

プロジェクトの中には、試験的にやっていた保健衛生教育のプログラムがあって、トイレづくり、病気の予防のための講習など、比較的保健衛生全般にわたって行っていたものもありました。

特に苦労したことと言えば、そのプロジェクトは「あげない」プロジェクトだったので、何か物をもらえるのではと期待して講習会などに集まってきた人たちに、プロジェクトの趣旨を理解してもらった、ということでしょうか。プロジェクトとしては、依存型にならないで、村人たちが「自分たちのプロジェクト」としてプロジェクトに参加して欲しかったのです。講習会をして、おやつ、時には食事を出すだけで、特に何か物をあげるということはしませんでした。そのため、最初のうちは、村人にプロジェクトのことを分かってもらうのに苦労しました。最終的には、ボランティアさんが理解してくれ、本当に積極的に取り組んでくれました。このプロジェクトでは、主に女性たちが参加していたので、女性たちにはいろいろな力を発揮できる場がある程度与えられますよね。それでだんだん変わってきて、最終的には女性たちが生き生きと活動するプロジェクトになりました。

井戸づくりに関しても、一方的にあげるのではなくって、井戸ができた後も自分たちのものとして使ってもらう、管理してもらえるように、村人たちにも井戸づくりにかかる費用の一部を負担してもらっていました。井戸完成後も、半年以上はフォローアップをします。井戸を大切に、長く使ってもらいたいので、修理やメンテナンスの講習をしていました。

据え付けるのは、現地では「ベトナムナンバー6ポンプ」と呼ばれる道具です。ユニセフが配給していたものは、仕組みが複雑ですし、値段が高いものを使っていました。複雑すぎて、壊れた時に自分たちで修理できないということと、ポンプのパーツなどが、今でこそカンボジア国内で生産されていますが、少し前までは国内生産されていなかったので、スペアパーツを簡単に買えないという問題があったからです。私たちのプロジェクトでは、修理がしやすい、安価なポンプを使用したのです。井戸の深さによってもいろいろあるので、ナンバー6ポンプとユニセフが使っていたポンプの両方を井戸に取り付けていましたが、基本的にはベトナムナンバー6を多く据え付けていました。日本の手押しポンプよりも、もっとシンプルで安価です。ユニセフが支給するポンプは、セットで400ドルくらい。でも、わたしたちのは25ドルくらい。そのかわり壊れやすいので、しっかりメンテナンスをしないといけないのです。

カンボジア語は、最初の半年間習ったと言っても、日常会話ができるくらいでした。母音が23個あるのですよ、カンボジア語は。私たち日本人は、母音が五つの発音で育っていますので、とてもではないけど正確には発音できないですよね。でも、一緒に働くカンボジア人スタッフは、私のジャパニーズカンボジア語を分かってくれていました。ほとんどのスタッフが英語ができないので、基本的には仕事はカンボジア語で行っていました。村人たちの言葉は話し言葉なのですが、私のカンボジア語は学校で習った書き言葉なのですね。だから、非識字者の多い農村部では、私の書き言葉の、しかも日本語なまりのカンボジア語は分かり難かったと思います。村の集会などでは、私は裏に控えて、現地スタッフがすべてをやるようにしているのですが、万が一私が話さなければならない時には、特に最初の頃、私のカンボジア語を村人たちが理解できず、カンボジア人スタッフが、私のカンボジア語を口語のカンボジア語に訳すということを度々しなければなりませんでした。恥ずかしい話ですが。現地スタッフの成長のためにも、基本的には私たちは前面に出ず、サポートに回っていました。

国際飢餓対策機構カンボジアは、1991年に始められました。まず井戸掘りのプロジェクトが始まって、次々と他のプロジェクトが始まって、今は四つのプロジェクトがあります。農業プロジェクトのほかに、世界里親会という子どもたちの教育を支援するプロジェクト、そして村のリーダーを育てるプロジェクトがあります。

日ごろ活動しているところには、日本人はいませんでした。最初の1年近くは、アンコール・チェイという町で、外国人は私一人だけでした。みんなが「彼女は誰？　何国人？」って聞いてきて、それが大きなストレスでした。私は、高床式の木の家に住んでいましたが、家の中にいる時に、ふと視線を感じて下を見ると、窓の下からずっと近所の子どもたちがこちらを見ているということが度々ありました。どこに行っても、外国人だということで視線を浴び、話しかけてくるので、最初の頃はそれが大きなストレスでした。半年くらい経ってからは、気にならなくなりましたけどね。

アンコール・チェイでは、市場は朝だけしか開かないのです。ガスレンジも冷蔵庫もない。だから、仕事へ行く前に、昼食や夕食のために、朝のうちに自分で買い物に行って、薪で火をおこしてから、生ものにある程度火を入れておくというのは、私には不可能でした。お昼ご飯は、町で唯一の食堂で食べていましたが、夜は下宿先の家族に作ってもらっていました。ご飯とスープ、肉入り野菜炒めなどが、一般的なカンボジア料理です。とてもおいしく食べさせていただきました。

最初のうちは、やっぱりさびしかったです。電話、電子メールなどもできなかったので、メールをするために、2週間に一度、プノンペンには帰るようにしました。唯一の通信手段は、チュークという近くの町にある事務所と無線で話すということぐらいでした。

異文化の中で暮らすということを通じて、バックグラウンドの違う相手を理解するということを学んだと思います。カンボジアに行く前までは、日本の価値観の中にあてはめてしまって、人を判断してしまっていたということがありました。私たちの団体には、その頃、他の国からもスタッフが来ていました。アメリカ人、タイ人、韓国人、スイス人、カナダ人が一緒に働いていたので、特に彼らとの関係からも、文化の違う相手を理解するということを学びました。

　例えば、アジア人の多くが話し合いの中で黙っていることに対して、欧米人はフラストレーションを感じていたそうです。何で黙っているんだ、ということを言われて。でも、私たちが黙っているのにもそれなりに意味があり、「考えている」か、「ノー」か、「納得していない」という意味が背後にあるんだ、ということを理解してもらったりしました。こちらも、それを通して、彼らがどんなことでフラストレーションを感じていたのか、ということを理解しました。

　カンボジアでは、長く続いた内戦の傷跡が人々の心の中に残っていると思います。特に大きな問題は、内戦を生き残った人たちの多くが、人を信頼することが難しいということではないかと思います。特にポルポト政権時代には、親しい友人や家族の中でも、密告が奨励されていました。そして、そのために多くの人が虐殺されたそうです。そのような、恐ろしい時代を生き抜いてきた人々ですから、誰も信じることができないというのも当然かもしれません。幾人かの親しくなったカンボジア人から、「あなたは外国人だから信頼するけれど、カンボジア人は絶対信用しない」と言われました。

　プロジェクトをやっていて難しかったのは、どうやって人々や村をまとめていくかということです。彼らは本当に苦い経験をしてきたので、人を信用できないですよね。だから、村人たちが何かをみんなで一緒にするということが、とても難しい状況にあります。

　ポルポトは子どもを利用しようとして、親や家族から引き離し、洗脳教育を行いました。この時代が幼年期だった現在30代、40代の方々は、やはり情緒的に不安定な部分が大きいような気がします。プロジェクトを、よくまめに手伝ってくれていたボランティアのおじさんがいました。ある時、彼の家を訪問し、その次の日にも用事があって彼の家をスタッフが訪ねました。そうしたら、その時には家がなくなっていて、火事で焼けた跡だけが残っていました。近所の人に理由を聞いてみると、そのボランティアさんが奥さんとケンカして、カーッとなって自分の家に火をつけてしまったということでした。

　そのような中で、プロジェクトを通して、人が人を信頼できるようにお手伝いしたい、自分たちは貧しいけれども、能力と可能性がある存在なんだ、ということを一人でも多くの人に気づいてもらいたいと思います。カンボジアでは、すごい勢いで開発が進んでいるので、確かに豊かになってきていると思います。そのような中で、物心両面を支援することが大切なように思います。物を支援することだけが大事なのではなくて、人々が何かをするという意欲とか、意志・希望とか、また、村の中でみんなが他のことを思いやって、協力して何か行うことも大事なのではないでしょうか。

　よくカンボジアと言うと、地雷を連想される方がいますが、私たちが住んでいたところでは、よほど山の中ではない限り、もう地雷はないと言われていました。最初にいた地域では、2000年ごろまで、地雷除去の処理の音が聞こえていたと聞きました。私たちの地域には山が多かったのですが、山の中に入るのは用心しなければいけないと言われていました。山の中には、まだ地雷が埋まっている可能性があるので、山に入る時には、人や動物が通った後を通って、それを外れてはいけないとカンボジア人の友だちに言われました。

雨水のみに頼るカンボジアの稲作は、一期作です。家族が一年間食べていけるだけのお米が生産できずに、一年間に2、3カ月分のお米が足りないという人が多いということでした。そのため、村人たちは、出稼ぎに出ることが多いようです。

帰国してからは、日本の事務所で働いています。東京事務所で開発教育部で、国内の啓発活動にかかわっています。これからも、何らかの形でこういった活動にかかわっていきたいですね。今は、日本で働くということを与えられています。

地球市民村を通して、いろいろなNGOを知る機会がありましたが、その中で感じたことは、いろいろなNGOが、世界の中で、また、日本の中でさまざまな役割が与えられていて、それぞれがそれぞれの分野でやっていてくれるから、また私たちも安心して自分が今いるところを精いっぱいやることができる、ということでした。素晴らしい働きをしている方たちがいらっしゃる。私自身が全く気づかない、思いもよらないような方面に気がついて、その必要なことのために働かれている方もいらっしゃると感じました。

カンボジアの生活を通して、私も実は助けられて生きていると思いました。本当にカンボジアの人から助けてもらいましたし、また与えてもらいました。最初にカンボジアに行く時には、カンボジア人の自立のお手伝いをしたいと思っていたけれど、現地で生活していく中で感じたことは、お互いが助けて助けられている、そういう中にいるんだなと思いました。皆さんによくしてもらいました。

また、一人ひとりが必要な存在なんだと気づいた時に、こんなにも人が変わるんだということを実感しました。村の中で、ボランティアをやりだして本当に生き生きと変わってくる人がいるのです。その人が、本当に必要とされる存在として認められた時に、人というのはすごく変えられるんだな、変わっていくものなんだなって思います。生き生きと変わっていく姿を見ると、本当にうれしいですよね。

＊もっと知りたい人は：日本からカンボジアに対しては、政府が1999年度から2003年度までの5年間に950億円余の無償資金協力を行っているほか、300億円余の技術協力を展開。旧宗主国であるフランスやアメリカなどを大きく引き離して、最大の支援国となっている。
無償資金協力による、メコン川にかかる全長1300メートルにもなる「きずな橋」などの大規模プロジェクトのほか、アンコール遺跡の修復作業や日本語学習支援など、支援の規模、内容もさまざまだ。地方自治体や民間組織による支援も、学校建設や医療、教育、法律、農業など多岐にわたる分野で展開されており、現地に事務所を構える日本のNGO／NPOは30を超すとされる。

日本国際飢餓対策機構
http://jifh.fhi.net/

インド南東部の少数民族を支援する

竹内ゆみ子　Takeuchi Yumiko　さん

＊略歴　たけうち・ゆみこ　グラフィクデザイナー。東京やフランス、名古屋での生活を経て、岐阜県高山市に在住。NPO法人ソムニード事務局長。58歳。高知県出身（9月19日、地球市民村のスタッフ休憩場所でインタビュー）

私が所属するソムニードは、当初は「サンガムの会」と言っていました。インド東部の山岳民族の言葉、テグル語で「組合」を意味します。

ソムニードの代表を務めている和田信明が、90年代の初めにインドのNGOの代表と、たまたま知り合いました。そのインドのNGOは、ドイツの団体から援助を受けていたのですが、ベルリンの壁の崩壊後、東西ドイツが統合された影響でドイツ経済が悪化したため、ドイツからの資金援助が止まってしまって困っていました。現地スタッフもいるので、８００万円相当の資金が必要だというのです。

そこで、和田が現地に出かけ事情を調べました。その結果、そのNGOへの直接の支援ではなく、その地域の人々への支援なら引き受けてもよい、という判断になったのです。しかしお金もあるわけではないので、現地組織のリストラをお願いしました。すると、現地は本当にスタッフを半分にしたのです。

当時、和田は岐阜県高山市で飛騨国際工芸学園という専門学校の教員をしていました。後に引けなくなった和田は、知人、友人に手紙を書いて、２００万円を集め、１９９２年に活動を始めたのです。しかし、相手側はすでに組織がきちんとあり、こちらはゼロ。苦しいスタートでした。実際には、３人くらいでお金を集めるばかり。身の丈に合ったスタートではありませんでした。

お金は少ない。援助すると言った以上、資金は集めないといけない。同時に、限られた資金で何をするか決めなければならない。さらに、日本から出かけていくと言っても、勤めがあるので、１週間とかせいぜい3週間しか滞在できない。そんな状況でした。お金もない、滞在もできないので、どう効果的で、村が意欲的に取り組むことができるのか、私たちは考えたのです。

結局、村のみんなで話し合う方法をとらざるを得ない。例えば、今はもうしていないですが、井戸を掘るというような場合、本当に井戸が必要なのか、あと一年なくてもとりあえずは何とかなるのか、それはどこになくてはならないのか。その必要性を話し合ってもらいました。援助する側が決めると、必ずもめます。地元の人に、話し合いの場を提供する。その必要性を引き出す。そういった、「住民参加」に行き着いたのです。

これは、現地の人たちからは「ソムニード方式」などと言われました。それまでの欧米型の支援とは全く違ったようです。なけなしのお金だから、効果が続くように、継続して生かされるように、去った後にいざこざにならないように、本当に必要なものを話し合ってもらう。それによって意欲も上がり、維持管理にも積極的になってもらえる。今までの欧米の支援は、自分たちで作ったプログラムとカネを持ってきてこの通りにやれと押し付けるスタイルでした。失敗した時は、「君たちの能力がないからだ」とされました。ソムニードでは、現場まで出かけていって話し合い、地域の人々の意欲を引き出し、プロジェクトを進めているのです。

例えば同じ地域で、それまでの植林プロジェクトは行われていたけれども、活着率は36％くらいしかありませんでした。それが、今では78％くらいになりました。以前は、単一の植物をただ植え込んでいたのに対して、今は村人と話して、昔からその地域にあった植物をいろいろ混ぜて植える混植方式を取っているからです。

ソムニードは、今インドの現地に9人、日本には5人の有給スタッフがいます。もっとも日本の有給スタッフは、月2万円とか5万円の「お小遣い職員」も含めてです。

和田は、2年ほど前に教員を辞めて、今は専従です。しかし、それはインドネシアやアフリカの村落開発の専門家として、国際協力機構(JICA)や国際協力銀行(JBIC)の仕事をしており、そこで稼いだお金を、ソムニードにつぎ込んでいるのが実情です。

今、活動しているのは、インド東部のオリッサ州とアーンドラ・プラデシュ州の境にある標高1000メートルから1200メートルの山岳地帯です。今回、地球市民村には、そのオリッサ州のプットシル村から女性リーダーのスバさんに来てもらいました。

200世帯くらいが住む、小さな村です。少数民族で、グビ語という言葉を話します。もともとは森の中で暮らしてきた人たちですが、その周りの山々は、はげ山になっています。植民地時代に、英国が大量に木を切り出しました。インド国内に整備された鉄道の枕木として使われたのです。一部は、英国にも運ばれたと言います。切り出す際には、必要な木だけではなく、全部の木を丸刈りにしてしまったのです。

戦後独立した後のインド政府の下でも、紫檀、黒檀などという高級な木が採れたので、家具用にどんどん切られました。かつてはインドの国土の80%以上もあった森林が、今では20%になってしまったのです。切られた場所にいた人は、困るわけです。インド政府は森を守るためだとして、人々の残った森への立ち入りを禁止しました。欧州系のNGOは、そのような政府の政策を支援しますが、そのことが何を意味するかが分かっていないと思います。

森に住んでいた人々を村に定住させる。森を、切り開いた場所にすぐに木を植えないから、雨で表土が流れる。森は減っていく一方。こういうしわ寄せを、少数民族が受けてきたのです。

インドは、世界的に見てもNGOが多いのです。政府の目が届かない場所が少なくないのです。NGOが国勢調査のような仕事にも関与して、行政ともうまくやっています。インドは国有地が圧倒的に多いので、NGOが交渉して使用権をもらって、村人が使うというケースも多くあります。山もない、畑もないという人に、交渉して土地利用を進め、もともとあった木を植えてお金にする。カシューナッツやマンゴーなどが主です。サンバンギという黄色い花を咲かせる木も、とてもいい収入源になることも、現地の人が気づきました。

今回、来てもらっているスバさんの村では、2000年から植林活動をしていて、5年でかなり大きくなってきました。場所が場所なので、谷から水を運び上げなければならないので、初期の水やりが大変です。

植林活動などをやればやるほど、プロジェクトそのものの費用は少なくなってきます。自分たちで地域を守り、持続可能な社会づくりに取り組む住民リーダーを育てればうまくいきます。スバさんは、その女性のリーダーなのです。

スバさんら女性の役割は、大変大きいです。男は力仕事をし、時に賃金労働に出て行きます。地域の仕事は、女がします。森を回復する過程で、女の人の声を聞いてやったほうが成功します。昔から女の方が、植林の知恵が多い。女の人は、手をかけるので情報が多いのです。

今までいろいろプロジェクトをやってきましたが、自分たちは結局、人材育成をしていたんだと、最近思うようになりました。

現場で本当の思いを聞き出す技術がうまくないと、開発は進みません。１００万円の支援をして、それで満足してしまうのではなく、10万円で何ができるかを考える。そういう支援です。パビリオンでは、10年前に植林したソングルさんという人の森の写真を展示しています。ソングルさんは、生活に本当に困って都会に流れて行こうかどうかという時に私たちに出会いました。当初は、とても懐疑的でした。しかし、黄色い花を付けるサンバンギの花が売れるということに、彼が気づいたのです。また木を育ててそれが大きくなると、その根元のまわりに野菜やスパイスを植えることもできるのです。森が増えると豊かになる。森が育つと人を雇える。学校に子どもを行かせられるようになる。大学にも行くようになる。そういうことを、ソングルさんは実体験として理解してくれたのです。ソムニード方式を村の人に伝えたいと、ついには自分で村長さんになってしまった。そういう人です。

現地のおじいさんたちは、昔の森の中の暮らしを薄々ですが覚えています。写真で見ると、全くのはげ山になってしまったあの山が緑だったことを覚えている、と言います。よい木、よい種を見分けて取るなどの木に関する技術もまだ覚えています。問題は水です。水源は谷底にあるので、運んでくるのが大変なのです。また、今年は干ばつがひどいので、水そのものが足りないのでは、と心配しています。

これまでソムニードは、その土地土地のＮＧＯをカウンターパートにしてやってきました。駐在員もおり、インド人のスタッフもいるようになってきたので、ソムニードインドが直接、植林などのプロジェクトをやろうかと動いています。プロジェクトと言っても、例えば植林するにしても、ここで実施するというような場所決めの経緯を考えても、結局は「地域づくり」ということだと気づいたのです。

そんなことを考える中で、日本も地域づくりが課題ではないかと思い始めています。

今、地方は過疎化で、お年寄りばかりになってきている。インドで地域づくりをなどと偉そうにしていたら、自分たちのコミュニティはどうなっているんだ、日本の現場はどうなっているのかとも思い始め、拠点の高山で町づくりにかかわり始めました。過疎地で、空き家を借りて活動拠点とし、そこにじいちゃんばあちゃんたちに集まってもらえるコミュニティスペースを運営しています。インドの地域づくりのノウハウを日本で生かす。日本のカネでインドで自立支援をし、10年の歳月でジャングルが復活するのを見てきました。そのノウハウを、今度は日本で活用するのです。

私は、「援助」や「支援」という言葉は嫌いです。共通の課題、地域の課題を一緒に解決する仲間だと思います。インドに緑が少ないというのではなく、地球全体が緑が少ないのです。この地が緑になれば、生活も向上する。たまたま出合ったので、インドをやっているのだと思います。

このプットシル村に、ミニ水力発電を導入しました。各戸に、それぞれ60ワットの電力を供給できるようになったのです。村長に、この電気に関連してほかに何が必要ですか、と聞いたことがあります。そうしたら「電気が朝晩2、3時間つけばそれでいいです」という。「そのかわり、先進国から来たあなたたちに教えて欲しいことがある。私たちは、子どもにもっと幸せになって欲しくて、教育を受けさせたいと思うが、実際には教育を受けると、村に帰ってこない。もし帰ってきても、仕事がない」と話すのです。

この言葉は、高山市にも当てはまるし、日本の地方はどこでもそうだと思います。教育を受けるほどに地方が壊れていく。教育って何だろう。教育を受ければ、地方を捨てる。教育は、このままの方向に進んでいいのでしょうか。どういう社会づくりであれば人は幸せになるのか、それを一緒に考えることが共通の課題ではないでしょうか。同じ課題を解決する仲間が、「国際協力」ではないだろうかと感じています。

東京というところで、グローバル化した枠組みでコーヒーや紅茶を飲んでいても、日本人にとっては外国は遠い。関係ない、という人が多い。もう少し、日本が外国とつながっていることを、国際政治の中にいることを、知るべきだと思います。特に私の地元の高山は、そうだと思います。

地域というのでは、日本もインドも同じ。そこで、人と人の関係が見えてくる。地域には、リーダーが必要です。

私自身は、高知県の四万十川近くの出身で、東京に住み、フランスにも2年住み、名古屋に10年、そして高山にとやってきた。グラフィックデザイナーです。連れ合いの和田が、高山に職を得たのがきっかけで高山に来ました。高山のような地方が世界とつながりあってこそ、本当の国際協力になっていくと思います。

＊もっと知りたい人は：インド国内には、約150万のNGOが存在するとされる。7人以上が集まった組織が公的な活動をする場合には、政府に登録することで公式の法人格を得ることができる、など手続きが明快に定められており、病院や学校、寺院、協会なども、多くはNGOとして登録されている。海外からの資金援助を受ける登録をしたNGOも2万以上あり、2000万人近くがNGOの活動に参加している。うち、300万人が有給スタッフ、残りはボランティア。

インドのNGOに対して国外から送られた資金は、2001年には450億ルピー（約1000億円）にも上り、米国150億ルピー、英国68億ルピー、ドイツ67億ルピーなどとなっている。内容別では、農村開発、医療・健康、自然災害からの復興などが多くなっている（IndianNGOs.com資料）。

ソムニードは、地方に拠点を構える数少ない海外協力組織。地球上の60億人のうち、一日100円以下の収入で暮らす人が15億人。その中の5億人が住むというインドの農村地区で、植林事業を主体にした生活向上支援活動をしている。

特定非営利活動法人ソムニード
http://www.somneed.org/

第4章

住む

環境に負荷をかけない暮らしを実践する

ロジャー・マクレナン　さん
Roger Mclennan

＊略歴　**Roger Mclennan**　アフリカで幼少期を送る。陸軍生活を経て農業に興味を持ち、1978年に「Center for Alternative Technology（もう一つの技術センター）」に家族ぐるみで入り、共同生活を送る。農業主任。55歳。（9月8日に、英国ウェールズのCATを訪ねてインタビュー）

私は、Center for Alternative Technology（もう一つの技術センター、略称CAT）の農業部門の責任者です。英語では「Head Gardener」と呼びます。

仕事は二つに分かれます。一つは来場者に有機農法についてよく理解してもらえるように、展示用の菜園を維持管理することです。来場者に対して、どんな方法で野菜を育てることができるかを示そうとしています。もう一つは、このセンターにある畑と、ちょっと離れた別の場所にある農地を使って、センターで働く人々とレストランのお客さんのための有機野菜を提供することです。

このセンターの中には、いくつもの畑があちこちにあります。また野菜のための三つの温室もあります。別の場所にある農地は、1エーカー（0・5ヘクタール弱）ほどの、もとは羊の放牧場だった場所です。そこを、石を拾いながら耕してきました。本当に、初期の頃からです。最初は、手で作業をしました。途中でトラクターを使ったこともありますが、今はまた排ガスのことを考えて手作業に戻っています。もう、機械は使いたくないのです。

私が、ＣＡＴに来たのは28年前です。１９７８年でした。今では一番古いメンバーになってしまいました。ＣＡＴは30年前に、数人の若者たちが地球温暖化などに対応するには、もっと別の技術が必要だと考えて、始めたのです。英国西部のウェールズ地方にあった、屋根の石瓦に使われるスレートの切り出し場が放置されていた場所で始めました。そこで風力で発電をし、排泄物は堆《たい》肥《ひ》にし、有機野菜を育て、という暮らしを実際にしながら、地球にインパクトをあまり与えない暮らしのための新しい技術を開発していこうとしたのです。

それまでは、英国東部のエセックスという場所に住んでいました。双子の長女と長男が4歳、そして次女が生まれたばかりでした。今は、この双子は31歳になり、次は27歳、一番下の子は25歳になりました。当時、センターで動物の飼育係を募集していて、それに応募しました。牛やヤギや鶏や、そしてアヒルの世話もしていました。同時に、畑仕事もしました。もっと野菜が必要になったため、畑を広げました。

住んでいたのは、私たちを含め三つの家族と、若い独身の人がたくさんいました。通いの人も入れて50人くらいのコミュニティでした。私は、農業に興味を持っていましたが、風力発電に取り組んでいたエンジニアや、魚を育てて食料にしようとする生物学者や、レストランを経営していた人、本屋で働いていた人、会計や情報整理などをする事務をしていた人など、実にさまざまな人たちが集まっていました。

今は、メンバーは当時の2倍の１００人くらいになっています。そのうちの30人が、センターの運営メンバーとして全員参加でものごとを決めていきます。給料も全員同じです。20歳代から65歳まで、いろいろな年代の人がいます。みんなが平等に仕事をし、報酬を受ける仕組みです。初期には、全部の仕事を統括するディレクター（事務局長）がいました。週に一回、運営メンバーによる会議をして、何をしなければならないかを決めたり、面白い記事を見つけたとかの情報交換をしていました。

今はちょっとやりかたを変えて、会議は月一回です。ディレクターはいますが、名前としてあるだけで、全員が平等にものごとを決めるのは同じです。私たちは共同体（corporative）で、意思決定はみんなで行うのです。日ごろは、選ばれたマネージメントグループが管理的な仕事を請け負いつつ、月に一回の全員の会議で方針を決めていきます。マネージメントグループの方針に同意できない場合は、月一回の会議でみんなで話し合うのです。

この運営メンバーとは違う、投票権のないメンバーもいます。この人たちはちょっと報酬が低くなっており、さらに単純作業をするだけに雇われているメンバーもいます。この人たちは、短期間ここで仕事をしていく人たちです。

ほかに6カ月単位のボランティアとして、さらに1週間単位の短期ボランティアとして、いろいろな人がかかわっています。中に住み込んでいる人もいますし、中に十分な設備がないので、近くに家を見つけて通う人もいます。私も12年前からは、少し離れた場所で暮らしています。

もともと私は、農業などに全く無縁でした。新聞記者だった父の仕事の関係で、6歳から12歳まではアフリカ各地を回りました。ケニア、タンザニア、南ローデシア、今はジンバブエになりました。そして、南アフリカにいた時期もあります。アフリカは素敵でした。インド洋で泳いだことが、最高の思い出です。アフリカの人々も素晴らしかった。全く違った文化に触れました。ココヤシの木が茂る光景も全然違っていました。ビクトリアフォールにも行きました。あれはすごかった。自然保護区でライオンやゾウなども見ました。いい思い出ばかりです。今も学校の友だちのことを覚えています。現地の学校に通っていたので、５００人の黒人やインド人の中で白人は10人だけということもありました。

英国に戻ってから、こちらの学校に戻り、その後で陸軍に入りました。ちょうどベトナム戦争の最中です。１９６８年から70年の2年半です。ひどい間違いでした。何も考えていなかったのですね、あの頃は。若かったのです。その後、農業に魅かれたのです。それまで、土を触って自分で野菜を作るなどしたことはありませんでした。本当に全く触ったことがなかったのです。「Henry Double Day Research Association」という、英国では大変有名なアマチュア園芸の組織で働きました。その創始者の助手として、農場の手入れを手伝う仕事をしながら、あらゆることを彼から教えてもらいました。

なぜ農業に魅かれたか。おそらく、私は「土の子ども」なのです。人間にはいろいろな要素があると思います。天や火や空気や水や土地という要素でいうと、私は「土」の人間だと感じるのです。地に接していると、とても気持ちがいいのです。自分はアジア流に言えば寅です。

ここに来てから、外に出て行こうと思いませんでした。妻もここで働き、時には仕事を休んで大学に通い、学位も得ました。彼女は、ここで教育担当をしてきました。近くここを離れて、40キロ余り離れた場所のカレッジで、16歳から20歳の若者に、専門である演劇を教えることになっています。彼女は、音楽も得意です。サキソフォンを演奏します。

現代社会は、ますます自然との関係を悪くしていると思います。失っていると言ってもいいかもしれません。地球の面倒を見るのではなくて、ものを地球からとり出すのに一生懸命です。「give and take」ではなくて「take, take, take」だと思います。もっと地球を畏れ、敬わなければいけない、と思います。

そういうことを、このセンターで来場者の皆さんに示したいと思うのです。自然と人間との関係がいかに大切なのかについて、思い出してもらいたいのです。いつ、どのように食物を自然からもらうのか。誰もが、自分で食べる野菜は自分で作るということがとても大切です。昨今の気候変動の中では、遠くの産地に依存するのではなく、自分で野菜を育て、その種もまた保存していくということが、とても大事になってくると思います。

私の子どもたちは、ここで育っていく中で、自然とたっぷりと触れ合って来たと思います。一番上の男の子は、今は南にあるバースの町にいますが、子どもを育てるためにウェールズに戻ってこようとしています。娘の一人は、世界中を旅したくて、オーストラリアですでに1年を過ごし、次はニュージーランドに出て行こうとしています。もう一人の娘は、フランスのアルプスでスキーの指導員をしています。みんな自然とのかかわりを大切にしよう、としてくれていると思います。ここは、子どもを育てるには最高の場所でした。

ここには、若い人たちがたくさんボランティアとしてやってきます。英国各地からは無論、アメリカ、フランス、ドイツも多いです。東欧、コロンビア、アフリカ、そう、ハワイからきたタナカさんという日系人もいました。半年間のボランティアとして、菜園を私と一緒に管理してくれます。菜園のもっとも大事な仕事は、ボランティアによって支えられています。そのほかに一週間単位で来る人もいます。短期の人は、一日5ポンドの滞在費をセンターに払ってまで来てくれるのです。ありがたいことです。この夏は長期の人が3人、短期の人が入れ替わりながらですが、常に2人、農業を手伝ってくれました。冬場も、長期ボランティアが2人いてくれます。

私がここに来た当時からすると、地球全体の問題について人々はずいぶん理解を深めているように思います。私が若かった時とはずいぶん違うと思います。60年代、反原発、反戦、ジョンレノン、いろいろなメッセージはありました。今の若い人たちは、私たちを支えようとしてここにきてくれます。何かをしたいと思っている。何かを学ぼうとしている。

最初は、土に触ることも初めてという若者も少なくありませんが、1週間もすればみんな慣れてきていろいろな作業ができるようになります。地球との関係を築き始めるのだと思います。多くのボランティアが、その後もまたここに戻ってきてくれます。教育の機能がここにはあると思います。今は、短期滞在の人の受け入れ能力が4人しかなく、ちょっと残念ではあります。長期滞在は、最大7人受け入れることができます。

ほかに、建築やエンジニア、出版、情報などの部門に長期ボランティアが来ていますが、それぞれ一人ずつです。3人を受け入れている農業部門は、実はこのセンターではとても大きな役割を持っているのです。人々の暮らしを支える基盤だからです。同時に、私自身がボランティアと働くことを受け入れているからだと思います。

私自身、ここで単に展示を仕事としてするのではなく、実際にこの土地に根付いた暮らしをつくってみようとしたことが、ほかの人と違ったのかもしれません。仕事としてここに来た人は、また離れていきました。だから、私は長続きしているのだと思います。

これから、どうするか。いい質問です。ここにずっといるのも幸せなことと思います。しかし、何かがあったら外に出て行くかもしれません、私は今、頭の中でいろいろ考えています。変化はいいことなのです。同時に、私はここに残っても大変幸せです。何かがあって、出て行くこともできる。さあ、どうなるでしょうか。

パーマカルチャーという言葉があります。パーマカルチャーは、アフリカやアジアなどの暑い気候の場所には適していると思います。英国のこの天候では、あまり適しているとは言えないと思います。気候が暑く、木があり、日影ができ、そこに植物が育つという環境に向いた手法と思います。もちろん、その考え方自体は英国にも適用できると思います。ここで実際に、パーマカルチャーの手法で野菜を組み合わせて育てようとしましたが、うまくいきませんでした。ある意味、パーマカルチャーという言葉は、ファッションとして世界に広がっているようですが、英国ではそうではないと思います。

愛知万博は、面白かったです。12日、いや13日間の滞在でしたが、日本の農家も訪問することができました。大変に感動しました。日本人は、まだ自然とのつながりの中で生きているようです。畑を見せてもらいました。だいたい、どこの畑でもおじいさんが手入れをしていて、その野菜を若い家族と食べているのは素晴らしい。おじいさん、おばあさんと若い家族が一緒に住むという慣習は、英国ではなくなってしまいました。畑も実にきれいに手入れされていました。

子どもらと地球環境を考えるゲームをいくつかしましたが、子どもは世界中、どこでも同じです。本当に、子どもはみんな一緒。私の妻が、ここで教育の担当をしているので、彼女がゲームを子どもにして見せて、私がそれを手伝っていたわけです。子どもらに、温暖化の原因となる二酸化炭素をどのように減らすかを考えてもらうゲームなどです。

地球市民村は、とても素敵でした。そのほかのパビリオンは、あまりに商業主義的で好きではありませんでした。いろいろな国々、特にアフリカの国々や英国のパビリオンの展示は面白かったです。また市民村では、ドイツで環境活動の現場に若者を訓練生として送り出す組織の人などと、いろいろ話しました。妊娠したお母さんの支援をしている人たちもいました。いろいろな人々と出会える場所として、市民村はとても面白い場所だったと思います。人々が違った視線を持ち寄るというのは、素晴らしいことだと思いました。何か一つだけの道があるのではなく、いろいろな道筋があるのだ、ということを感じました。また機会があれば、ぜひ日本の農家の人ともっと話をしたいと思っています。

このセンターも、地球市民村であったような文化的な要素を取り入れようとしています。子ども向けのショーをしたり、音楽家を招いたりして、地域の人々にもここにかかわってもらえるように試みています。また、ここのメンバーだった人も、地域に出てそこを拠点に事業を始めている人もいます。太陽光発電とセットで利用できる冷蔵庫をつくって、アフリカでの医療活動に役立てよう、という会社を運営している人もいます。医薬品の保存に使おう、というアイデアです。センターでそのプロジェクトを始めて、今は5キロ離れた場所で会社として活動しています。地域との間で、有機的な交わりが出てきています。

CATをつくった最初の一人、ジェラルド・グリーンビルモルガンは、この理念をつくった人です。元職業軍人で、核はあまりに危険なものだという考えを持っていて、何かをしなければという思いでセンターをつくったのです。彼の理念のまわりに人々が集まり、雪だるまのようにどんどんと輪が広がったのだと思います。当初、99年契約でこの場所を借りたのですが、数年前に私たちはここを買い取って、さらに事業を広げようとしています。彼も年に一度はここに戻ってきて、みんなと話をしています。

英国でも、60年代にはいろいろなコミュニティができましたが、このセンターは最後まで存続している数少ない例だと思っています。コミュニティをつくるまではできるのですが、長続きさせるのは難しいことです。日本でも、ここのような機能を持った場所が出てくるかもしれませんね。米国では、テネシー州にザファーム（The Farm）という組織ができて、700人ほどの人が集まって60年代のような農業をして暮らし始めているそうです。フランスにも、似たようなところがあるようです。

地域の人々も環境や地球への関心を高めていて、この地域、ディフィバレー地方全体をフェアトレードの町にしようという「ディフィバレー・フェアトレード（Dify Valley Fair Trade）」という運動も起きています。世界各地から、例えばコーヒーを輸入するなら、中間の商社などではなくて、実際に生産活動をした現地の農民にきちんとカネが流れるようにしよう。ここの地域でとれた作物を、できるだけ地域の人に買ってもらおう。そういう動きです。人々が中央政府に頼るのではなく、自分たちでできることをやろう、と動き始めているのです。また持続可能性（sustainability）に関して言えば、種を自分たちで確保しようという動きもあります。農家だけではなく、普通の家庭で野菜を育てている人たちも、種を店で買うのではなく自分たちで保存し続けていこうとし始めているのです。このサステナビリティというのは大きな概念だと思いますが、とてもよい言葉だと感じています。

◇CATを訪ねる：1973年に創設。世界的にも有名なエコセンターの一つ。年間7万人の見学者がある。

英国ウェールズ地方のスニード国立公園の一角にある。スレート切り出し場の跡地で、7エーカー（約3・5ヘクタール）の谷間にある。キャビンと菜園が点在する敷地は、風力、太陽光、有機農業、堆肥づくり、水力などのコーナーに分かれ、さまざまな環境にインパクトの少ない技法が展示、稼働している。30人のスタッフによる共同運営をしている。

スタッフの給料は、年齢や経験にかかわらず一律年1万2170ポンド（約240万円）。ほかに5人の長期ボランティア（LTV＝無給、食事と宿舎は提供）、4人の短期ボランティア（一日5ポンドを管理費として払う）などで運営する。

CATは、最寄り駅であるマカンクラフ（Machynllech）の町から北に3マイル（約5キロ）離れている。私は、自転車を電車に乗せて訪ねることにした。駅のインフォメーションセンターで町の中心部に行けばいいと教えられたが、中心部は駅の南側にあり、北側のセンターとは反対方向だった。再び北上して進む。川沿いの放牧地に舗装された自転車専用の道があり、それをたどって走る。川には魚がパシャと跳ねる音が何度も聞こえる。できたばかりの自転車用の橋を渡って行くと、向かいの丘の上に巨大な発電用の風車が見える。その丘に向かう急な坂を最低ギアにして登り、汗だくになって30分ほどかかって森の中に入ると、ようやくそこがセンターの受付だった。

受付からは、クリフレイルというケーブルカーが走っている。高低差70メートルの崖を往復する。下がってきたケーブルカーが着くと同時に、じゃーという水の音が鳴り渡る。つるべのように、二つのケーブルカーの片方に水を入れるとその重みで車が下がり、下につくとその水を吐き出して、上のケーブルカーに今度は水を入れる。その水の重みで、次は上の車が下に下がってくる、という仕組みだ。まさに自然の力を使ったケーブルカーだ。

センターに上がると、インフォメーションセンターがあり、全体の説明を聞いたり、オーディオガイドの道具を借りることができる。センターの歴史を示す10分のビデオ、エネルギーを無駄にしない家のつくり方、断熱材として羊の毛やワラを使う壁が実際につくられている。家庭のゴミを、どのように処理をするといいかも示されている。

センターの電力は、数百メートル離れた崖の上に置かれた3台の小さな風力発電機と、池から流れる水を使った水力発電、それに屋根のあちこちに置かれた太陽光発電セルによりまかなわれており、その電力を蓄え供給するシステムもガラス越しに見ることができるようになっている。

センターには、スタッフの家族や長期滞在のボランティアが住み込んでおり、現実の生活に活用することができるさまざまな技術技法が、生の形で示されているのが面白い。

トイレの手ふき紙もコンポストにされていて、その変化の経過を見ることが実際にできる。高さ1メートル近く積み上げられた紙くずが、厚さ10センチほどの堆肥になっている展示などで、さまざまな工夫の力を実感することができる。

センターのあちこちから風力発電の羽根が回っているのが見え

るので、自然エネルギーに目が行ってしまうが、ロジャーさんと話をして分かったことがある。このセンターの目に見えない主役は、農業なのだ。人々の命を支える「食」を、ロジャーさんを筆頭とする農業グループが有機農業を通じて支えている。庭のあちこちに野菜が植えられ、「ロジャーの温室」と名付けられた場所では、トマトなどの野菜がいっぱい育てられている。このスタッフの三度の食事は無論、見学者向けのレストランの食材も全部自前で作っているのだ。

エコキャビンという18人を収容できる建物が2棟あり、学校などの団体を迎えることができるようになっている。屋根には土が置かれ、植物が成長していて、断熱効果を上げている。宿泊者は、どれだけの太陽エネルギーがキャビンに降り注いでいるのか、どれだけのゴミを自分たちが出しているのか、などを目のあたりにしながら生活を送り、日常生活の自然へのインパクトを学ぶことができるようになっている。

入場料は8ポンド、電車で行く時には、駅で乗車券を買う時に「CAT入場券と一緒に」と言うと入場料は半額になる、という割引制度もある。また、バスや自転車でセンターに来たことを告げると入場券は割引になる。

＊もっと知りたい人は：
Center for Alternative Technology
http://www.cat.org.uk/

環境にやさしい日本の暮らしの知恵を探した

グレッグ・マイケル　さん
Greg Michel

＊略歴　Greg Michel　米国ニューヨーク州出身、高校生の時に交換留学で北海道に。その後、東京学芸大学に留学、同大学院で国際理解教育の修士号取得。32歳。1990年から3年がかりで日本列島を歩いて縦断。（4月25日夜、エコプラスパビリオンで公開勉強会「ないしょの企画」第7回として、日本語で公開インタビュー。テーマは、「日本の暮らしに潜む持続可能性」）

今日は、北海道から沖縄まで、日本列島を歩いて縦断し、日本の暮らしと環境について見つけたことについて話そうと思いますが、その前にどうして日本に来たのか、ということから始めたいと思います。

高校生の時に、サッカー部に入っていました。サッカー部の指導に当たっていた先生が日本に来たことがあり、彼が日本で不思議だと思ったことについて、話してくれたのです。卓球部が廊下で練習する、しかもラケットも球もなしで廊下で練習するって。私はえーっと思って、日本ってそんなに狭いのかな、と好奇心を持ちました。日本という国のことすら、ほとんど想像できない時にそういうことを知って、好奇心を持った。そうした小さなことから、人間の好奇心はかき立てられるのだと思います。

日本の田舎でその先生がジョギングをして走っていると、子どもたちがわーっと回りに集まって一緒に走ったとか聞くと、何でそんなことが起きるのかなと思った。そんな単純なことから、興味が湧いたのです。

その頃、アメリカ人の高校生として、アメリカという国に対してものすごく疑問を持っていました。高校卒業は1991年。湾岸戦争をやっていて、アメリカが世界の中でどう動いているのかに興味がありました。違う観点から、自分と世界を見たかったのです。ちょうど、ロータリークラブの交換留学制度があって、札幌に行きました。1年間、札幌の普通の高校に通いました。制服を着て、プラスチックの詰め襟をつけて、先生に服装をチェックされたりしながら通っていました。ホームステイ先の二人の兄弟が受験勉強中だったので、彼らに付き合って、毎晩、一生懸命勉強して日本語を話せるようになって、東京学芸大学の研修生としてまた日本に戻ってきて、今回、地球市民村に出展しているNPO法人のエコプラスに出合いました。

もともと自然が好きで、リュックがあれば1週間でも1カ月でも行ってくるよ、というようなことをアメリカでしていました。グランドキャニオンや自分の出身地であるニューヨーク州北部の田舎を歩いたりしていたのです。日本に来て、自然を通して、どんなことが学べるのかな、どんな新しい視点があるのかなと楽しみにしていました。

日本に戻って来て、静岡県にあるホールアース自然学校の樹海探検に参加したことがあります。子どもたちの引率者として行ったのです。その時に子どもの一人が、「グレッグさん、僕はアメリカ人に生まれればよかったー」と言ったのです。とても小さい子。不思議でした。どうして、そこまで自分じゃない存在でいたいのか、ということに疑問を持ちました。

もう一つショッキングな体験としては、大学で日本の自然観について勉強する中でのことです。進化論について書いたり、山に登っていたりした今西錦司という学者がいます。仏教について、いろいろな発想を持っていました。日本の野外教育、自然教育ってどんなものかと思いながら、授業でその今西錦司の本を読んでいました。中に、彼がロッククライミングをする場面があったのですが、彼が引っ掛かってもう登れなくなった時、瞑想に近い体験をして、何かすっきりした。その後で、何もなかったかのように、また山を登り続けたという部分があります。これをもとに、日本の環境教育や自然観は、仏教や神道とつながりがあるのではないか、ということを発表したのです。大学の仲間からは、「ええっ、日本は今、仏教なんて知らないよ、そこまで考えないよ」という反応でした。

当時は、私がとても日本の自然観に興味があって、それをもっと知ろうと追い求めていた時でした。小さな子どもは、アメリカ人の方がいいと言う。大学で勉強していた国際理解教育に関しても、「そういうのを勉強するなら、アメリカの方がいいんじゃないか」と大学の仲間は言うことが多いのです。自分がどうして日本に来ているのか、日本人がどうしてそこまで自分たちのことを知らないのか、と不満を持った時期でした。

当時は、まだ皆さんのような方に出会っていなかった頃です。あの時から、10年近く経っています。日本の自然観、文化や歴史をきちんと把握して、それを日本の中で新しく作り直し、継続しようとしている人たちがたくさんいると、今はわかっています。でも当時、探そうと思ったところで、全然教えてくれる人がいない、聞いても、違うよ、という答えが帰ってきた時に、大学教授や同じ年代の人たちに聞くのではなく、自分の足で歩いていろいろ見たほうがいいと思いました。

当時は、奥多摩などを歩いていました。日本はアメリカの自然公園とは違っていて、山奥まで来たかなと思って森から出ると、そこが畑で、おばあちゃんがお茶を飲んでいるのです。生活と密接に自然がある。特に、地方ではそうです。そういうのを歩きながら、日本の自然と文化のことを探検したいと思った。そういう時に、エコプラスやその代表者である高野孝子さんと出会って、一緒にプロジェクトができないかと提案しました。それが、「未来の知恵巡り」という旅の提案でした。

日本の自然と調和した暮らしを送るための「知恵」を探し歩いて、毎晩、日本と世界の子どもたちにインターネットで報告する、という計画でした。エコプラスが取り組んでいる、ワールドスクールネットワークという活動の一環として取り組みました。

最初は、北海道から沖縄まで1年で歩き通すという無謀な計画でしたが、事務局の皆さんと討議しながら、3年に分けて行うという現実的なものにしていきました。

北海道から沖縄まで、毎日の出会いがその日のエネルギー源で、もう楽しくて、知恵が次々に出てきて面白かったです。

ルートは、知床岬から北海道を斜めに渡って、青森までフェリーで行き、ずっと東京まで4カ月かけました。1999年のことです。次の年は東京から下関まで3カ月、最後の2001年は四国、九州、沖縄、これも3カ月かけて、毎日平均20キロ、1時間4キロくらい、平均5時間歩きました。残りの時間は、その辺のおじさんに声をかけて、何をしているのかなとか質問をしまくって、夜はテントに入って原稿を書いて、ワールドスクールの仲間に携帯電話で毎日、発信しました。原稿は英語で書いて、事務局がグレッグの原稿を待って、それを当時、仕事の関係でカリフォルニアに住んでいたエコプラスの理事の大前さんがチェックして英語画面に掲載し、和訳して日本語画面にも掲載するという流れでした。全部合わせて、304日間やりました。

ルートが、くにゃくにゃ曲がっている部分がありますが、ワールドスクールネットワークは子どもたちが冒険の主役ということもあって、子どもたちの町を訪れて一緒に知恵を探したからです。例えば、この兵庫県の一番上に子どもたちの学校があったので、2週間かけて回って行きました。

知恵巡りというプロジェクトでしたが、本当に毎日「知恵」を探すことができるのかという不安がすごくありました。大きなことを言ったけれど、本当に見つけることができるのかと不安でした。

北海道の初日は、テレビカメラが付いていて、歩くだけでした。宇登呂の海岸沿いあたりで、ちょっと私も取材しなければと思っていた時、河口の方で釣りをしているおじさんがいたんですよ。チャンスだと思って、海に向かっている彼に向かって「すいません、何をやってるんですか！」みたいに声をかけました。そしたら、ちょっと振り向いたけれど、シカトされましたので、今度はもう少し説明して、すみません、こうやって今旅をしてるのですけど、何か知恵ありませんか、って。そしたら、ますます「何、このガイジン」みたいな感じで無視されました。実は、サケの密漁者だったのです。

こうして、初日は不安がいっぱいあったし、4カ月の旅が始まったので、どきどきしていました。本当に知恵の発見ができるのか、不安でした。

翌朝、漁港でサケを獲っている漁師さんに出会いました。朝、眠っていたテントの側で船の音が聞こえてこの人がいて、「昨日、テレビ見たよ」とか、そんな話から始まって、朝食に誘われました。

そしたら、サケの頭と背骨、骨を細かくして、みそペーストにしたものが出てきました。シンプルですが、魚を無駄なく全部使い切る、身体にもいい。これが「知恵」だ、と思ったのですが、漁師さんは「いったい何が知恵なの」と不思議そうでしたし、本人たちにしたら当たり前のものですが、環境にも健康にもものすごくいいし、こういうものを発見して、知恵探しの旅に自信がつきました。

この後は、「知恵ありませんか」と言うのをやめました。人は難しい話、あまり好きではないですよね。道を聞くことから入ったほうが、たくさん発見があることがわかってきました。リュック背負っているガイジンが、いきなり「知恵、ありませんか」とか聞いてくると、困らせるしね。歩いていると、本当にいろいろな知恵があることに驚きました。

パビリオンでも展示している、牛のおしっこがあります。北海道の斜里町でやっている取り組みですが、このおしっこは全くにおいません。さっきのサケが上がる川、昔は牛のおしっこが垂れ流しにされ、汚染されて、サケが産卵に来れないくらいひどかったのです。そこで、そこに暮らす竹田津実さんという方が微生物の力を使うことを思いつきました。

三つの槽を作って、その中に空気を循環させるポンプと石などが入っています。微生物が有機物と不純物を食べ尽くして、きれいにしてくれます。この液体を畑にまくと肥料になったり、牛のエサにかけると牛糞のにおいがなくなる、という効果もあるのだそうです。これ一つで環境の循環がうまくいくという、これもまたすごい知恵だなと思いました。

おしっこのことは子どももびっくりしますが、身近なところでいろいろな工夫があります。キノコ採りに行く時に竹のカゴを使うと、胞子が森に散らばって、また生えてくるという話です。今、都会の人がキノコ採りに行くと、何も残さずに全部採ってしまう上に、キノコもビニール袋に入れて持ち帰るので胞子も散らばらない、ということになってしまっているようです。そうしたやり方ではなく、またキノコが生えてくる採取法をずっと北海道ではやってきました、という話を聞かせてもらいました。

パビリオンでもクイズにしているのですが、「残し柿」の知恵もありました。地方によって呼び名が違います。たくさん実った柿を収穫する際に、動物や鳥のためにいくつかを枝に残しておくのが「残し柿」です。この知恵には、秋田で出合いました。いろいろな生き物をお隣さんと同じようにして扱う自然との接し方は、私が育ったアメリカにはありません。自然を守るため、また自然と一緒に生きて行くには大切な知恵だと思います。

柿一つ取っても、いろいろな知恵があります。渋柿も干しておけば甘くなるし、皮は、砂糖がない時代に調味料に使ったりしてきました。子どもたちは、あまり知らないのですよね。お年寄りには、こういうことはコモンセンスというか、当たり前のことかもしれませんが、今も子どもたちはそういう習慣を知らないことが多いのです。こういう身近な果物でも、え、こんなのあった、という驚きがあります。

あるおばあちゃんは、籾殻《もみがら》とか、捨てる糸を中に入れて、きれいな鞠《まり》を作っていました。趣味を通して、環境のことを考えているのです。

富士山を歩いた時に、ホールアース自然学校の皆さんにお世話になりました。あるおじさんにも、紹介してもらいました。日本では、手入れがされていない森で竹林がどんどん広がって、森が弱ってきている。そこで竹から炭を作って、竹をどんどん使うようにして、森を助けようという試みについて聞きました。炭を使って川をろ過するとか、そういう話も聞きました。竹細工のカブトムシとか、竹一つでもいろいろな知恵があります。

ハタハタの話も面白いと思いました。30年前、秋田では11月になると船が沈むくらいものすごくたくさんハタハタが獲れたそうです。15年前には、ほとんど獲れなくなって、3年間禁漁しました。全く漁をしないように、みんなで取り決めをするというのは、世界でもめずらしい例です。70トンしか獲れなかった年から3年間禁漁して、翌年に100トン以上獲れるようになりました。そして170トン、去年は1000トン以上獲れるようになりました。自分たちのサステイナビリティ（持続可能性）を守るために、禁漁を決めた人たちにも取材をさせてもらいました。

おじさんが「ハタハタは地球だと思います」と言いました。それは、一つのハタハタというものに対して、人間ができるあらゆることをやる、例えば、ふ化事業や、壊した生態系を取り戻そうとしたり、そういうことをやることによってハタハタが増えてきたら、ハタハタだけじゃなくて地球が応えてくれているんだよ、ということでした。

柿のところで、自然や生き物がお隣さんのような感じという話をしましたが、ハタハタにしても、地球というか、環境との関係が「お互い様」みたいなことを感じています。

鷹狩りのためにタカと一緒に暮らしている人に出会ったり、クマ撃ちをやっている志田さんという朝日連峰に暮らす人にも出会いました。志田さんは、「マタギ」という言葉には殺し屋というイメージがあるということで、自分のことを「狩人」と呼びます。彼は、83歳までクマを獲っていたそうです。自然の中からクマやウサギを獲る中で、森林伐採が始まった時、自分の糧となっているクマも獲れなくなるということで、いち早く朝日連峰で森林を守ろうとした人です。

毎日、いろいろな人に出会って取材して、子どもたちとやりとりしていました。

子どもたちの活動を、例として挙げたいと思います。

山形では子どもたちが、「未来の食べもの」をテーマにして取り組んでいました。

標高が高く寒い地域の特性として、米が育ちにくく、昔からソバ、アワやヒエを食としていたそうです。昔の食生活について調べて、これから未来に向けてどんな食生活をしたらいいのか、ということで先生と取り組んでいました。聞き取り調査をしたりしました。最近、健康食として五穀というのがありますが、子どもらもアワやヒエを使って自分たちで料理もしてみたのです。とても元気いっぱいでやっていて、100％キビとか食べたらおいしくない。雑穀の比率をだんだん減らしたり、試行錯誤しながら、アワ、ヒエ、キビについて勉強していました。アワカレーとか作っておいしかったそうです。

最終的に彼らは、未来の食べものとは健康的な食品だ、と思うようになりました。地域では、アワやヒエ、キビが貧しい物、おいしくないと考えられていたけれど、今は健康的な食べ物として思える。こういう考え方が未来食につながると思う、と言うのです。自分たちのこれまでの食文化を振り返ることによって、これからの食生活に役立てよう、という子どもの学習の例です。

歩いてみて、どれだけ知恵に出合えるかという最初の不安から、歩いてみるもんだな、という気持ちに変わってきました。北海道から沖縄まで、20キロ間隔で、面白いおっちゃん、おばちゃんが何百人もいるようです。彼らが、自然と暮らすためにいろいろな工夫をしてきていて、今でも実際にやっている。それは、田舎も都会も一緒です。そういうことを日本全国、世界に広めていくことができると思います。日本は40、50年前までは自給自足に近い生活をしていて、大地に生きるという本当の姿もわかっているし、今の近代的な暮らしもわかっている。日本はテクノロジーも進んでいるから、両面を合わせた社会づくりが可能だと思っています。

日本を歩いて、知恵がたくさんあることに気づきましたが、この後、アメリカでも同じように歩いてみたら、アメリカにも知恵がたくさんあったのです。人間は捨てたものではない、と感じました。

持続可能性について、旅を通して人間の可能性をものすごく感じました。

旅の前にテレビで見ていたニュースと、旅の間、自分の目の前で展開されることが全く違ったことにも驚きました。4カ月、テレビのニュースをほとんど見ないでいたけれど、テレビとは違う世界をつくりあげられるなと思った。見るものによって現実が変わるな、とも思ったのです。

このトークのタイトルに持続可能性と付いていますが、私はこの言葉にとらわれる必要はないと思っていて、旅のテーマである知恵を見つめて、それをうまく継承できれば、持続可能な社会づくりは自然にできると思っています。ちょうど今の流行りの言葉なので、タイトルに使いました。

もう一つ感じたのは、柿や竹にある知恵など、知恵ってものすごく地味。地味という言葉は、土の味と書くけれど、そうした地味なものを今の社会にどう派手にアピールできるかも課題だと思います。今の子どもに通じるようにアピールしていく方法を、いろいろな職人の立場やアイヌ民族の立場などそれぞれの立場から、環境学習の中でやらないといけない、と思いました。

会場から　マタギという言葉はアイヌ語。マタは冬。ギは行動する。マタギの大切な言葉は、ほとんどアイヌ語。日本人の多くが米を食べられるようになったのは、昭和二桁《けた》になってから。日本人の米に対する思いは、ほとんど宗教的でもある。米は明治初期までは、お金に匹敵するものでした。日本人は、食べ物に対しての考え方を検証する必要があるのではないでしょうか。

グレッグ　北海道では、貝沢薫さんというアイヌの方と会わせてもらいました。貝沢さんからは、「君の地元の知恵は何」と聞かれた。日本に来た理由は、違う視点を知りたかったということだったけれど、こうした体験をアメリカがどう生かしていけるかという課題を持ちました。

去年結婚して、妻の出身地の韓国に今、住んでいます。彼女の文化を理解するためです。1年経ったらアメリカに行き、自分の土地の知恵を見つめ直したいと思っています。大学院に行くか、NPOをつくるかわからないけれど、今までやってきたことを地元でやりながら、皆さんとつながっていきたいと思っています。

先進国が持続可能な、もう一つの暮らし方を生み出さない限り、世界各地がその影響を受けてつぶされるという恐怖があります。小さくてもいいので、アメリカで、アメリカならではの地域づくり、環境学習の学びの場をつくりたいと思っています。

会場から　アメリカの知恵探しは、どんなものだったのでしょうか。

グレッグ　「アメリカを知る」というプロジェクトでした。ニューヨーク市からハドソン川を行き、イリィ運河をたどっていくと自分の出身地があり、そこにあるワールドスクールの参加団体を訪ねました。その後で、ミシシッピー川を途中まで下りていきました。

私の出身地で、有機栽培で牛を飼っている人にも会いました。おじは、同じ地域でアフリカから戻ってきて自然農で牛を飼い、チーズやバターを作っています。川の流れの中で育つ「ワイルドライス」には、日本人は驚きます。この倒れているのが、お米です。大きくなるとまっすぐに立つ。インディアンたちは、カヌーでカマを持って収穫に行きます。今回は、ミシシッピーの源流から数時間、カヌーで下りました。川の一番先にある小屋のおじさんと一緒に行動しました。ミシシッピー川で獲れる魚、ワイルドライス、ニンジン、あと川の流域でよく取れるベリーからできるジャムを食べました。

アーミッシュの取材もしました。２００年くらい前と同じ暮らし方を続けている。自分たちの服も手づくり、自給自足、電気も使わない。わざと他から離れて暮らしています。物づくりの知恵、自然から生きる知恵をがっちり守り続けてきている。自動車も使わずに、馬車で移動します。大学時代にも、アーミッシュの人たちがアップルパイなどを売りに来ていたのを思い出します。アーミッシュの地域には、広い敷地にぽつりぽつりと家があって、自分たちの学校まで持っているのです。アメリカも捨てたものではないと思いました。

＊もっと知りたい人は：グレッグさんが歩いた日本列島の旅は、国内と海外、それぞれ40前後の学校や青少年団体が参加する、国際的な環境教育プログラム「ワールドスクールネットワーク」で、日本語と英語で、内外の子どもらに発信された。日本には、まだまだそれぞれの地域の自然環境に合わせて、自分たちの暮らしを組み立てるさまざまな知恵が残っていることが分かり、内外の子どもらは、グレッグさんの報告に刺激される形で、それぞれの地域にある、「自然と調和した暮らしをおくるための知恵」を探す活動を展開した。

伝統的な知恵以外にも、町全体で、ごみのリサイクルを徹底的に展開している地域のさまざまな工夫など、新しい知恵も発見することができた。

エコプラス
http://www.ecoplus.jp/
グレッグの日本知恵巡りの旅
http://chie.wschool.net/showindex.php?lang=ja&genre=10008

インドネシアで地図を通じて暮らしの再構築を図る

マルコ・クスマウィジャヤ　さん

Marco　Kusumawijaya

＊略歴　Marco Kusumawijaya　インドネシア・ジャカルタ北方のバンカ島出身。ベルギーの大学院で居住環境学の修士号取得。グリーンマップ運動を展開しつつ、津波の被害にあったアチェの回復作業にもかかわる。44歳（8月26日朝、名古屋市内の宿舎で英語でインタビュー）

私は、インドネシアで環境に視点を置いた「グリーンマップ」を作る運動にかかわってきました。インドネシアでは、これまでにジャカルタで三つのグリーンマップが作られ、今、四つ目として、中心部の最も古い市街地を舞台に、当初の植民の拠点だった町を描き出す計画が進んでいます。9月5日に、その計画が動き始めます。ジョグジャカルタでは、市内や周辺部の別々の地域を描いた六つの地図ができています。そして、ジャカルタなどの市民が協力して、仏教遺跡のボロブドールでも地図を作る動きが進んでいます。

ボロブドールでは、仏教遺跡の隣に観光客向けのショッピングセンターをつくる計画が持ち上がっていました。これは、全く間違った計画です。この大きなセンターができると、地域全体のバランスを壊してしまいます。過去3年間にわたって、国際的な反対運動を展開してきました。遺跡の後ろにある丘のすぐ裏につくろうとしたのです。昨今、インドネシアでは地方分権が進み、自治体がどんどん開発に取り組むようになっています。世界遺産に登録されたボロブドールも、例外ではないのです。もっと多くの観光客を集めてビジネスを活発化させよう、とショッピングモールをつくろうとしたのです。

同時にボロブドールは、行政の不手際のためにあまりよく管理されているとは言えません。非公認の物売りたちが、あちこちにたむろしています。保護のためには決してよくないのですが、仕事の場もまた必要です。大規模なショッピングモールではなく、あちこちに分散した受け入れ機能が、地域経済のためにもいいはずなのです。巨大なモールの中の売り場など、地域の貧しい人々が出店できるはずがありません。

この計画は中止されました。そして今は委員会が作られ、そこにグリーンマップを作る過程で得られた情報を持ち込んで、今度は建設的な意見を出そうとしています。

ボロブドールは単なる文化遺跡ではなく、地域の風土と歴史に根ざしたエコシステムなのです。ボロブドールが、いかに周辺と密接に関係しているのかをはっきりと示したいと思います。

周辺の古くからある村のそれぞれには、豆腐作り、石工、陶器作りなどの役割が割り振られていて、その地域の条件にしっかり根ざしています。野菜作りに適した場所、果物に適した村、川から石を掘り出してくる村、そういう広い範囲とのつながりがボロブドールにはあるのです。ボロブドールは、その本体部分だけではなくて、縦30キロ、横40キロの広大な平野全体と関連しているのです。周辺部の山にある寺院群も、大きな曼荼羅《まんだら》を構成しているのです。この巨大な曼荼羅の中央にあるのが、ボロブドールなのです。

考古学的な調査で、ボロブドールがつくられたのと同じ時代、あるいはそれ以前の時代にさかのぼる多数の集落跡が見つかっているのです。

しかし実際には、その全体像は、きれいに通常の地図には描かれていないのです。ジャカルタなどからの学生ボランティアと住民らで地図を作っていくことで、寺院と周辺の環境のつながりが分かるようにしていきたい、と思っています。「ボロブドール・マンダラ・グリーン・マップ」と呼んでいます。
ほかには、バリ島、バンドン、世界的に有名な植物園があるボゴール、ブキティンギ、ブドン、マランなどで地図作りが進んでいますし、最近では津波で大被害を受けたアチェで、その歴史を保存するためのメモリアルグリーンマップを作ろうとしています。これは、広島のグリーンマップに触発された運動です。アチェの将来をどうやってつくり直していくか、行政当局にも大変重要な役割を果たす活動だと思います。地図そのものを作らないグリーンマップの活動もあるほどです。

国連開発計画（ＵＮＤＰ）の助成を得て、２００３年には、高校をドロップアウトした子ども12人を対象にした6カ月間の活動をしたことがあります。ジャカルタの町の中には、開発から取り残された地域があり、その低所得者層の住む場所を対象に、６カ月をかけてその場所の課題と可能性を探すプロジェクトを展開しました。全世帯が６００程度の、大変に小さなコミュニティです。本当に貧しい地域です。ショッピングモールやホテルなど高層の建物に囲まれたところです。環境面でも、大きな問題を抱えている場所でした。

バンドンでのプロジェクトも、地図の発行ということは全然考えていないやり方をしています。いずれも、教育のプロセスとしての活動なのです。

グリーンマップに最初に出合ったのは、２００1年にアメリカ国務省に招かれて3週間、米国各地を回った際に、都市開発に関する活動の一つとしてグリーンマップの本部を訪ねた時です。ちょうど、地域の人々を都市開発に巻き込むためのよい道具がないかと探していた時期なので、これだと思いました。自然や文化とのつながりを示すだけで、町の良いところ悪いところを示してくれます。人々に環境について気づきを与え、参加を促すことができます。グリーンマップの活動では、地図は目的ではなくて、手段として大変重要だと思います。

アメリカから帰ってすぐに、ジャカルタで発行されていた小さな文化雑誌『アイコン』の事務所を借りて活動を始めました。数枚の紙を重ねて折り畳んだだけの、「オルタナティブマガジン」です。ジャカルタやインドネシア各地の文化行事を掲載していた雑誌です。60人ほどのボランティアの仲間が集まり、ジャカルタの自然や文化を示す場所などを次々にリストアップし、その記事を書き、雑誌の中とじ付録として数週間で発行することができました。１５０くらいの場所の情報を入れ込んだと思います。

私は、もともと都市計画を専攻しており、私の修士論文はジャカルタについてでした。なので、ジャカルタに関しての建築や都市問題や都市生活などについて、いろいろな記事を書いては新聞などに投稿してきました。

ジャカルタには、多くの環境問題があり、町をもっと環境にやさしく変える必要があります。過去10年にわたって、いろいろなジャカルタの問題に立ち向かってきました。きっと、他の都市にもある問題だと思います。

ジャカルタは、水はけが悪く、よく洪水が起きますし、ゴミ処理もうまく進められていません。地方分権の結果、都市のゴミを別の地域に捨てることができなくなってしまっているのです。周辺部のゴミを捨てられる地域の人たちと、時には暴力的な衝突が起きることもあります。都市のゴミが、本当に適切に処理されたことはこれまでないと思います。ゴミを捨てて、毎日のように土を上にきちんとかぶせることが本当は必要ですが、一方でゴミ捨て場で、ゴミを漁って暮らしを立てている人たちもいます。ゴミの上に、土を単純にかぶせるわけにはいかないのです。

ジャカルタには、30キロもある海岸線があります。おそらくジャカルタ市民は、年に一度海を見るかどうかだと思います。海岸線は、ほとんどが港として使われたり、国の施設だったり、テーマパークに使われたりしていて、マングローブが茂る自然の状態で残っているのはごくわずかなのです。そのマングローブの森を、去年守ることができました。ここに広告用の看板を建てて、脇を通る空港までの高速道路に向けた宣伝活動をしようという計画が持ち上がり、その反対運動をしたのです。計画は中止され、裁判になっています。

ジャカルタには、川が流れているのですが、ほとんどが人々の生活と切り離されているので、市民は市内に川があることすらほとんど知らないままです。そして、その川はとても汚れていて、5年ごとに洪水を引き起こし続けています。

ジャカルタの人々は、海にも川にも親しむなどという状況にはありません。

私は、ジャカルタ北方のコショウで有名なバンカ島の小さな島の出身です。父は貿易商でした。当時は、いっぱい大きなエビが捕れて誰でもみんなそれを食べていましたが、昨今ではエビは高価なものとなってしまい、誰もが食べられるものではなくなってしまいました。昔は川で泳ぎ、毎週のようにビーチに出かけたものです。キャンプにも、簡単に出ることができました。8人兄弟の末っ子です。私が学校に行く時には、もう父は退職していましたので、私の学費は兄たちが出してくれました。父は貿易商の前に、学校の先生だったり農業をしていた時期があり、私は父から農業についていろいろ教えてもらいました。

ジョグジャカルタのキリスト教の高校に進みましたが、大変に自由な空気の学校で、制服も靴も強制されませんでした。貧しい家庭の子どもは、豊かな家庭の子どもの40分の1の費用で授業を受けられる、というよい学校でした。大学に進んで都市計画を学んだ後、奨学金を得てベルギーのルーベンにある大学で、居住環境学（Human Settlement）の修士号を取得しました。

その後、ジャカルタに戻って都市開発の専門家として働いてきました。市民運動にも取り組み、新聞などにもどんどん意見を投稿していましたので、それでアメリカ政府が私を米国に招いたのだと思います。この10年くらいは、実際にビルを建てたりする仕事というよりは、UNDP、世界銀行、British Councilなどの国際機関やNGOなどへのコンサルタントとして働いています。

インドネシアでは、直接投票はなかなかできないようになっています。例えばジャカルタの知事になるには、直接投票ではなくて、81人の地方議会メンバーが投票をして選びます。私がいろいろ活動するものですから、貧しい者たちのために、環境を守ろうという動きとして、2年前に私はNGOによって知事候補に挙げられました。実際に、選挙のプロセスに参加することはできませんでしたが、独立系の中では私は一番の人気だとされていました。2007年には、直接選挙が導入されるはずですので、その時どうなるかは分かりません。

今は、インドネシアのNGO、Urban Poor Consortium（都市の貧困対策連合）のスタッフとして、アチェの津波被害の回復の作業にかかわっています。津波の1週間後から、復興に向けたさまざまな記事を書き始めました。今のNGOのプロジェクトに関しては、3カ月前から関係しています。24の村について、以前の町並みがどうであったかを聞き取り、どんな歴史がその場所にあったのかを記録して、それに基づいた村の再建をしようとしています。25人ほどのスタッフで取り組んでいて、私はこのうちの12人ほどのテクニカルチームのリーダーをしています。建築家やエンジニア、残りはソーシャルワーカーたちから成り、ほかには農業の専門家らもいます。被害がひどかった場所では、住民の15%から20%の人しか助かっておらず、家族の構成員の数が平均4人だったのが1・2人になっています。ほとんど全部の家庭が、一人暮らしになってしまったのです。ある2キロメートルの区域では、すべてが完全に破壊されてしまっています。

私は、ジャカルタの家に戻るのは月に2週間程度で、後の2週間はアチェにいるという生活をしています。来年の6月までには、この仕事を終えたいと思いますが、それまではこんな暮らしが続くはずです。

この24の村のプロジェクトとは別に、バンダアチェの町でグリーンマップをやりたいと思っています。

アチェには、必要な資材の支援はもう届いています。必要なのは、この人たちにあなたたちは一人ではないのだ、という精神的な支援だと思います。もともとアチェというのは、14世紀以来、西欧と最初に出合って交易を始めた人たちで、大変にオープンな人たちです。バンダアチェは、インドネシア最初の国際都市なのです。この地域を再建していくには、その知識やノウハウ、復旧活動のコーディネーションということが必要な段階に入っていると思います。現地の人々のニーズに合った展開が必要です。

私は、これからも都市開発や環境問題に関して、政策を動かしていくように務めたいと思います。グリーンマップは、都市開発に関して政治を動かすことができる有力な道具だと思います。その制作プロセスが、とても素晴らしい学びになります。

これまでにやってきたことをまとめた、都市開発などの本を出版することもしたい、と思います。昨今は、新聞に記事を送って掲載してもらうのは、そんなに難しいことではなくなっています。万博に関しても、記事を書いて来ました。

生活をグリーンにするというのは無理ではなく、より多くのテクノロジーや知恵によって、環境にやさしい暮らしが可能になりつつあると思います。それがこの万博にあるのだ、と。グリーンマップにすら、いろいろな工夫を凝らすことができ、それぞれの文化に根ざした手法があるのだと思いました。

こういう場に来るといろいろなアイデアがあり、その刺激を受けて、より持続可能な暮らしを支える新しい考えが出てきます。無論、商業主義はあるのですが、こういう地球市民村を通じて、いろいろな活動をしている人々と出会うことができます。そうです。私は、この万博に希望を感じています。

＊もっと知りたい人は：インド洋地震による大津波で、大きな被害を受けたバンダアチェは、２００６年４月で町ができてから８０１年になった。町の回復と並行して「バンダアチェ津波メモリアルグリーンマップ」を作る作業が、本格化してきている。津波被害を後世に伝え、またその教訓を示す場所などを実際に見て回るのに役立つ、実用的な地図を目指している。みんなで一緒に被害の傷跡が残る町を歩き、自転車で走り回り、議論をし、地図を作り上げていく作業を通じて、人々の環境への意識を高め、環境の向上を図ることが目的。市内を流れる川は、インドネシアの都市部を流れる川としてはもっとも澄んだ川とされ、この川を町づくりにどのように生かすかも検討課題となっている。

マルコさんが最初に作ったジャカルタの地図は、世界で１５６番目のグリーンマップ。ボロブドール遺跡を中心とした「ボロブドールマンダラグリーンマップ」も制作中。インドネシアのグリーンマップ運動には、多くの大学生がかかわっているのが特徴。

インドネシア・グリーンマップ（インドネシア語）
http://www.greenmap.or.id/
アチェの津波被害支援活動
http://www.wens.gr.jp/rescue/top_sumatra.htm

自然と人のかかわりを地図作りを通じて考える

ウェンディ・ブラワー　さん
Wendy Brawer

＊略歴　Wendy Brawer　デザイナー、米国デトロイト出身、1985年から日本に1年間滞在。ニューヨークでグリーンマップ運動を始める。非営利組織グリーンマップシステム事務局長。52歳（8月24日、地球市民村センター棟の控室で、英語でインタビュー）

私は、グリーンマップという地図作りの運動を進める活動をしています。今、45の国で、312のプロジェクトが進行中です。どう数えるかは、なかなか難しいです。例えば、ニューヨークではいくつもの団体が取り組んでいて、市内のあちこちの地図を作っていますが、それを一つのプロジェクトと数えています。今、誰が、どこで、どのようにしてグリーンマップを展開しているか、を把握する仕組みを作ろうとしているところです。

ちょうどいい助成金を得たので、テクノロジーの面でも整備をしたい、と思っています。使うテクノロジーは、誰でも使うことができるオープンソースのものを想定しています。

助成金の獲得も、日ごろはとても苦労しています。アメリカの助成団体は、米国内のプロジェクトには熱心ですが、私たちのような国際的なプロジェクトにはあまり関心を持ってくれません。

私は、もともとデザインの仕事をしていました。1992年のリオデジャネイロでの地球サミットの準備会合が、私が住んでいたニューヨークで開かれました。その時に、世界中からいろいろな人たちが来るのだから、その人たちをどのように迎えようかと、市内のボランティア団体の仲間が集まり、話し合ったのです。どこに連れていこうか、どんなセミナーを開こうか、みんなで、いろいろなアイデアを出し合いました。

私は、誰にでも分かる絵記号を基にして、ニューヨークのことが分かる地図を作ろうと考えました。言葉が分からなくても、たった一枚の紙だけで、ニューヨークにおける持続可能性についてのいろいろな面を知ることができる、そんな地図です。そう考えていたまさにその夕方に、1万部の印刷費を寄付してあげるわよ、という人に出会うことができました。これで、「計画完了」です。

さっそく12人の仲間に集まってもらい、意見を出し合って、いくつもの団体に呼びかけて現地調査をそれぞれ実施して、数週間で地図ができたのです。

ニューヨークは「ビッグ・アップル」と呼ばれる場所なので、地図には「グリーン・アップル・マップ」と名付けました。A3版ほどの大きさで、2色刷り。145の環境に関連する場所をリストアップしました。これが評判を呼んで、うちのそばにはこんな場所があるとか、いろいろな情報が寄せられて、その年の暮れには第2版のグリーンマップを出版するまでになったのです。最初の地図は、国際的な会議に関連すると思われる世界中の組織に配りまくりました。まだ電子メールが普及する前でしたから、郵便です。それが、さらに評判を呼んで、取材もどんどん入りました。

同時に、「どうすれば、こんな地図を作ることができますか」「私も似たような地図を作っていいですか」という質問もいっぱい来るようになったのです。

これが、地域の地図を世界共通の絵記号で作る、というグリーンマップの出発点になったのです。自然と文化に関する情報を掲載した地図です。ある場所について、地域の人に知ってもらうと同時に、世界にもつながりを持つ地図です。

それが、世界の大きな流れになったのは、1995年3月のコペンハーゲンでの国連社会サミットの時だと思います。私は、ニューヨークのグリーンマップの事例について発表するように招かれたのです。コペンハーゲンでは同時に、「O2」(オー・ツー)というエコロジカルなデザイナーのための国際組織があって、そのメンバーの会議も並行して開かれました。そこには、モデムという、当時始まったばかりのインターネットのための道具を持ち込んだ人もいましたし、私はこのグリーンマップの考えを持ち込みました。3日間の相談の結果、世界共通のマップシステムを作ろう、そしてその世界各地での取り組みが、うまく連携し合える仕組みをみんなで考えよう、という結論に達したのです。

当時は、まだ「オープンソース」という言葉は知らなくて、「ギフトエコノミー」の一つだと考えていました。単にみんなで共有するというより、もっと自由な、みんなで使おうという気持ちだったのです。この会議に、東京のグリーンデザイナーの益田文和さん(東京造形大学教授)も来ていました。彼が、95年の10月に、京都の法然院でグリーンマップの初めての国際ワークショップを開き、そこに私を招いてくれたのです。気候変動をめぐっての地球温暖化防止京都会議(97年)が開かれる前でした。そのワークショップで、京都のグリーンマップを作ったのです。

コペンハーゲンの会議には10カ国の人が参加していて、そこでみんなが話し合った絵記号に基づいた最初のグリーンマップは、コペンハーゲンの地図でした。次がモントリオール、そしてオーストラリア、ニューヨーク、京都と、厳密に覚えていませんが、そんな感じで本当にあちこちで広がっていったのです。

1998年には、初めての青少年向けのグリーンマップが、カナダのカルガリーで作られました。そこには軍事基地があったのですが、それを公園にするということになって、子どもらがその計画に参加するに当たって、自分たちでここに何があったらいいか、というグリーンマップを作ったのです。その子どもら自身が、子ども向けの分かりやすい絵記号を、みんなで開発したのです。その時の指導者のマイケル・グレイが、子どもらと「感じたこと日記」を作りました。いろいろな人が、教育的なツールを考えてくれて、そういう情報も含んだ教師用のCDを2000枚作りました。それを、またあちこちに郵送したり、メールで送ったりしたのです。その中に、25の活動プログラムが納められていました。それは、自分の教室用にどんどん変えて使ってもらおうと、変更しやすい単純なテキストファイルにしてありました。年齢、地域、それに勉強する学科に、自由にカスタマイズできるようにしたのです。

この青少年プロジェクトには日本も参加して、フジフィルムの後援で「未来プロジェクト」が行われました。夏休みの宿題のプロジェクトです。

ここに、青少年向けのプロジェクトの一覧表がありますが、世界各地で、あるところでは一つだけの学級で、あるところでは学校全体で取り組みが進んでいます。今回の万博でも、インドネシアなど四つの国での青少年プロジェクトのメンバーが来ています。

子どもにとって、このグリーンマップというのは、とても強力な学びの道具になります。ニューヨークの12歳の子どもらを対象とした、夏休み期間のプロジェクトがこのグリーンマップを採用した時は、子どもらは地域を環境の視点でいろいろ探索して地元を回りました。そして、その貧困層が多い地域に、トラックで集めたゴミを川舟に積み替える基地をつくる計画があることを知ったのです。アメリカのゴミ集めの車は巨大です。それが、毎日5000台もその地域に来るという計画だったのです。市役所などに、聞き取り調査をしました。4週間、子どもたちは自転車に乗ってあちこち走り回ったのです。リサイクルの現状を調べ、企業でのゴミがどうなっているかを調べ、コンポストづくりがどうなっているのかを追いかけたのです。ゴミについていっぱい学んだのです。それを知った子どもらは、おかしいと思って反対することにして、「この町をごみだらけにするの（Are we trashing Big Apple ?·）」という名前を持った地図を作りました。すてきなデザインでした。この活動がきっかけとなって、ゴミ集積地計画は中止となったのです。

毎年、このグループは同じような活動を続けていて、ある年は喘息に関する大気汚染のことを調べ、ある年は水辺へのアクセスがどのようになっていて、水辺がどうなっているのかなどを調べています。水辺の調査をした時には、自分たちで作ったボートを実際に川で漕ぐということもしたのです。

グリーンマップは、その地図ができることよりも、その地図を作るという行為から、より大きなことを学ぶことができるのです。

日本では、地図を描くというのは学校で教えられていて、子どもたちはとても上手に地図を描きますが、米国では全く教えられていません。学校の教科に地理が含まれていないのです。子どもらは、ニューヨークの地図を渡されても、どこがニューヨークか分からないのです。地図があれば、地図を通じて調査をすることができ、昔のことをお年寄りから聞くことができるのです。

子ども向けに作成した、ニューヨークのグリーンマップがあります。先生らが、学校の忙しい合間でも使ってもらえるように、1時間だけでできる授業のヒントも示しています。ニューヨークの町の中で、持続可能性を考えてもらえる場所をいくつも示したのです。自然観察の場所、健康食品が置いてある店、汚染が深刻な場所、文化的な活動が見られる場所。子どもたちが中国系や南米系のおじいさん、おばあさんたちに話を聞くことができるようにと、中国語やスペイン語の説明もあります。

デザイナーとして、世界が急速に変わっていることに気づいていました。プロダクトデザインから都市デザインの面まで、あらゆる問題が起きていました。それを前向きにとらえよう、と思ったのです。1989年に決めたのです。持続可能性を意識し、環境にやさしい仕事だけを引き受けようと。仕事の仕方を変えようと思いました。もうこれ以上、ゴミを作れないと思ったのです。私たちに残されている時間も限られている、と分かっていました。その頃から、デザイナーたちの仕事の仕方を変えないといけない、と思い始めました。グリーンマップには、グラフィックデザイナー、造園家、建築家らがかかわることができ、みんなでいろいろな視点を共有することができます。みんなとても興味を持ってくれています。

実は、私は日本に住んでいたことがあります。1985年から1年間、日本で英語の先生をしながらあちこちを旅していました。この経験が、世界を見る目をちょっと変えてくれたと思います。

私は、もともとはミシガン州デトロイトの都市部の出身です。日本に来る前は、シアトルにいました。世界を見ようと思って日本に来て、その後はずっとニューヨークに住んでいます。シアトルにいて、日本の文化に触れることがあり、ぜひ来てみたいと思いました。あの頃は、日本で仕事を見つけるのは簡単でした。世界にはいろいろ問題はあると感じていますが、日本で暮らしてみて、少ないエネルギーで生活を実現している素晴らしい国だと思います。交通システムもよく整備されており、大規模なエアコンもなく、水の利用も無駄がありません。人々は、そんなに物を持たないで暮らしています。アメリカみたいに大量のゴミを出すこともしません。大変にいいと思いました。

愛知万博も、以前のハノーバー博覧会に比べても素晴らしいと思います。似たようなテーマを掲げていましたが、前回はそれほど「グリーン」を感じませんでした。交通手段にしても、マイカーで来るのは途中までとなっている仕組みがいいです。周辺部にいくつかの民間駐車場ができ始めていて、そこにたくさんのマイカーが入り始めているのは知っていますが。

瀬戸会場では、グリーンマップ作りが毎日のように行われていますし、地球市民村での私たちのパートナーである「中部リサイクル運動市民の会」は、グリーンマップ活動を2010年まで続けると言っています。愛知県各地でグリーンマップ作りをしている人だけではなく、アジア各地からの地図作り運動家たちが、この地球市民村で互いの活動を知り合っているのは、本当に素晴らしいと思います。素晴らしい交流です。この万博を生かして、ウェブサイトをリニューアルし、本を出版したいと考えています。万博は、私たちにとって素晴らしい触媒となりました。

今は、ほとんどデザイナーの仕事はせずに、グリーンマップの普及活動をしています。グリーンマップシステムという、非営利会社を運営しています。専従スタッフは、私を入れて5人、一人はルーマニアからオンラインで働いてくれています。グリーンマップは、世界的なプロジェクトではありますが、地域にはそれぞれの方針が必要だと思います。なので、世界各地に分散した形での運営をしています。

グリーンマップを作る人たちからは、それを売った場合、お金がある場合には2%のロイヤリティをもらっています。途上国でお金がない団体からは、何らかのサービスをしてもらいます。例えば、インドネシアの団体からは一度もお金をもらっていませんが、インドネシア語への翻訳をしてもらっています。団体の運営資金は、70%が助成団体からの支援です。ほかには、個人からの寄付や自分たちの本の売り上げの収入があります。

おそらく、世界中で共通に使われている地図の絵記号というのは、ほかにないはずです。世界共通の地図制作法（World Wide Map Symbol System）だと思います。地域を、協力し合って描き上げていくネットワーク型のコミュニティ・マッピングプロジェクトも始まっています。南米と北米で協力して一冊の本に仕上げる計画で、スペイン語、ポルトガル語、そして英語を使います。いつになるか分かりませんがね。

２００２年12月に、イタリアでキューバ、ジンバブエ、ブラジル、ルーマニア、インドネシア、インドなど14カ国から、22人を集めたサミットを開いたことがあります。

このプロジェクトによって、いろいろな仕事が生まれていると思います。明らかに私たちは、持続可能な方向に頑張っている人たちを応援できている、と思います。世界各地で作られるようになった、さまざまなグリーンマップを見渡せるようにした「Map of Green Maps」を何とか作ってみたいと思っています。

＊もっと知りたい人は：日本国内では、京都のほか、新潟県長岡市、高松、岡山、東京都世田谷区、広島など各地で、グリーンマップが制作されている。それぞれの地域の情報や文化などに根ざした「エコカルチャー」運動とされ、世界46カ国で３４２のプロジェクトが進行中で、２３６の地図が印刷物として作成されている（２００６年４月）。

環境教育に地図を取り入れる例は少なくなく、地理情報システム（ＧＩＳ）と環境情報を組み合わせる最先端の手法から、手書きで地域の環境に焦点を当てた地図を作成しながら学びを深める手法など、多様な試みが実践されている。

グリーンマップ・ジャパン
http://greenmap.jp
グリーンマップシステム
http://www.greenmap.org/home/japan.html

ロンドンで市民が自然と触れ合う公園を運営する

ベン・デューハーストさん
Ben Dewhurst

＊略歴　Ben Dewhurst　大学で生態学などを学んだ後、英国最大の自然保護団体「英国自然保護ボランティア基金（BTCV）」で働き、1989年から都市エコロジー基金（Trust for Urban Ecology、TRUE）の事務局長。45歳。（8月25日、地球市民村でインタビュー）

私が務める「都市エコロジー基金（TRUE）」は、1970年代に使われなくなったロンドンのテムズ川沿いにあった造船地区「ドッグランド」を再生するための活動をしている団体です。世界自然保護基金（WWF）の創始者としても知られるマックス・ニコルソン（Max Nicholson）が、1976年に団体を組織し、観光名所でもあるタワーブリッジに隣り合った土地を再生して、ウィリアムカーティス・エコロジーパーク（William Curtis Ecological Park）をつくったのが最初です。荒れ果てた場所も、人間の手によって、急速に野生を回復することがここで示されました。英国初の都市部における自然公園（Ecological Park）でした。

この場所は、短期的な土地利用しかできなかったので、その後なくなりましたが、1981年にはラベンダーポンド自然公園（Lavendor Pond Nature Park）がつくられました。面積は、約

２ヘクタールです。ここはロンドンでの初の自然公園で、子どもらに生きものの姿を教える場所として利用されています。

もともとは、造船用の木材を乾燥させないように水に浮かせて保存しておく貯木場だった水面で、テムズ川との間を仕切る護岸や、水位調整のための水門、それに水を出し入れする大きなポンプ小屋などがありました。私たちの手入れの結果、水面にはスイレンがいっぱいにあふれるようになりました。条件を整えれば、野生の植物や動物が戻ってきて、やがてはどんどん繁殖するようになる見本として、地域の人々に親しまれています。都市ではほとんど見られなくなった、フクロウやイワツバメ（house martin）が戻ってきているのです。

芝生や木で整備された普通の都市公園と違って、この自然公園では人々は昆虫や鳥の声を楽しみ、自然の息吹を感じることができるのです。それも、大都市の人々が楽しめるというのが大きな特徴です。古いポンプ小屋を改造した教室があり、専従の教師がいて、近隣の学校の子どもらの学習の場ともなっています。ここでは、都市のヒートアイランド現象や汚染について学ぶことができます。また、テムズ川の上流から下流までを形作ったミニアチュアモデルがあり、上流での侵食がどのように下流に影響していくのかを、目で実際に観察することができるようにもなっています。

ドッグランド地区では、都市部における生態系回復の試みが計画されており、これからつくられる5万戸の家には、自然の植物を乗せた屋根「グリーンルーフ」を備えよう、などという試みが計画されています。植える草木も、その場に元からある野生植物にしようとしています。町をより快適に、より安全にする試みでもあるのです。

また自然公園では、「グリーンジム」というプロジェクトも始まっています。教育目的で使う際に、いろいろな人々を対象にしようという計画です。心身障害者や学習障害者、非行経歴者、心神耗弱《こうじゃく》者などの治療効果を期待して、さまざまな活動を自然公園で行ってもらうのです。公園の中には、いろいろな仕事があります。それに従事しながら、体を動かし、自然の環境の中で、心と体を健康にしてもらうのです。

私は、こういった活動の全体を統括する事務局長で、他に7人の常勤スタッフがいます。もちろん、多くのボランティアやそれぞれの公園の保護グループなど六つの支援組織も協力してくれています。一日だけのボランティアだけではなく、長期間の手伝いをしてくれるボランティアもいます。管理しているのは、全部で四つの公園です。この公園以外の場所でも、自治体にアドバイスしたり、新しい自然公園をつくるコンサルタントをしたり、失業者らの訓練プログラムをする、などという活動をしています。年間予算は、約20万ポンド（約４０００万円）で、ほとんどが人件費に消えます。政府や自治体からの助成金と、コンサルタントや自主事業などの収入が半々になっています。

最近は、企業がいろいろと支援してくれるようになりました。企業の従業員を派遣して公園の整備に当て社会貢献をすると同時に、従業員のモラールアップにもつなげるという仕掛けです。ドッグランドには多くの金融企業が事務所を置いていて、環境に大変気を使うようになっています。今回のこの地球市民村から英国に帰ったら、すぐに３００人の従業員を、ある企業から受け入れる準備をしなければなりません。その人たちに、うまく作業をしてもらえるように計画を立て、道具や材料も準備しなければなりません。安全管理も必要です。そういう経費も、企業は一緒に寄付してくれるのです。ある観察小屋を、全部企業の人たちがつくってくれたこともあるのです。日本では、企業が寄付金を出すだけのスポンサー制度が一般的なように見受けましたが、こういうやりかたも有効だろうと思います。

地球市民村には、同僚のアレックス・ファリス（Alex Farris）が前半来ていて、私が後の1週間余り来ています。実はＴＲＵＥは、１５０年前にロンドンで開かれた最初の万国博覧会の中心的な建物だった「クリスタルパレス」が移設された「ダリッジアッパーウッド（Dulwich Upper Wood）」を管理しています。クリスタルパレスはその後、火事で焼けてしまいました。移設の際に、一部の木が切られましたが、実は英国ではめずらしく、12世紀ごろからの状態が残っているカシを中心とした貴重な森なのです。周辺部には、炭焼き用に根元から切られて、また根元から新しい芽が出て成長した「萌芽更新（coppice）」と呼ばれる木々が、かつての森の境界線を示すように残っています。環境教育の場としても活躍しています。この地球市民村は、誰にも大変参考になる場所だと思います。

地球市民村については、中央のメインルートから離れているのはどうかなと思わないこともありませんが、とにかくここのコンセプトはいいと思います。中立的な場所が用意され、そこに五つのパビリオンが円形に並んでいるというのがいいです。私たちは、ルーマニア政府に、どのようにＮＧＯとのネットワークを作ればいいかという諮問を受けて、いくつかの団体と一緒に会議に招かれたことがあります。しかし、いろいろな活動をしているＮＧＯが、同じ場所でひざを突き合わせるという場は英国でもありません。地球市民村を、万博が始まった場所であるロンドンでやって欲しいものです。

私は、もともと生態学や造園工学（landscape archtecture）を大学で学び、英国最大の自然保護団体である英国自然保護ボランティア基金（ＢＴＣＶ）で働きました。ＴＲＵＥに移ったのは、１９８９年のことです。人間のためだけではなく、野生生物のためにもなる都市デザインをしたいと思い、こういう仕事をしています。

自然に、なぜこんな興味を持つようになったか。きっと、母の影響だと思います。子どもの頃、住んでいた英国中部の都市コベントリーから、ドーセット地方のおじの農場にクリスマスには必ず行っていて、あの体験が自然に強い興味を持たせたのだと思います。

今後は、ＴＲＵＥの調査研究活動を充実させて、自然な生態系をどのようにつくり出すかだけではなく、温暖化の原因となるCO_2をいかに出さない家や建物をつくるか、また国際的な提携関係の構築などに取り組みたいと思っています。

＊もっと知りたい人は：ＴＲＵＥが運営するロンドンのエコロジーパークは、ラベンダーポンド・ネーチャーパーク、ダリッジアッパーウッドのほか、ロンドンの新しい観光名所であるザ・ドームの東側にあるグリニッジペニンシュラ・エコロジーパーク（ＧＰＥＰ）、そのさらに東にあるステーブヒル・エコロジーパークなどがある。特に、２００２年から管理を担当しているＧＰＥＰは、１２０ヘクタールもの広い川沿いの荒れた工業用地を、自然な状態に再生したプロジェクトとして広く知られている。多くのトンボ類が復活し、渡り鳥も多く、鳥たちを驚かさないようにして生態を見ることができる観察小屋なども整備されている。

日本では、生態観察ができる公園を「エコロジーパーク」とすることもある。英国では、都市部でその地にもともとあった自然を再生させ、生態系を理解し、本来の自然の中にひたることができることを目指す取り組みが、ロンドン以外でも始まっている。

TRUE

http://www.urbanecology.org.uk/

瀬戸市で地域づくりにかかわってきた

古橋敬一　Furuhashi Keiichi　さん

＊略歴　ふるはし・けいいち　地域活動家。学生時代に、米国アラスカ大学に交換留学。名古屋学院大学大学院博士課程在籍。地球市民村のレストラン運営スタッフ。29歳。（8月27日、地球市民村のテラスでインタビュー）

僕は今、「テンチョー」と呼ばれています。この地球市民村にあるレストラン「ナチュラルフードカフェ＆オーガニックガーデン」で、25人の仲間たちと一緒に仕事をしています。

集まってきたのは50代、40代の人が一人ずつ、それに30代後半から20代後半を中心とする若い人たちです。このために、大手デパートを辞めて来た人もいますし、会社勤めをした後に、いろいろ自分探しをしている人もいます。大学を出たばかりの人間もいます。男性は7人だけで、女性の方が多いです。

みんな自己実現をしたいと思って来ているので、それぞれがやりたいことを見つけてよかったなと思え、それがお店に来た人への満足につながればいいな、と思っています。しかし、組織としてうまく動かすのは簡単ではありません。店長としてのビジョンを示せと、仲間から言われるのですが、まだそれができていません。自己実現と社会貢献のリンクができればいいのですが。

そもそも僕は、地元、瀬戸市で地域おこし活動をしていました。

瀬戸市にある大学に通っていて、先生に誘われたのがきっかけになりました。名古屋市に人を奪われ、さびれていた瀬戸市の商店街を活性化しよう、という町の人の活動を手伝っていました。次第に、いろいろな企画の初めからかかわるようになり、商店街でのいろいろなイベントをしていました。人気がなかった商店街に人が集まるようになり、商店街の人たちと一緒に空き店舗を改装してつくったカフェ「銀座茶屋」は、商店街のお休み処として、話題を呼びました。朝は早くから、近所のおばあちゃんたちが手押し車で集まってきました。カフェの様子が気になって仕方がない商店街の人たちが、しょっちゅう顔を出してくれました。午後6時閉店にもかかわらず、午前零時を過ぎてもにぎやかなそのカフェは、商店街活性化のシンボルとして大きく注目を集めました。とても、面白かったです。

「まちづくりは地域経済学という分野だ」、という大学の先生の言葉によって経済学専攻の大学院に進み、修士2年の時に、愛知県の助成金を受けて、コミュニティカフェ「Milepost（マイルポスト＝道しるべ）」がオープンしました。ゆったりとした、24席がある広さになりました。50人のパーティもできる場所で、朝から入り口に乳母車が6台も並んだり、おばあちゃんたちが道の向こうから揃ってやって来たりと、壮観でした。「銀座茶屋」に続いて、若者からお年寄りまでがにぎやかに出入りするコミュニティカフェとして、テレビにも新聞にもいっぱい出て、とても面白かったです。

その関係で、この地球市民村でカフェをやろうという東京のNGO「Be Good Cafe」の話が入ってきて、何度か打ち合わせをしているうちに、店長という今の立場になったのです。

学生としての立場も、瀬戸市の地域おこしでの立場も、そしてもう一つかかわってきた不登校生徒らの支援活動も、全部お休みして、この店の運営に当たっています。私の大学院生活における集大成のようなものが、この万博であろうと思っています。県内のNGOやNPOには、万博に関して賛否がいろいろありました。でも僕は、瀬戸市の町づくりという視点からだったので、参加するには問題はないと思いました。

高校生活は、地域のサッカークラブに所属して、サッカー一色。高校1年の時に、Jリーグが始まり、一気にサッカーに注目が集まった頃でもありました。Jリーグの流行に刺激されて、自分では、サッカーで飯を食いたいと本気で考えていたほどです。

しかしユースサッカーは、高校サッカーとは違い、チームプレーでありながら、個人の技だけを財産として生き延びていかなければならないシステムなので、周りの友人はチームメイトでありながら、腹を明かせないライバルでもある、という複雑な人間関係の中で青年期を過ごしました。強い精神力を養ったと同時に、つまらないプライドを身に付けたのも、この頃だったように思います。その後、浪人して大学に入っても、たった1年しか違わない友人たちに対して心を開くことができず、「おれは違う」感がいつもありました。

そんな時、心に響く授業をする異文化コミュニケーションの先生に出会い、その先生がはるか以前に留学したアラスカの話に心引かれました。英語は、全く苦手。試験の点数もそれほどではなかったのですが、勉強のかいもあってか大学からの交換留学生に選ばれて、アラスカ・フェアバンクスに1年間留学してきました。あちらでは、高校時代のアルバイトで鍛えた料理がずいぶんと役に立ちました。いろいろなパーティーで腕をふるい、アラスカの少数民族たちともつながりました。食べ物は、いつも人をつなげてくれますね。それが縁で、彼らのコミュニティ再生運動やフェスティバルにも参加したりしました。その他にも、日本語を教えたり、歌を歌ってみたり、サッカースクールを手伝ったり、僕にできることは何でもやりましたね。

そんな中で分かったのは、「人と出会う中で始めるしかない」「とにかくやるしかない」ということ。そんな、シンプルで簡単なことだったと思います。また、大学自体がコミュニティになっていることに驚きました。学生が大学に住んでいる。人がその中で育っていく。一緒に生活していく中で、それまで全部「外国人」だと見えていた人々が、個人個人として見えてきました。面白かったです。

この地球市民村も、ある種のコミュニティだと思います。ここで働く人の関係に興味があります。最初は、とにかく店を回す、店をつぶさないようにするにはどうすればいいか、でした。

ようやく、この地球市民村にも人が来るようになりましたが、それは地球市民村が成功したのではなくて、万博に人が来るようになっただけ、だと思います。全体のエスカレーターが動いているから、自分も高く登っているように見えるが、自分では何も登っていない。

ここで、いろいろなＮＰＯの人に出会いました。その出会いを、どのように経済につなげていけるかに興味があります。

終わったら、とにかく博士論文を仕上げて、その後は、不登校生徒を支援する組織に加わるのではないか、と思っています。不登校の子どもらと1週間のキャンプに行って、みんなの前でべらべらしゃべっていたら、ほとんどの子どもは聞いてもいなくて、逆に「それで」という突っ込みをしてくる。僕の方が何もないような迫られ方をして、恥ずかしく感じたことがあります。

もともと教育には興味があったのだけれど、現状維持の「社会のための教育」ではなくて、人間の成長を目的にした、「教育のための社会」をつくるという枠組みが必要なのではないか、と思い始めています。

地球市民村は、来場者に対してある種の価値創造を迫る場所かもしれませんが、ＮＰＯたちのアプローチにはさまざまな工夫がみられて面白い。Non（ノン）という否定形の言葉を使って存在してきたＮＧＯやＮＰＯにとっては、この地球市民村はノンをいう相手が見つけられない戸惑いを感じる場所だと思います。でも、だからこそ「ＮＰＯが試される場」としての価値があると思います。市民活動にとって、こういう「さらされる場」というものがもっともっと大事にされていくべきだ、と思います。その中で、勝ち残るＮＰＯこそが、これから社会に本当に必要な力を持つのだと思います。

＊もっと知りたい人は：
瀬戸市の地域おこしカフェプロジェクト
http://www.ngu.jp/milepost/

岡崎市の職人たちの再生に取り組む

太田恒司　Ota Koji　さん

＊略歴　おおた・こうじ　愛知県岡崎市で、花火の製造会社太田煙火製造所を経営。市民団体「おかざき匠の会」のメンバーとして、町おこし活動に参加。45歳　（9月23日、地球市民村のカフェでインタビュー）

私は花火屋です。大学では理工学部で、火薬学をちょっと学んで面白いなあ、と思いました。たぶん、有機化学の授業だったと思います。卒業した後に、長野県の信州煙火工業という花火屋さんで3年間修業しました。中堅よりはちょっと大きい会社で、例えば華々しい花火で有名な大阪のＰＬの花火など、結構、県外にも打ち上げに行くところでした。私のうちは、おもちゃ花火関係の仕事だったので、打ち上げ花火についてはオヤジもよく知らなかったのです。祖父の時はやっていたのだけれど、オヤジの時におもちゃ花火専業になっていたので、打ち上げ用の「玉」は作ったことがないということで、玉のことを知りたい、と信州煙火工業さんに受け入れてもらったのです。

火薬の配合というのは、それぞれのメーカーの秘伝で、料理のレシピみたいなものなのです。驚いたことに、のっけからそれをやらせてもらいました。いいのですかと言ったら、時代的に火薬の配合を変えたい、化学の大学を出ているのだから、その火薬の配合を現代風に変える手伝いをしてくれ、と言われました。その頃は、安全性を重視するようになって、火薬も、それまで塩素酸カリウムが主成分だったのを過塩素酸カリウムを主とするものに、全国的に変更する時期だったのです。いろいろと配合を調整して完成させたい、ということでした。

うちにも当然、過去からの秘伝があるのですよ。それとはちょっと違うし、うちが昔からやってきているものでも原料が少しずつ変わってきている。昔のものは基本的にはあてになるのだけれど、この過塩素酸カリウムに変えた場合に、それなりに新しい原料で新しい知識が必要だということで、原料屋さんと相談しながらちょっとずつ変えていったのです。

花火は、実際に打ち上げてみないと出来が分かりません。まず火薬を地面で燃やして「いいかな」って、次に「星」にしてちょこっと打ち上げて「いいかな」って、じゃ「玉」にしようか、という形です。僕が3年間お世話になって、目標の半分くらいは変わったかな。

打ち上げ花火は、大きさによって3号とか、10号とか言うでしょう。その、それぞれを割る火薬「割り薬」も全部違うのですよ。大きい玉の火薬は、全部切り替えができたと思います。小さい方が残って、僕がいなくなって数年後に、全部うまくいったみたいです。

尺玉まで作らせてもらいました。星づくりから玉に作るところから、紙張りまで、1から10まで、3年間で、だいたいのことは教えてもらいました。それは、こちらのやる気があれば、職人さんは盗んで行けと言うくらいだから。盗めと言われて盗んで、真似していると、「そこが違う」と言ってくれるものでね。今は、若い人はみんなマニュアル下さい、と言うでしょ。自分からやろうとしないでしょ。見よう見まねでやって、違うことは違うと言ってくれるのです。わからないことはわからない、と聞く。そうすれば、ある程度のレベルまでは行ける。後は、例えば、星を作る時の湿り気はどれだけ出ている、とかいう状態というのは、経験的なものだから言葉だけではだめですね。

形としては、打ち上げまではできるくらいにはなりました。100%かどうかは、なんとも言えないです。ほかの打ち上げ花火屋さんのお手伝いは、ちょこちょこ10年くらいはやっていました。最近は、手を引いてしまいましたけれど。

3年修業した後は、スキー場のバイトをしてから帰ってきました。せっかくなら八方尾根でと思って、11月から4月までいたかな。帰ると、使われる身から使う身になるでしょ。それに、僕は客商売をやったことがなかったのですよ。ちょっと、そういう面で、一度やってみようと思ったのです。

家は、祖父の弟が工場の方を任されていて、父が商売をしていました。後は、パートさん。その頃は、10人近くいたかな。今、その半分ですけどね。「ドラゴン」と呼ばれる噴き出し花火、地面に置いて吹き上がる花火、それをやっていました。今みたいに種類多くなくて、5種類くらいしかなかったかな。その後、多品種少量化になってきました。今は、十数種類になっています。まだ、中国との国交が回復するかどうかの時代で、中国からまだほとんど商品が入ってこない時でした。

その後、バブルの時に品不足になって、中国から大量に輸入することになったのです。国内で作っている分だけでは、間に合わなくなっていたのです。バブルの時は、花火も結構、売れていましたよ。今では、考えられないくらい。うちで言うと、今の生産量がかつての3分の1に落ちているので、3倍くらい売り上げがあったのですよ。バブル崩壊後、低価格の競争が始まって、中国からどんどん入ってくるようになって、商社が向こうで技術指導してしまうのですよ。技術指導しなければいいのだけれど、ノウハウを向こうで教えてしまうものだから、もともとは粗悪品だったのだけれど、今では国内産と遜色なくなってしまいました。衣料品と同じです。嫌になってしまうくらい、くしゃくしゃの状況です。値段を、叩かれるだけ叩かれるのです。

流通も変わりました。昔は、メーカーから一次問屋、二次問屋、そして小売りでした。今は、一次問屋から、すぐスーパーとか量販店というルートが、一番多くなってしまいました。スーパーや量販店の力が、大きくなりましたからね。

私たちが卸す取引相手も、決まっているので、そう、あちこち手を広げられない。今は人形屋さん、ひな人形など季節商品を扱っているところが、単品という、セット物ではないものの扱いでは、多いかな。おもちゃ屋さんも少なくなったし、駄菓子屋さんもなくなった。僕らが困るのは、昔は対面販売で、こうすると危ないからとか言ってから、売ってくれていました。こういう風に遊びなさいね、と言ってくれた人がいたのに、今はいなくなってしまったことです。注意書きをいろいろ書いてあるけれど、読まないでしょ。だから、どんな状態で使っても、安全なように作らないといけなくなってきたのです。

花火というのは、江戸時代は、危ないから面白かったのです。危ないからよかったのです。特に、江戸っ子はね。派手なことと、危ないからというのが、おもちゃ花火なのです。流行り始めた時期でいうと、ネズミ花火などが古いのですよ。流星というロケット、あれも早い時代にあったのですよ。

うちは、私が5代目。大正末期から始まっています。職業として始めたのは、その頃です。その前は農家です。ほとんど花火師というのは、祭りの時だけの仕事だったのです。奉納花火をするとか、あちこちの花火大会というのは、自分で作った花火を持って行って、そこで賞金稼ぎをして帰ってくるということだったのです。それが、花火大会の始まりなのです。村祭りの花火は、奉納花火なので、町内ごとに自分たちの花火を上げていたのです。

花火のルーツは、当然ながら鉄砲隊です。鉄砲隊に、火術師という火薬の配合とか管理とかを伝承する人がいました。鉄砲隊は、江戸になってそれほど必要でなくなったけれど、技術の伝承が必要だった。それに、3代将軍が花火が好きだったのですよ。全国に奨励したのですよ。その頃に、徳川譜代のところでは花火遊びをしてよかったらしくて、関ヶ原の合戦以降50年くらいで、あちこちで花火が作られるようになったのです。江戸は家が密集しているというので、何度か禁止令が出ています。将軍が代われば、またしてもよくなったりしています。隅田川の川開き花火も、何度か中止になっています。もとは、疫病のお祓いで打ち上げたと言います。花火は結構、神事と結びついていますからね。村祭りでやる花火が主流かな。

私は長男です。小学校の2年くらいから、将来はこの仕事をすると思っていました。うちの商売はこれなのだと思っていて。花火をやるのだと思っていたし、周りも、そういう目でも見ていた。本家の直系の者だから、親戚にも言われていたのですね。化学系は好きだったのですよ。テレビ見ても、マンガ『鉄腕アトム』に出てくるお茶の水博士みたいな、あんな人になりたいなと思っていたのです。ああいう科学者がいいなあと、ヒーローにはなれないけれど、あれにはなれるかなと思っていました。

メンバーの一人として、地球市民村に出展した「おかざき匠の会」のコンセプトと似ているのですが、まず地場産業ということはゆるがないかなと思っています。うちのドラゴンという商品は、なつかしいとか言われる。もう50年くらい続いている商品だから。ファンがいるのです。匠の会も、そうなのだけれど、職人にとって自分のファンがどのくらいいるかが大切だと思うのです。ファンのために、とりあえず作っている。その先は、だんだんしぼんでくるのかもしれないけれども、ファンのために頑張れるところまでは頑張ってみると思っています。新しい商品を出すにしても、そのファンが、「あっ、やっぱり太田さんのところの商品だ」と思ってくれるものを出したいです。今、働いてくれている人は、若い世代はあまりいません。うちでも、花火に興味がある若い子が来る分には拒みません。たぶん、長続きしないでしょう。一人27、8の男性がいます。仕事に対して、魅力がある状況ではないかもしれません。打ち上げ花火には派手なところがあるので、若い人が飛びついてくるところがある。未だに問い合わせがありますよ。打ち上げ屋さんの仕事をしたいのだけれどと。ショービジネスみたいな感覚だから。おもちゃ花火の世界は違うからね。

おもちゃ花火という概念が、日本独特なのですよ。誰でもできる。赤ちゃんでもやっています。1歳の子どもが、花火に火を付けても、法律上構わないですよ。江戸時代から根付いた一つの文化なのですね。ほかの国には、おもちゃ花火の概念はありません。アメリカでは、花火禁止の州もあります。年末だけはいい、というところもあります。途上国で、爆竹のようなものもあるにはあるが、お祭りの神事がらみでやるわけであって、おもちゃ花火は年中できるわけです。日本独特で、その楽しみ方をもう一度考えてもいいのではないかな。夕涼みもそうだし、友だち同士が集まった時に話のネタにもなるし。おもちゃ花火にも凝ったものもあるので、話題はいろいろ出るのですよ。今、大人が面倒くさいから、おもちゃ花火で遊ばなくなっただけだと思います。

子どもの前に花火を置いておくと、「やっていい？　やっていい」って言いますが、火を付けたくて仕方がないのですね。でも、そういうことが全部なくなってしまいますよ。それは、子どもが自発的に花火をやりたいという環境でなくなってきたからなのかもしれませんね。また大人が面倒くさがって、夕涼みすら面倒くさいということにもなっている。エアコンのスイッチを入れて横になって、それでよし、みたいな。何か、もったいなあと思います。自分でも、夏の本当に暑い時に、夜でも35度くらいある時に花火したけれども、5分ももちませんでしたね。今日はやめ！　と言ってエアコンの中に入ってしまった。庭に水まいて、日が落ちたら外に出て花火でもするか、という余裕が欲しいかな、と思います。

最近、「いやし」ということをよく言うけれども、手っ取り早いいやしだけを求める。面倒くさい「いやし」の時間を作るべきかなあと。そうすると、僕らの仕事関係も分かってもらえると思うのです。

職人の世界は、時間がかかるものですね。作り込んでいくものです。石もずっと見ていてよさが分かってくる。何気なく石灯籠を見ているけれども、あの石灯籠の有無、その上のコケの有無で、雰囲気が全然違うのですよ。当たり前のように過ごしてきたけれども、コケの生え具合いいねと言っても、コケが生えてくるまでにはずっとそこに石が鎮座していないといけないわけです。そのよさは、そこに来て初めて出てくる。

庭づくりしていても、つくり込んでいってコケが出て、古さが出て初めてよさが出てくる。よさというものには、ちょっと時間がかかる。

おかざき匠の会には最初からかかわっています。一番最初は、地場産業育成か何かですよ。育成が目的で、商工会議所が立ち上げてくれた。それで、ある程度成果が出たという。補助金というのは、報告書をとりあえず出せばよし、ということが少なくないのだけれど、たまたま僕らはコラボレートした商品が、全部で四十数点もできたのです。地場産業育成というと、せいぜい4、5点しかできないものですが、アイデアを出したものは全部作ってしまえ、とやったのです。仏壇のための彫り物やっている人が、床の間に置けるような彫り物を作りましょうと言ったのが発端になって、龍の置物も作りました。高くてもいいから作りましょう、値段に関係なく形にしましょう、とやった。服でも、フロアマットに使うリサイクルの生地で、ジャケットを作りました。ざっくりした感じで面白かったです。今まではこんな場面には使わないというものも、アレンジして作ったりした。

これで終わるのもつまらない、これからも協力していろいろ作ろうと「おかざき匠の会」が発足したのです。それが、4年前の2001年7月でした。

今回、地球市民村に出て、たぶん、みんなに自信がついた。自分をうまく表現するようになったと思います。自分がやっている仕事の表現ができるようになった。作品を作るまでは、みんな勉強しました。いろいろな意味で。歴史の見直しもしたし、「命と平和」というテーマで物づくりをする、ほかの人の意見を聞きながら、自分のものを作っていくという、そんなことは今までなかったと思います。自分のオリジナルはオリジナルだけど、目的が違った。

地球市民村に出展したほかのNGOの皆さんと違って、ここに展示するまでが勝負だったのです。それまでが、90％以上かな。展示してお客さんと話をするというのは、10％くらいなんです。今回の出展に関して、岡崎市の地元の人がバックアップしてくれています。ほかのNGOには、地場がなかったと思います。僕らにはあったのです。岡崎市も動いたし、市民も動いて、ボランティアもすごく集まってくれました。その人たちを通して、地元が好き、岡崎が好きという人が増えたかなと思います。

市民村に出た影響でしょうか、あちこちから連絡があって、ワークショップみたいな市民講座の講師を、今年8月からみんなでやることになりました。岡崎市でのイベントでは、私たちに声をかけてもらえることが多くなりました。岡崎を舞台に、来年4月からNHKの朝のドラマが始まります。それに向けて、岡崎市も観光目的でプロジェクトを作って、市の職員が番組のロケハンにお付き合いしたりしています。市を見直す年なのです。それにもかんでいきましょうと、市に掛け合っているところです。

岡崎の商工フェアに出ていって、ここと同じような体験活動をしているのです。僕らみたいな人間が、まだ仕事していますよ、と紹介しています。それを見て、これまで和ロウソクは岐阜県高山市まで買いに行っていた人で、地元に和ロウソク屋が2軒もあるんですか、と驚く人がいました。地元の人に、少しずつアナウンスしていく。地域の人でも知らないことは多いですよ。岡崎の人間でも、岡崎のことをよく知らないです。

この先、自分の職はなくなっているかもしれないけれども、岡崎には住んでいると思います。岡崎のことは、一番よく分かっているから。私は土着民だからね。岡崎人だから。

手でやる仕事というか、やらされている仕事ではなくて、自分から突っ込んでいって成果が出る仕事をしたい。今でも、自分の企画でいろいろなおもちゃ花火を作ります。しょっぱなに、誰かに火をつけさせて、「わっ」て言わせれば、それでいいかなあと思います。商品を見て、なつかしいと言ってくれる人がいるからこそ作っているところもあります。

万博には終盤、本当にいっぱい人が来ました。でも、これは踊らされているだけでしょう。この場に来て何を知りえたか、ちょっと疑問です。トヨタ館見た、日立館見たと言うが、何々がよかったよ、というのがないですね。日本全国に、少し後へ戻ろうよ、と号令がかかったら考えるかもしれないです。これだけ、日本は先進国みたいになっているけれども、「伝承していく心」は後進国なのですね。だからシルクロードとかのテレビ番組見ててもそうだけれど、少数民族がこの踊りを守っていく、と言ったりしている。民族の証《あかし》を大事にしているのだと思います。日本人は、その部分をなくそうとしている。よくアイデンティティと言うけれども、経済的に豊かになったからと言って、自分の基礎、足元を見て、何があるのと聞かれて、これがある、と言える人は少ないでしょう。僕ら匠の会でも、自分たちの仕事の基盤は何かと言ったら、岡崎という地域でしょうと、それが自信になっているのかもしれない。

岡崎の名物である八丁味噌も、岡崎城から8丁のところにあるから八丁味噌なので、川を越えたら八丁味噌ではなくなるのです。ほかの場所の味噌は、別の名前を持っているのですよ。だから、そこに誇りがあるのですよ。

うちの花火も、「三河花火」と言える。全国でも、八女花火とか地名が付く花火が何カ所かあるのです。昔は、ここら辺の花火師の力が高くて、全国の花火大会で優勝して帰ってきた人が多かった。戦前までは、そうだったらしい。うちも仕掛けをしに富山などまで行ったらしいですよ。それも、自信になると思うのです。中国から部材を買ってきて、パッケージにして商品を出していると、それは日本の花火ではなくて中国の花火なのですね。

和ロウソクの店も、確かに表通りから一本入ったところにあって、表からは見えない。職人の店は、通り沿いにある必要はなかったから。お寺さんとかが、お客さんだから。

この手のけがは、6年くらい前かな。ちょっと建物を焦がしてしまって。丸々一棟、ね。その中で、火に囲まれてしまって。外に出るしかなくて、ばーんと出た瞬間に火にあぶられて…。新聞にも出ました。病院に運ばれて、一日で退院しました。軽傷。火薬は40キロとか50キロくらい。爆発ではなくて、燃えたのです。火が広がって、真ん中の真空状態の場所に残されたのです。一人だけでした。うちの火薬は、弱いと、はなから思っているから、火がついた瞬間も、そんなにあわてなかったです。ぶわーっと広がった時に、出口が二つあった。火を見て危ないと思った時に、体が傾いたのが遠い方の出口の方向だった。それを立て直して近い方の出口に行くか、このまま突っ込んで行くか考えて、そのまま行こうとした。火は、人が走るくらいのスピードで広がってしまうものだから、その瞬間にそのまま行こうとして、火の中に突っ込んだのです。予備知識として、呼吸はするなと言われていた。着ているのは綿の服なので、腕はまくっていたのだけれど、化繊のようにべたっと来ることはないと。しかし、聞いていなかったのが、目を開けた方がよいのか、閉じた方がよいのかでした。目をつぶって走って壁にぶつかったらまずいと思って、光が分かるくらいの薄目で行こうと思って飛び出した。まあ、目は傷があると言われたけれど、呼吸をしなかったからガスは入らなかったし、救急車の中で酸素マスクをくれましたが、鼻毛は焦げたが息していなかったから大丈夫だから、と話していた。手を冷やすものが何もないので、手の方は部分的に3度の火傷《やけど》になりました。2回、皮膚を移植しました。肌をぺらぺらに薄くはいで、別の場所から移したのです。貼ってしまえば、感染症を防ぐだけで、顔は何もしない。顔もしっかり焼けました。お岩さん状態だったな、3週間くらい経っても。それから、下から皮膚が生えてきて大丈夫だったです。

子どもは、女、女、男と来ていて、一番下はまだ小学校の4年生です。理科は、嫌いではないみたいです。花火は、好きみたいです。花火やって、と来ますから。

今のように、どこへ行ってもジャスコとかダイエーとかの大規模店があるというのは、ずっと続くとは思わないのです。それぞれの地域が、土地土地のカラーを出さなければならなくなると思います。となると、そういうカラーを出すような店舗の集まりが出てくる。そこに、地元の商材が欲しくなる。地元のものは何だろうという風になると思うのですよ。統合、統合と言っても、北海道のお客さんとここら辺のお客さんと、買う物も食べる物も違うと思うのです。ニーズに合ったものが、どんどん地域性に戻ってくるのではないかと思います。

これからは、流されないことにこだわりたいです。時代の流れは、流れとしてあるだろうけれど、自分なりに提案していくことが大事かなと思います。作り手は、物のことをよく知っているのですよ。それが、市場原理で安いものがいいと言われても、これ以上安い物は物ではないよ、という線を知っているのですよ。それ以下になったら、商品ではないのですよ。パソコンで使う、ブラウン管型のCRTモニタがなくなってきましたね。ナナオというメーカーが、昔7、8万円する、いい色を出すモニタを出していたのです。それが、なかなかないのです。色がいいので、探すのだけどないのです。僕は、自分の商品のデザインを自分でするようになったのです。他人任せでなくて。デザインの基本は作ってもらって、それに自分の色を出したいのです。ここから下は商品ではない、それだけは残しておいて欲しいなあというものを、それはもう作りません、となると情けないかなと思います。ナナオの商品はそういう需要はあるのですよ。中古市場では、高い値段で落札されているのですよ。それだけは、作り手は知っているのですが、時代に合わないからやめましょう、になってしまう。

ちょっと高くても、残しておいて欲しいものはいっぱいあります。桶屋《おけ》さん、昔は作ることよりも修理がメインの仕事だったのです。ああいう、桶屋さんのおひつ、ヒノキではなくてサワラかな。あれを、知り合いがたまたま買ったのですよ。4合入るかどうかで、7000円だったそうです。夏場にご飯を2日間入れておいたけれども食べられたよと。そのまま置いておいても、おいしかったよと。死ぬまで使えると言われたそうです。変形したら、削ったりして直してもらえる。だんだん、そういうことも知らなくなってきた。おばあちゃんが使っていたことは覚えていたが、お母さんは使っていなかった。こういうものは、一世代抜けると分からなくなるのではないですか。物事は、簡単に一世代で忘れます。

うちのお袋は、お月見とか、しょうぶ湯だとか、ユズ湯とか言います。面倒くさいけれど、祭事というのをちゃんとやると季節感が分かってくる。「祭りごと」というのはとても面倒くさい。しっかりやろうとすると、すごい面倒くさいのです。その手順を全部聞いていくと、これも抜いてはいけない、あれも抜いてはいけないになる。裏の意味を教えてくれる人がいないから、表の形も忘れていくのだと思います。

＊もっと知りたい人は：
太田煙火製造所
http://www.sun-inet.or.jp/~otaenka/

おかざき匠の会
http://www.okazakicci.or.jp/otc/index.html

世界各地の難民支援にかかわってきた

柴田久史　Shibata Hisashi　さん

＊略歴　しばた・ひさし　日本国際ボランティアセンター（JVC）のスタッフとして、カンボジアやソマリアの難民支援にかかわる。愛知県岡崎市に帰郷し、地域活動に参加。地球市民村のNPO／NGOコーディネーター。46歳。（9月19日、大詰めを迎えた、地球市民村の事務所の廊下でインタビュー）

1980年、81年の大学生の頃、カンボジア難民がタイ領内に大量に出ました。日本では、その救援活動をしようと、上智大学などが学生をボランティアとして送り出していました。上智大学にはピタウ学長という人がいて、たくさん学生を送ったのです。日本全国の学生など1000人以上の人たちがボランティア活動をしたい、とタイへ渡航しました。私は、そんな怖いことはとてもできないから、当時はそうした現地へ行った人たちを支援しようと街頭募金をしていました。

そしたら、私が在学していた早稲田大学にはいろいろな政治活動をしている人たちがいて、「難民を助けましょう」というビラを貼ると、翌日にはほとんどはがされてしまうという状況でした。「難民なんか、いない」と言う人たちがいました。私はノンポリ学生だったので、その意味がよくわかりませんでした。なんで難民を助けるのに反対されるのかと思っていました。

そこで、自分が街頭募金したお金がどこに行くのかを、ずうっと調べていきました。最後は、ある労働組合の支部へたどり着きました。「私たちが集めたお金は、どうなるのですか」と聞いたら、「ポルポト政権に渡す」と言ったのです。

当時は、ポルポトが何者かは分からなかったのですが、私は組織の末端にいて、募金されたお金は薬になるのだと思っていました。だから、「私は、募金したお金は薬などに使われますと言っているのに、なぜそれを政権に渡すのですか」と聞いたのです。そしたら、「これは戦争だから、勝てばいい。だから、軍需物資を買っても構わない」と言っていました。私は、納得がいきませんでした。「ポルポト政権下のカンボジア赤十字社を通じて支援する」と言うから、日本赤十字社の担当者に、日本赤十字社の本社まで調べに行きました。日本赤十字社の担当者に、「戦争している中でのカンボジア赤十字社とは何ですか」と尋ねました。そしたら、「微妙な問題だ」と答えてくれるだけでした。結局、自分が募金をお願いして集めたお金が薬にならない、ということが分かりました。

私は、みんなにうそをついたことになるから、募金してくれた大学のサークルを一つひとつ回って謝りました。

当時、一緒にやっていた大学のサークル仲間と酒を飲みに行くと、私は榊原郁恵を歌うのに、彼らは「インターナショナル」を歌っているのですよ。私は、「誰の演歌？」などと聞いていました。ノンポリなので、労働者の歌など全然知らなかった。ずいぶん、ケンカしましたよ。私は、カンボジア難民問題を政治問題としてあまり意識していませんでした。人道問題として、考えていました。「苦しんでいる人々がいるなら助ければいい。政治の話は、助けた後ですればよい」というのが、私の主張でした。それは、国家を超えるNGOの基本的な姿勢に通じていることが、ずっと後になって分かりました。当時は、NGOという言葉すら知りませんでした。

愛知県から上京する時に、親や親戚に「くれぐれも、政治にはかかわるな」と言われていました。私は高校生まで、ばりばりのサッカー少年で、中学・高校とずっとキャンプテンでした。全く、政治のことには疎かった。

結局、自分で現地を見たい、と思うようになったのです。それで、日本国際ボランティアセンター（ＪＶＣ）の活動で、１カ月間行ったのです。ブリラムという、タイの農村に入りました。その時私は、難民キャンプには入れませんでした。帰ってきて、大和定住センターに非常勤職員として入りました。夜、ずっと一人で難民たちの面倒をみていました。大学４年生の時、１９８１年です。誰も、当時、夜勤などやる人はいなかったですよ。

そして、「ラオス人脱走事件」が起きてしまいました。戦争当事国のラオス人とベトナム人が、一緒にセンターに入居していました。日ごろから、険悪な状況がありましたが、ついにある日、同センター内でラオス人とベトナム人が大げんかをしたのです。ナイフは持ってくるわ、椅子はふりあげるわ、大騒ぎでした。私も止めに入ったけれど、椅子をぶつけられました。難民は百何十人もいて、こちらは一人。結局、大勢の警察が来て、事態を収拾しました。新聞は、連日大騒ぎでした。

母親は、近所では有名な肝っ玉ばあちゃんです。燃料屋を今でも現役でやっています。70歳を過ぎて、まだ自分で車を運転して配達しています。オートバイにも乗っています。この前、配達途中で、私の娘が校庭でマラソンをしているのをたまたま見つけました。娘は足が遅いので、後ろの方を走っていました。そしたら、ばあちゃんは車を校門の前に止めて、「遅いぞ！　頑張れ」と大声で娘に声援を送ったそうです。「本当に恥ずかしかった」と娘が帰宅してから私に報告しました。「お父さんが子どもの時は、そんなことは当たり前だった。まだ、たいしたことない。気にするな」と娘を励ましてやりました。私は、３人兄弟の末っ子ですよ。兄と姉がいます。

私は、大学をサボって４年で卒業できなかったこと、難民救援活動にかかわりたかったことを理由に、４年在学して大学を中退しました。そして、両親に勘当されてしまいました。勘当されて２カ月後に、日本政府派遣医療チーム「ジャパンメディカルチーム（ＪＭＴ）」のコーディネーター募集という記事が、海外青年協力隊の新聞に小さく載っていたのです。当時は、まだ22歳でした。「採用されるのは、ほとんど無理だろう。でも、出すだけ出してみよう」と思って応募しました。そしたら、採用されてしまいました。国際協力事業団（ＪＩＣＡ）の「専門家」として、現地に行くことになりました。

１９８２年、ＪＩＣＡがタイ・カンボジア国境のカンボジア難民キャンプに派遣していた、ＪＭＴのコーディネーターになりました。東京のＪＩＣＡ本部では、「君は若いから、国境で最大の難民キャンプであるカオイダンキャンプを担当するのは、責任が重いから無理だろう。現地では、小さなサケオ難民キャンプか宿舎の病棟を管理してください」と言われました。しかし、現場へ行ったら東京とは正反対の対応で、「君は若いから、体力もあるだろう。宿舎から90キロ離れたカオイダンキャンプを担当してください」と言われて、そこを担当することになりました。

外科病棟は、患者さんの7割くらいは地雷を踏んだ人たちです。私は、血を見るのが大嫌いでした。国境から、夜中に無線が入ってきます。「たった今、地雷を踏んだ患者をそちらに運ぶので、手術の準備をしてください」との連絡です。私は、コーディネーターですので、救急車で輸送されてくる患者さんを病棟に運んだり、手術の補助をしなければなりません。最初は、「怖いのでいやだ」と言いました。しかし、そんなことでは仕事ができません。他のコーディネーターや看護師さんに叱られながら、そうした仕事をやるようになりました。手術室で、地雷を踏んだ患者さんの足を持たされて切断の補助をしたり、切断した足を捨てる仕事もしました。想像をはるかに超えていました。

タイとカンボジアの国境は、全部で800キロぐらいあります。北の方にイタリアチームの運営する病棟があり、サケオの日本医療チームの宿舎兼病院があり、カオイダンキャンプに国際赤十字と日本医療チームの施設がありました。この4カ所で、国境にいる、すべてのカンボジア難民の外科治療をカバーしていました。四つの外科病棟のうち、二つは日本チームが担当していたことになります。国境には、ポルポト派、ソンサン派、シアヌーク派と、カンボジア側は三つの派閥に分かれて軍事拠点をつくっていました。そこには、難民も一緒に住んでいたので、兵隊と一般人が混在していました。ベトナム軍が、その3派と対峙していました。

当時、タイはベトナムの侵攻による共産化を恐れていました。西側諸国にとっては、ベトナム、ラオス、カンボジアと共産化されたので、なんとしてもタイを共産化から守り抜くという政策でした。日本にとっては、タイが共産化されたら、アジア市場を失う。また、中東から運ばれて来る石油タンカーが、マラッカ海峡沖を通ります。タイの政情が不安定になると、石油が日本に届かなくなる、日本にとって石油ルートが確保できなくなり死活問題だ、という認識でした。とにかく、西側諸国はタイにはものすごい量と質の援助を投入しました。

国境には、世界中から人道援助をしに何十団体も活動していました。私は、政府派遣という立場だったので、人道援助だけではなく、国際政治の中にいることを感じていました。

難民キャンプ内は、特に夜間に強盗やレイプなどの危険にさらされます。外国人である私たちが、24時間常駐している病棟は、夜間に若い女性などを保護していました。


また、病棟は戦争外科なので、スクリーニングという、患者の選別ということを教わりました。人の密集する市場などに爆弾が落ちると、大勢の人々が負傷します。そこでは、スクリーニングという作業が行われます。国境では、医者や看護師の数、薬品の量が限られています。助からないと思われる患者さんは、放っておく。手術をすれば助かると判断された患者さんから、病院へ移送する。日本医療チームは、国際赤十字チームと一緒に働いていました。しかし、戦地での経験のない日本のお医者さんは、重傷患者から移送してしまうので、結果的には大勢の患者さんを死なせる可能性があるという理由で、そのスクリーニングをする資格が与えられていませんでした。戦地医療の厳しさ、というものを肌で感じました。

また、病棟ではつらい体験も多々ありました。例えば、ある日、体の弱った妊婦が運ばれてきました。帝王切開で出産しましたが、同時に昏睡状態に陥りました。人工呼吸器を付けて、心臓マッサージをし続ければ生きています。日本のお医者さんと看護師さんは、誠実に数日間それを続けました。そしたら、病棟全体を管理している医療コーディネーターが来て、「ここは、医者も看護師も数が限られています。一人の患者さんに全力を注ぐよりも、大勢の患者さんの世話をしてください。人工呼吸器をはずして、治療をやめてください」と言われました。厳しかった。私は、日本のお医者さんに「治療をやめてください」と伝えました。すごくいやでした。コーディネーターというのは、病棟全体を管理するし、嫌われ役でした。つらかったですよ。

また難民は、ポルポト政権下とその後の戦乱で家族ばらばらになっている人たちがたくさんいました。ある日、カオイダンキャンプに、国境から一人のおばあさんが患者として運ばれて来ました。病棟に入院している間に、たまたま劇的に孫娘と出会ったのです。でも国境では、「難民は治療を終えたら、元の居住地に返さなければならない」というタイ政府の規則がありました。おばあさんの治療が終わった後、国境に返さなければなりません。二人は抱き合って、泣き叫んで離れない。その周りを難民の人たちが取り囲んでいました。そして、みんな私の方を見ていました。私には、おばあさんをここにずっと滞在させることのできる権限がある、とみんなは思っています。孫娘とおばあさんに、じーと見つめられました。私は、おばあさんをもっと病棟に滞在させてもらえるように、タイ軍と移送を担当する赤十字に交渉しました。しかし、認められませんでした。おばあさんは結局、国境へ返さざるをえませんでした。泣き叫んでいた二人の姿が焼き付いています。理不尽さに憤りを感じたし、自分の無力さも思い知らされました。

また、私たちの病棟の隣はハンセン病病棟、その隣は結核病棟でした。難民キャンプ全体の中でも、もっとも状況が厳しい地区でした。

当時、私の患者さんたちの多くは、地雷を踏んで足のない人たちでした。患者さんたちに囲まれていると、足のある人を見て、誰かが「おまえ、足が2本あるじゃない。変だなあ」と言っては、みんなでどーっと、笑うのです。究極のジョークでした。

地雷は、ほとんど対人地雷です。小さいものです。地雷の残酷さは、戦力としては3人の勢力を止めるということです。死んでしまえば、そのまま置いていかれますが、地雷を踏むとその傷ついた兵隊を他の二人の兵隊が両脇に抱えて運ぶからです。

さらに地雷を踏んでくるのは、国境を行ったり来たりしている普通の人が多かった。子どもや女性も大勢いました。地雷を踏むと、土や泥も一緒に吹き飛び、それが傷口に入ります。傷口からばい菌が入り、化膿します。そのため、どんどん腐っていきます。ですから、時間との勝負です。どれくらい早く病院に来るかで決まります。

鉄砲の弾傷は、体の中に土や泥が入ることがなく、ばい菌があまり入ることがないので、出血がひどかったり、致命傷のところに当たらなければ、時間的には余裕があります。

地雷を踏んだ患者は、国境から病棟に運ばれてくるまで数時間かかります。そうすると、医者としてはどこで切断するかが勝負になります。膝の上か、下か。術後の日常生活のことを考えると、できるだけ膝の下で切断してあげたい。日本の医者は良心的だから、できるだけ膝の下の方で切断しようとします。しかし、すでにばい菌がその上まで入っていると、膝上で再切断などということもありました。

今回、地球市民村で、地雷廃絶日本キャンペーンの海外ゲストとして、地球市民村にやってきたカンボジア人のチャン・ナレットさんとの出会いは衝撃でした。彼は戦争中に地雷を踏み、両足を切断しました。その後、地雷廃絶世界キャンペーンの一員として世界中を回り、地雷廃絶を世界に訴えました。地雷廃絶世界キャンペーンは、その活動の功績が認められてノーベル平和賞を受賞しました。彼は、同団体を代表してノーベル賞を受け取った人です。彼と話していると、1982年12月に地雷を踏み、カオイダンキャンプで切断したことがわかりました。それはちょうど、私が同キャンプで働いている時期でした。彼は日本医療チームではなく、国際赤十字で手術をされましたが、同じ病棟なので、たぶん私は彼に出会っていたのだろうと思います。彼は1960年生まれ、私は59年生まれです。歳も、私と1歳違いの同年代であることがわかりました。23年の歳月を経て、病棟で苦しんでいた元患者さんとこんな風に出会うとは、本当に感激でした。

日本政府医療チームは、1982年12月で撤退しました。私が、最後のコーディネーターでした。地球市民村に参加してもらった、静岡県のホールアース自然学校を運営している広瀬敏通さんは、初期のコーディネーターでした。『キリングフィールド』という有名な映画があります。カンボジア難民が、ポルポト政権の圧制を逃れタイ国境まで逃げてきて、最後に感動的に友人と再会するという話です。そのラストシーンは、私の働いていた病棟の前で撮影されました。

その後も、JICAで働くかと言われましたが、私は難民にしか興味がなかったので、JVCに戻りました。JVCでは、「ソマリアへ行きませんか」と提案されました。私は、タイ・カンボジア国境に戻るつもりだったのですが。

当時、JVCは今後の方針について、組織の意見が二分されていました。JVCはそもそもタイで誕生したので、タイでの活動が終了すれば解散する、またはタイだけで働く地域NGOになればいいという意見と、せっかく日本で生まれたNGOだから、もっといろいろな国で活動する本当のインターナショナルNGOになりたい、という意見がありました。インターナショナルNGO派は、星野昌子さんなど少数でした。しかし、JVCは私をソマリアへ派遣することで、インターナショナルなNGOを選択しました。

ところが、ソマリアでの活動を始めるに当たり、JVCは活動資金がありませんでした。「全額自己負担で行ってください。死んでも、責任とりません」という契約でした。

1983年3月に、ソマリアへ行きました。エチオピアとソマリアが国境紛争を起こし、エチオピア東部に住むソマリア人が、戦乱や差別を避けて同族のいるソマリアへ大量に逃げたのが原因でした。ソマリアでは、当初医療プロジェクトをやる計画でしたが、現地で調査したら、エチオピア難民が流入してから3年も経っていて、すでに世界中から援助が入っていたので、緊急事態は脱していました。だから、医療プロジェクトは要らない、と言われました。そこで、難民が自立するための農業プロジェクトを立案しました。しかし、日本で予定していた援助組織には、農業プロジェクトは地味なので支援しない、と言われました。また、農業技術者を日本で採用しようとしましたが、JVCのような素人団体に参加して失敗したら後で責任を取らされる、などという理由で断られました。国連と契約書を交わしてしまった後でも、農業技術者はいない、資金はない、ソマリアへ来てくれるJVCスタッフもなかなか見つからない、現場の日本人は私一人だけで、八方ふさがりな状況でした。

活動地は、ソマリアのルークという場所です。首都からエチオピア側に400キロくらい離れているところです。当時、ソマリア全体で70万人のエチオピア難民がおり、ルーク地区には12万人の難民がいました。当初は車がなかったので、ヒッチハイクをしながら首都モガディシュと現場を行ったり来たりしました。50ヘクタールの農場を開墾して、100家族計600人のエチオピア難民を自立させるプロジェクトを立案し、国連難民高等弁務官事務所（UNHCR）と契約しました。それでも、半年くらいはうまくいきませんでした。当初は、UNHCRから「JVC is doing nothing（JVCは何もしていない）」と、痛烈に批判されました。現場は遠いし、農業技術者も日本からは来ないので、現地でスリランカ人農業技術者を雇ったりして、全部、現地調達しました。家もシャワーもトイレも、難民の人たちを雇って建ててもらいました。最初の半年間は、あまりに生活が厳しかったので、私自身が飢えや脱水になり、入院もしました。

半年後に、最終的に東京農大OBの二人の農業技術者が来てくれました。一人は高橋一馬さんといって、後に「緑のサヘル」というNGOを設立した人です。今では笑い話ですが、私が50ヘクタールと思って予定していた土地は、正確に測量したら5ヘクタールしかありませんでした。一瞬、血の気が引きました。それでも、やるしかありませんでした。

半年過ぎてチームがそろって、活動を始めようとすると、信じられないことが次々に起こりました。ある日、ソマリア人スタッフを車で買い物に行かせました。そしたら、何時間経っても帰ってこないのです。どうしたのか調べに行くと、スタッフはソマリアの徴兵制に引っかかったことがわかりました。ソマリアは、当時エチオピアとの戦争状態にあり、政府によって徴兵が行われていました。ソマリアは、遊牧民の国です。日本のように、住民に住所がありませんので、自宅に赤紙を送って徴兵することができません。そこで、人口の多い町とか、難民キャンプなどに軍隊のトラックが突然やって来て、徴兵します。道を歩いていたり、喫茶店で紅茶を飲んでいる若い男性を見つけると、兵隊が彼に銃を突きつけてトラックに無理やり乗せます。これが、ソマリア式の徴兵のやり方です。私のスタッフも、これに引っかかって帰ってこなかったのです。私は、すぐに軍隊と掛け合ってスタッフを返してもらいました。この徴兵制のために、難民キャンプで、ある日、忽然と男がいなくなることが度々ありました。

また、援助活動を始めた当初、現地の難民や役人とのトラブルが絶えませんでした。ルークで活動を始めると、すぐに現地の難民省の役人から名前入りの紙を渡されました。そして、「これらの名簿の者をJVCで雇え」と強要されました。私は、「そんな規則はないので、雇いたい時は自分で雇います」と言って、その役人の要求を突っぱねました。また、難民キャンプでキャンプ長と話し合う時に、いつもおじいさんが隣に座っていました。その人は誰だか紹介してくれないので、ただの傍観者だと思っていました。ある時、キャンプ長と大事な話をしなければいけなかったので、「おじいさん、席をはずしてください」と言いました。

こうしたことを積み重ねた後、ある日キャンプに行ったら難民キャンプの入り口に検問ができていました。車で近寄ったら、大人も子どもも私たちの車めがけて石をぶつけてきました。そして、「JVCは、キャンプ内に入るな」と言うのです。数日後、地元ルークの市長、警察署の署長、秘密警察の長官、農業省の長官が、私たちの宿舎を突然訪れ、「たった今、ルークから出て行け」と告げました。私は、「中央政府との契約書があるから、それはおかしい」と彼らに決定を覆すように要請しました。が、問答無用の態度でした。この時は、プロジェクトはつぶれたと思いました。難民救援にアフリカまで来て、石をぶつけられ、挙句の果てに出て行けと言われ、当時は本当に怒っていました。

この問題は、苦労して解決しました。その後、原因を調べていくと、理由がだんだん分かってきました。ソマリアの社会は、二重構造になっていました。遊牧民はいくつかの氏族に分かれており、伝統的に氏族別に生活していました。しかし、近代国家に生まれ変わり、氏族は政争の種になるので、政治的には氏族を名乗ることは禁止されました。ですから、公には氏族は存在しません。しかし実際には、地方へ行けば行くほど、氏族の力が大変強く残っていました。長老やイスラム教のシェーク（僧侶）が、特に力を持っていました。私が難民省の役人に名簿の者を雇えと言われた人は、難民の中の氏族のこうした有力者たちばかりだったのです。また、キャンプ長の横に座っていたおじいさんは、氏族の長老であり、ここではキャンプ長よりずっと偉い人でした。私たち外国人は、伝統的社会と行政組織の二重構造になっていることは全くわかりませんでした。本来、ソマリア社会で、私のような若造が氏族の有力者に反抗することはありません。ですから、私はソマリアの伝統社会で、彼らを不愉快にさせる態度をとっていたようです。それが、トラブルの原因でした。欧米の団体も同じようなトラブルに巻き込まれていました。

私が、そうした社会構造に気づいたのは、私の実家は、親戚同士が4軒ぐらい集まって住んでいたからでした。親戚間で何かもめごとがあると、「長男を通せ」と母親が言っているのを思い出しました。「これに似ている、行政だけではダメだ。ここの伝統社会の秩序を尊重しなければならない」ということに気づきました。そこで、そのトラブル以後、私は行政上のリーダーと交渉しながら、ソマリア人スタッフが、同じ情報を各氏族の長老に説明して回るようにしました。なおかつ、長老やシェークには、年長者として尊敬の念を持って親切に接しました。欧米のNGOにとっては、大変分かりづらい社会だと思います。アメリカの援助団体の宿舎が爆破されることもありました。多くの欧米の団体が、現場からこうしたトラブルで撤退していくのを見ていました。

私たちはその後、大変うまくプロジェクトが回転し始め、一定の成果を出して、国連やソマリア政府から大変高い評価を受けました。

1年も経って、数々のトラブルを解決して順調に農業していると、そこへ新しく難民が入ってきました。最初は少数だったのですが、あっという間に数万に膨れ上がりました。まだ、国連も動いていませんでした。彼らの状況を調査すると、すでに飢えが始まっていることが分かりました。そこで私は、農業を一緒にやっている農民の代表者である氏族長やシェークを集めて相談しました。「難民の数は多いし、資金もあまりない。どうしていいか、わからない。彼らを支援したいので協力して欲しい」と伝えました。すると、彼らが最初に言った言葉が大変印象的でした。「外国人で、わしらに相談してくれたのは、お前が初めてだ」と言われました。その間、私は、過去4年間、難民救援活動に携わってきました。その間、難民の人たちは援助の対象者であって、一緒に協力してもらう対象ではない、と勝手に思い込んでいました。しかし、彼らこそ、別の難民のために何か役に立ちたいと思っていたのです。これがきっかけで、「旧難民」が、「新難民」の支援活動に立ち上がりました。

給食センターを、ボランティアで旧難民がつくってくれました。私たちは国連にその惨状を訴え、食糧援助を開始してもらったり、すべての新難民の別地域への輸送を担当したりしました。私は2年間、ソマリアで活動しました。最後の数カ月は、本当に難民の人たちと一体感がありました。「難民救援をやっていて困ったら、難民に相談する。それができるようになったら、一人前だ」というのが、私の新人研修でのメッセージになりました。帰国後、私はJVC東京でソマリア担当としてやってきました。

JVCは、1983年から90年までソマリアで支援活動を行いました。最後は、ソマリアの内戦に巻き込まれて、JVCスタッフが何度も強盗などに襲われる事件が起こりました。最後のスタッフは、民間機の最終便でソマリアから脱出したと思います。J

ＶＣスタッフは、状況が悪くなればなるほど自分たちが必要とされる、と考えるから、なかなか撤退しません。本当に、みんなよく頑張っていました。しかし、ソマリアの崩壊の一端が国際援助にあると考えられ、援助活動を根本的に考え直す必要性に直面しました。

90年にソマリアは崩壊し、アメリカを中心とした多国籍軍が派遣されました。３年間は、本当にひどい内戦が続いていました。私は、別の二人のＪＶＣスタッフと共に93年に再度、ソマリアに調査に行きました。国家が崩壊して、パスポートチェックもありませんでした。すべてが、多国籍軍の軍政下に置かれていました。モガディシュの町の中を戦車や装甲車が走り、海辺には軍艦が停泊していました。まるで、ベトナム戦争の映画を見ているような感じでした。私たちは8年もソマリアにかかわり、ＪＶＣの組織としても、大変なエネルギーをソマリアに注いできました。でも、結果として、国家が崩壊してしまいました。ソマリアがなぜ崩壊したのか理由を知りたかったし、日本社会にその現状を訴えたかったので、岩波ブックレットで１９９３年に『ソマリアで何が』という本を書きました。この時期に、ソマリアでは短期の緊急援助を行いました。

ＪＶＣは、ソマリアの活動を開始した翌年の１９８４年、隣国のエチオピアで緊急援助を開始しました。星野昌子さんが始めました。この辺から、ＪＶＣは本当の国際的ＮＧＯになったと思います。ソマリアをやり、エチオピアをやって、地球全体を見渡して必要なところに行く、という発想が生まれました。

私自身は、１９８８年に大学に復学しました。私は全然知らなかったのですが、退学後7年以内だったら復学できるという規則がありました。私は、7年目の期限切れぎりぎりで復学することができ、本当にラッキーでした。しかし、学部長との面談は厳しいものでした。「今まで何をやっていたか、7年も退学して復学してきたのは前例がない。復学を許可することはできない」と。しかし、「海外で国際協力をしてまじめに働いてきました」などといろいろ説明しました。学部長は理解を示し、復学を許可してくれました。大学をやり直して、いよいよ卒業をすることができることになりました。１９７８年に入学して91年に卒業するまで足かけ14年かかり、卒業式は夢にまで見るほど楽しみにしていました。しかし、91年1月に湾岸戦争が起きて、2月にはイラクへ向かっていました。卒業式の日はバグダッドにいる破目になりました。

湾岸戦争が始まってから、ＪＶＣでは湾岸戦争の被害者に対して何かをやるべきだ、と議論していました。イラクは、クウェートを侵略したサダム・フセインの国だから世界から孤立していました。世界中の援助は、隣国のヨルダンやクウェートに集中していました。イラク国内に入るなどと考えるＮＧＯは、世界でも少数派でした。しかし、たとえ政権が悪くても、爆撃されているイラク市民を援助することは重要だ、多国籍軍の攻撃の現状を調べる必要がある、などの議論がありました。そこで、紛争地帯で経験のある私に白羽の矢が立って、一人でイラク国内に入ることになりました。

当時は、私が持っていたイクラのビザは「黄金のビザ」と言われていました。ジャーナリストを含めて、外国人はすべてイラク国内から追い出されました。だから、私もビザを取れない予定でした。が、駐日イラク大使館に行ったら、その場でビザをくれてしまいました。私の妻は、ＪＶＣ東京の中のイラク担当をしていて、私に指示する立場にありました。イランのテヘランへ着いたら、戦争が終結したことを知りました。それでは帰国しようと思いましたが、東京からは、「柴田がもっているイラクのビザは、今、東京では黄金のビザと言われている。ぜひ、イラクへ行って現地調査をしろ」という指示でした。妊娠しているのに、大変威勢のいい感じでした。そこで、バグダッドへ入る方法を調べてもらうと、「テヘランからイギリスのロンドンへ飛び、そこからヨルダンのアンマンに飛び、さらにアンマンから陸路1000キロをレンタカーを借りてイラクのバグダッドへ行け」との指示でした。その通り、戦争直後にイラクに単身入りました。

現地調査をした結果、湾岸戦争は新しい戦争だと感じました。アメリカのピンポイント攻撃というのは、ある程度ビルを正確に破壊していました。しかし、破壊するのは発電所、変電所、電話局、橋、工場などの都市基盤でした。例えば、病院に視察に行きました。病院は、全く攻撃されていませんでした。しかし、病院を支える機能が全部壊れていました。発電所がやられているから電気がない、患者さんのデータを管理するコンピュータが動かない、エレベーターが動かない、洗濯ができない、電話がやられているから医者も呼べない。結局、病院は機能していませんでした。近代都市社会というのは、都市基盤を壊せば、直接人を殺さなくてもそれ以上に大きなダメージを社会に与えることができる、ということがわかりました。

バグダッド市役所を訪問したら、市の職員がバグダッドの水道施設全体がわかる図を見せてくれました。「これは、国家機密じゃないですか」と聞いたら、「そうです。でもイラク市民が困っているから、日本の援助団体のスタッフであるあなたに何とか協力してほしいから、国家機密でも見せます」と返事が返ってきました。大変優秀な行政マンだ、と感じました。バグダッドという国は、平らで高低差がほとんどありません。そこで、上水も下水もポンプで押してやらないと動かないのです。なのに発電所が爆撃されて、ポンプが止まった。それを自家発電機に切り替えて、稼動させていたら摩耗して壊れてしまった。そうした発電機は、ほとんど日本製でした。だから、日本人の私が来たので、国家機密だけどすべてを見せてくれたようです。

自家発電機と言っても、学校の教室の半分ぐらいある巨大なものでした。値段は一台5000万円くらいしました。JVCイラクチームの資金力では、自家発電機一台を買える力はありませんでした。都市基盤の復興協力をするには、あまりに多額の資金が必要だということがわかりました。別の方法として、帰国後、神奈川県と相談し、県の水道局職員にイラクへJVCのスタッフと一緒に行ってもらいました。最終的には、イラクにはユニセフを通じて、水道を浄化する塩素を援助しました。それ以外に、医薬品を支援しました。あのインフラの崩壊によって、戦争そのものより、戦争の後で亡くなった方が大勢いたことは間違いないと思います。

私は、1991年の湾岸戦争以後、東京事務所をベースにしてソマリア、南アフリカ、グアテマラなどのプロジェクト立案にかかわりました。その他、カンボジア市民フォーラム、アフリカ日本協議会のネットワーク組織の設立に力を注ぎました。

JVCは、インターナショナルにかかわることによって、組織内部で合意形成をすることがだんだん難しくなってきました。私は、アジアと、中東・アフリカと比較するとプロジェクトの厳しさが違い過ぎる、と感じていました。

例えば、カンボジア、タイ、ラオスなどは政情がある程度安定してくると、プロジェクトの経験を積み重ねていくことができました。現地のスタッフも何年もかかわってきて、JVCのノウハウを学びます。しかし、アフリカのエチオピア、ソマリア、南アフリカ、中東のイラク、パレスチナはかかわるのは大変厳しい地域でした。アジアでは、ソマリアのように政府がなくなってしまうようなことはありません。ソマリア、南アフリカ、イラク、パレスチナへ日本人スタッフを現地派遣して、駐在させていたのはJVCだけでした。スタッフ自身の生命も危険にさらされるし、プロジェクトを開設するだけでも大変でした。ですから、極端に言えば、プロジェクトはアジアのプロジェクトほど内容を深く問わず、そこにスタッフが駐在しているだけでも一定の社会的役割が果たせると考えていました。日本人スタッフを常駐させることによって、そこで日々何が起こっているのか知ることができる。それを、日本に伝えることは、プロジェクトをすることと同じぐらい大きな意味がある、と考えていました。

私は、国際協力NGOには二つの大きなプロジェクトのパターンがあると思います。一つは社会がどんなに変化しようが、その社会に大切だと思われるプロジェクトを行う。例えば、有機農法の普及や農民の自立、植林活動などは、ある普遍性があります。どんなに社会が変動していこうが、こうした活動をすればよい、という普遍的な活動です。このプロジェクトは、社会が比較的安定しているアジアでは有効でした。もう一つは、国際社会の変化を敏感に嗅ぎ取り、今世界で問題になっている地域やテーマに果敢に取り組んでいくという活動です。湾岸戦争、アパルトヘイトなど、中東やアフリカでは、こうした時代の象徴的な問題について果敢に取り組んでいくという活動です。

1991年にJVCに復帰してから、イラク、ソマリア、エチオピア、南アフリカ、グアテマラと世界各地を飛び回っていました。結局、冷戦の終わりで、社会の転換期だったと思います。もう一つは、日本国内で他のNGOとネットワークを形成する活動をやりました。JVC一団体で社会にアピールしても、影響力が小さいので、いろいろなNGOの力を結集しようと考えました。アフリカ日本協議会とカンボジア市民フォーラムのネットワークの形成に力を注ぎました。しかし、ネットワーク活動は、私に忍耐力がなかったこともありますが、実際はなかなかきついものでした。

今考えると、私は冷戦の申し子のような気がします。難民は、東西冷戦構造の中で、常に東側諸国から西側諸国へ流出するという形になっていました。また、冷戦時代は、国家間の対立はありましたが、人々は自由や平等とか夢を語った時代でした。しかし冷戦後は、自由や平等よりも経済問題が中心テーマとなりました。典型的な国が、南アフリカです。南アフリカでは、ネルソン・マンデラが27年間の投獄生活の後、解放されて94年に黒人も参加する総選挙が、国家建設以来、初めて行われました。アパルトヘイト時代のマンデラは、「自由」と言ってから「ジョブ（仕事）」と言っていました。しかし、大統領当選後、アパルトヘイトという差別がなくなったので、「ジョブ」が最初で「自由」が2番目になりました。そして、南アフリカの重要な輸出産業の一つとして、マンデラ自身が他国に武器を売る外交を始めました。ベトナムも、同じような現象が起こりました。米国との戦争に勝って貧しくやっていたベトナムも、経済が自由化され、工場などがどんどん建設されるようになりました。私たちは、そうした状況の中でも、自然農業や農民の自立を目指した活動をしていましたが、経済が発展してJVCの活動していた村は経済解放区となり、急速に工業化していきました。ベトナムでも、もう自由のためにアメリカと戦って勝利したような話は過去のもので、これからは経済が重要なテーマになってきました。世界各地を回っていると、冷戦中は自由や平等などが人々の関心でしたが、ソ連が崩壊して冷戦が終わった後は、どこも金儲けと経済の話題が比重を占めてきました。世の中が大きく変化していった、と実感しました。

もう一つは、ＪＶＣに参加してくる若者のかかわり方が90年代になって大きく変わった、という印象がありました。私は「ＮＧＯは社会変革の道具だ」と思っていました。だから、社会変革に必要だと思われる活動には、積極的にかかわりました。憲法問題や自衛隊の海外派兵なども、いろいろ発言しました。ところが、かかわる国がインターナショナルになり、解決したい問題も環境、難民、貧困、差別、農民の自立など多様化しました。組織が多様化して、ＪＶＣはいったい何をしたいのだ、という疑問が若いスタッフから出始めました。ＪＶＣが大きくなると、一つの就職先になってきました。「私たちはＮＧＯに参加してプロジェクトに参加したいのであって、社会変革とか言うのはやめてくれ」という意見も出ました。私自身、海外の変化や日本国内の変化に適切に対応していないかもしれない、という風に感じ始めました。

また、ＪＶＣでは、ほとんどポリシーや規則をつくりませんでした。ＪＶＣを初期の頃に支えていたのは、団塊世代の後の世代です。昭和30年から35年生まれぐらいの年齢のスタッフが多くいました。この世代は、小さい頃、団塊の世代が「総括、総括」と議論を詰めて仲間を殺したり、暴力を振るったりするのを見ていました。そういうのを二度と繰り返したくない。議論もするが、まず具体的に現場でやってみる、組織全体の合意よりも個人の主体的な意思を尊重して活動しよう、と考えました。だから、あまり規則やポリシーをつくらず、個人の主体的な意思を尊重していました。だから、初期のＪＶＣは、ほとんどのスタッフが難民救援をしている中でタイのスラム支援をしたいという者が現れた時にも、その意志も尊重しました。その後の活動も、組織的な合意だけではなく、個人としてどうしてもある国やある案件でかかわりたいという意見が出れば、それを最大限尊重していました。

しかし、それが90年代に入って大きな組織問題になりました。「ＪＶＣは、どういう基準でプロジェクトの開始を決定し、評価しているのか」という疑問が、スタッフから噴出しました。アジア、アフリカ、中東、中南米と、どんどんプロジェクトを広げていく。プロジェクト内容も難民救援、緊急救援から農村開発、自動車の整備学校、スラム支援など、いいと思ったことはどんどん手を広げていました。しかし、ソマリアでは内戦で撤退、エチオピアやタイなどで、農村開発がうまく回転しなくなりました。その時に、撤退しろ、いやまだ継続すべきだ、などといろいろ議論を重ねました。しかし実際には、どのように判断してよいのかよくわからなくなってきました。後になって考えてみると、初期の頃はポリシーや行動指針などつくらなくても、難民救援や緊急救援が多かったので、「命を救う」ということで暗黙の了解が取れていたのだろうと思います。

しかし、90年代に入って、ソマリアは内戦で撤退、エチオピアは農村開発活動が継続できないほど大きな問題を抱え、撤退か継続か瀬戸際に立っていました。しかし、イラク、ベトナム、パレスチナ、南アフリカ、グアテマラでは、次々と活動を開始しました。活動する国もプロジェクト内容も多様化し、日本国内では憲法問題、自衛隊の海外派兵にも意見する、アドボカシー（説明責任）活動もする、ネットワーク活動もする、など本当に忙しくなりました。スタッフは、どんどん入れ替わり、新しいスタッフも多くなります。外国人スタッフもいます。そうした状況の中で、「プロジェクトを成功した、失敗した、開始だ、撤退だなどと話しても、何をどのような基準で決めているのかがわからない。JVCは、ポリシーがない場当たり主義だ」などの批判が相次ぎました。その意見ももっともだと思い、1995年に世界中の各現場からディレクターに集まってもらって、ポリシーをつくるための全体会議を開きました。全現場から一斉にディレクターを呼んだのは、初めてのことでした。そこで、JVCの基本ポリシーを作成しました。

また、80年代に私たちは、政府開発援助（ODA）を大いに批判しました。「ODAは巨大援助ばかりやって、地元住民のために役に立っていない。しかし、NGOは、地元住民のために本当に必要な草の根援助をしている」というのが基本的な論調でした。しかし90年代に入ると、政府がODA資金でNGOを支援し、また草の根援助の重要性を言い出しました。それは大変よいことなのですが、NGOの存在意義そのものが問われるようになりました。今後は、政府とどのようなスタンスを取ったらよいのか、軸がぶれ始めました。

体力、気力、家族のことなどを含め、いろいろな理由があったのですが、私は今までと同じ論理では継続できないと思い、1995年にJVCを離れました。

そして、1996年に民主党から神奈川10区の総選挙に出ました。政治だけには近づくまいと思っていた私が、立候補するのは不思議な気持ちでした。選挙というのは、今までNGOとは全然勝手が違うので、戸惑いも大きかったのですが、たいへんいい勉強になりました。結果は負けてしまいましたが、はじめて国や政治に真正面から向き合いました。NGOの時代とは、全く違った価値観を学びました。しかし私は、性格的に政治家には不向きだと思い、地元の岡崎に戻ってきました。岡崎では町づくりを行いたいと思っていましたが、不慣れな仕事や忙しさのために時が過ぎていきました。

岡崎に帰って塾の講師をしながら、もう一度自分の人生を見つめ直しました。NGO時代に疑問に思っていたことをもう一度整理し、逆に今まで避けていた問題を真正面から見直してみようと思いました。

例えば、JVCのポリシーをつくる時に、「相手の国の文化や伝統を尊重する」というのが出てきて、それを組織的な基本姿勢として採用しました。しかし、振り返ってみて、自分の文化や伝統とは何だろうか。日本の文化や伝統を大切にせずに、相手の国の文化や伝統だけを大切にするのはどこか矛盾がある、と感じていました。また、イラク、ヨルダン、パレスチナへ行った時は、イスラム教、モーゼやキリスト、アッシリア帝国の話などをイラク人やパレスチナ人から聞きました。2000年前の話を、自分のことのように話し、その伝統や文化に誇りを持っていました。そして彼らに、日本の文化や伝統、私の宗教について聞かれた時には、何も答えられない自分に出会いました。私は日本について、宗教について、日本の伝統文化について、どう思っているのだろうか。自分自身に答えがありませんでした。

私は、いろいろな国でさまざまなNGOを訪問し、国や地域の復興・再建活動をする多くのリーダーに会って話をしました。南アフリカでは、アパルトヘイト政権下で自らの自信を失った黒人たちが、自分たちの伝統や文化を再評価する「黒人意識化運動」というのを行っていました。そして、白人に対して劣等感を感じるのではなく、「black is beautiful（黒人は美しい）」という、自らに自信と誇りをもつ活動をしている人たちに出会いました。またカンボジアでは、戦争が終わって故郷に帰ると、人々が破壊された仏教寺院を最初に復興している姿を見ました。彼らは、日々の生活費も困るほど貧困なはずなのに、寺院の復興のために寄付をして立派な寺院を再建しました。また私は、インドのガンジーが大好きで、彼の自伝や書き物を熟読しました。そして、彼を心から尊敬するようになりました。ガンジーは、イギリスに植民地にされ、自信を失ったインド人に、非暴力という方法で勇気を持って立ち向かうことを教えます。彼は、インドの伝統や文化を再評価して、糸車を回し、一人ひとりが自立し、インド人としての自信と誇りを取り戻そうとする運動を展開しました。

　こうした世界の事例を見ると、人が立ち上がるためにもっとも大切なことは、物を援助したり、建物を建てたりすることではなく、自分が生まれ育った地域の伝統や文化を再評価して、自らに自信と誇りを持つことだ、と考えるようになりました。こうした視点に立つと、私自身は自分の伝統や文化をほとんど知らないのに、外国では文化や伝統を尊重する、という自己矛盾に陥っていることに気づきました。それ以上に、日本のそうしたものを軽蔑したり、避けている自分に気づきました。

　そこで私は、岡崎に帰って、今まで自分が避けていたものをもう一度見直してみようと思い、日本の歴史、神道、仏教、天皇制、万葉集、日本語の成り立ちなどを勉強しました。よく勉強してみると、そうしたテーマが全く違った視点で見られるようになりました。例えば、国家神道は未だに疑問は多くありますが、多神教の八百万《やおよろず》の神、自然と共存する、森と共存する神道は素晴らしい、と感じるようになりました。日本仏教には、山川草木悉皆成仏《さんせんそうもくしっかいじょうぶつ》（自然も人間も同じように仏になる）という自然と人間が全く対等に考える思想がある、ということを知りました。地球環境問題の解決の糸口の一つに、日本の宗教や仏教は回答を持っていると感じました。

　もともと、私は小さい頃から神社やお寺で遊び、正月には神社でお参りをしていました。神社仏閣を嫌う理由は、全くありません。それは、生半可な知識と戦後教育の影響からだろうと思います。今では、日本の歴史や文化、伝統について、私はかなり正当な評価ができるようになったと思っています。

　そうして、塾の講師をしながら、新しい展開を探すために勉強している時に、「愛知県で行われる愛・地球博で、地球市民村というNGOが出展する企画があるから協力してくれないか」と提案がありました。私としては、たいへんよい機会だと思い、参加することにしました。

　万博では、国、企業、NPO／NGOが組んで仕事をすることに大きな興味がありました。結果的には、本当にやってよかったと思います。日本の歴史の中で、その三つのセクターが万博のような巨大プロジェクトで初めて協力した最初の事例になりました。これは、21世紀の三つのセクターの協働の一つの成功事例、と考えてよいと思います。

　そして、6カ月間、NPO／NGO、国や企業の間に入って感じていることが一つあります。それは、政府も企業も、NGO／NPOを好き嫌いにかかわらず、21世紀にはNGO／NPOと組んでいかざるを得ない、とおおむね覚悟を決めている。しかし、逆にNGO／NPOの方が影響力の大きな国や企業と、どのように組んでいくのかまだスタンスが決まっていない、迷っている、と感じました。それはあたかも、政府が「草の根援助」と言い出した時に、私がどのようなスタンスを取っていいのか迷った時と似ていると感じました。

　岡崎では、おかざき匠の会の出展を契機に、岡崎の文化や伝統の素晴らしさに出会い、自分の町を再評価し、誇りに思うことができるようになりました。また、郷里の徳川家康に関する本もたくさん読みました。「厭離穢土《えんりえど》欣求浄土《ごんぐじょうど》」を旗印にして、100年の戦乱の世を平和にしました。権力を握った後でも贅沢をせず、麦飯を食べ、南無阿弥陀仏と、6万遍も写経した家康の素晴らしさを知ることができました。私は、世界中でいろいろな紛争地を体験してきたので、その状態を平和にすることがいかに大変か実感しています。260年もの長い時代にわたり、平和を築いたのは、世界では稀なケースだそうです。それを実現した人が、私の郷里から出ていたということは、私にとって大きな誇りです。私の中では、もう一度再評価する必要のあるテーマの中に、徳川家康は重要な地位を占めるようになりました。

　今まで、私と一緒に活動していた仲間は、私が神道や仏教、日本の歴史、徳川家康を評価していると言うと、目をくりくりして驚きます。しかし、私は心配していません。難民救援を始める時も、JMTに参加する時も、イラクや南アフリカを始める時も、どの場面をとっても、私は大勢の人に反対されました。しかし、自分の行動は間違っていなかった、と確信しています。そうした反対は、私がまた新しいことを始めたことに対する世間からのプレゼントだ、と思っています。

　万博会期中に、「おかざき塾」という岡崎の伝統と文化を生かした人づくり、町づくりを目指す交流勉強塾を、地元の酒蔵である丸石醸造会長の深田さんたちと立ち上げました。テーマは、「志をもって、この『ふるさと』に生きる」です。

　また、妻と一緒に、農業体験、伝統体験、国際交流を実践する「わんぱく寺子屋」という子どもを対象にしたNPOをやっています。田んぼや畑で無農薬作物を栽培したり、自然の中で遊んだり、石工、木工、わらじ作り、南アフリカのクワイヤーコンサートなど、いろいろなプログラムを行ってきました。子どもたちは泥だらけになって、田んぼや畑で遊んでいます。そうした体験を通して、自分の住む岡崎を心から好きになって、自分の伝統や文化を誇りに感じながら、世界のことを思いやり行動できる子どもをつくっていきたい、と思っています。興味がある人は、ぜひ岡崎に遊びに来てください。

＊もっと知りたい人は：
日本国際ボランティアセンター
http://www.ngo-jvc.net/
わんぱく寺子屋
http://www.wanpakutera.info/

あとがき

正直に言うと、私は地球市民村にはそんな魅力は感じていなかった。いや、それ以上に、新聞記者として20年間現場で働いてきた目からすれば、茶番ですらあった。

「市民参加」と銘打ったその枠組みは、政府が深く関与する財団法人日本国際博覧会協会が用意し、その実務をさばくのは大手広告会社だ。カネも権力も持った人たちの側から「市民参加」が呼びかけられ、その人々が「市民参加の方法」を教えるべく「ワークショップ」なるものを、本番の前に一年間実施する、それに各団体は参加せよ、などという市民村の組み立て方には、まさに上から市民のあり方を教えてやるという傲慢さが、ぷんぷんと漂った。

万博に先立つ2004年2月に現地であった第一回目のワークショップに至っては、「このワークショップに期待している人」と挙手を求められたので、私は「期待していない」方にぶ然として手を上げた。

当たり前である。中身もろくすっぽ示されていない、それでいてやっていることはまるで幼稚園の遊びのようなアイスブレークゲームでは、「仕事」にはならない。

こんなことを、もし経済産業省の役人や、広告会社のばりばりのスタッフ相手にしたら、ばかにされるのが落ちだ。アイスブレークするにしても、その人間がどこまで本物か、どこまでの力量を持っているかを見抜くことが、仕事をする最初の真剣勝負だ。それが、ただうなずき合って、パチパチ手をたたいて仲良しクラブをつくっていて、何の力になろうか。そんなことで、政府や企業が示せていない、もう一つの価値を「市民」がつくることが出来ようか。こんな甘ったれた市民活動であれば、それは企業にとっても政府にとっても、好都合で安心ではあろうが、それでは政府や企業からしても、共に真剣な仕事をするパートナーにもなれないのは明白だ。

しかも、ちょっと歴史をひもとけば、愛知万博は会場の選定やテーマを巡って、市民の側との関係では、そう単純に市民がニコニコ参加できる構造ではないことが分かるはずだ。いったんは市民との関係づくりが崩壊し、日本を代表する環境保護団体からは「賛同できない」と、烙印を押された愛知万博にしては、まるで緊張感のない、お気楽な市民村の船出を、私は大変批判的に見ていた。

すでに万博跡地が整地された今になっても、この「市民参加」を手放しで評価するほど、私は単純ではない。その責任と課題は、役所の側でも企業の側でもなく、市民の側にあると感じている。本当に、この地球を人々が平和に長く暮らせる空間にするには、一人ひとりに、何が必要なのか。市民活動にかかわるようになって、ますます個人個人がプロフェッショナルとして知識と力を持つ必要があると痛感している。

一方で、本書に登場する人々の力強さは、希望である。信念と行動で、日々を送っている人にはうそもなく、飾り立てもない。自分が、次にどのポストに行くのか、自分の売り上げがどう増えるのか、自分の会社がどこまで成功するのか。そんなことにまったく無縁の人たちの話を聞けば聞くほどに、頭が下がる思いがした。彼らは、まさに愛知万博の、地球市民村の、そして今の地球の宝だと思う。

最初はまったく人気がなかった市民村は、私たち4月組が撤退した直後の5月初めから、突如大人気となり、スタッフらは互いのメンバーと話をする時間さえなくなったという。その忙しい市民村での日々の中で、貴重な時間を割いて私のインタビューに応じていただいた登場人物の皆さんに心からお礼を申し上げたい。

またそのアレンジなどでお手数をかけた、市民村の出展団体の皆さんにも感謝したい。市民村の運営に当たった博報堂の中野民夫さん、吉川真理子さん、加藤丈晴さんを初めとするスタッフの皆さん、特に市民村運営のために加わった柴田久史さん、宮城香織さん、吉沢卓さん、宮内理恵さんらには、とっても面白い方がいるとさまざまな情報をいただき、私のその後の名古屋出張を助けてもらった。博覧会協会の後藤久典さん、梅本陽介さんには、このインタビューを目に見える形にしていく過程で、深い理解と支援をいただいた。こういう「個人の思い込み」で始まったインタビュープロジェクトを、最後は国と大企業が関わり合う博覧会協会という大きな仕組みが支援したという事実に、心から敬意を表したい。

この本は、海象社の山田一志さんとの出会いがなければ生まれることはなかった。万博がまだ終わらない時期から、「とにかく文字にすることです」と励ましてもらうことがなければ、私のこのインタビューは途中でくじけていたに違いない。

私が関わるNPO法人エコプラスのスタッフである村橋真理さん、田中博子さんや、多くのボランティアの仲間たちには、このインタビューに関係する多くの作業を手伝ってもらった。

私の連れ合いである高野孝子には、多くのインタビューを文字化する中で、私のつたない英語能力を大きく補ってもらった。またこの先、どうなるか分からない出版プロジェクトに時間を割く私を、さまざまに支えてもらった。心から感謝したい。

最後に、地球のあちこちで働く人々に対して、心からの敬意と声援を送りつつ、さらにこの人々が継続してつながり合うことができる場としての「地球市民村」が、今後続々と発生し育っていくことを心から願いたい。

２００６年５月５日

大前純一

なお、文中に登場する人々の年齢、肩書きはインタビューを行った当時のものである。

固有名詞や数字など事実関係については、最大限の努力をしたつもりだが、登場する皆さんの活動領域は実に幅広く、不完全な部分も残ったと思う。読んでいただいての感想やご意見も含め、ご投稿いただければ幸いである。shigotoba@ohmae.com

KAIZOSHA

※この本は、本文には古紙100%の再生紙と大豆油インクを使い、
表紙カバーは環境に配慮したテクノフ加工としました

地球、そこが私の仕事場
愛知万博・地球市民村の40人、大いに語る

2006年7月1日　初版発行

著者……大前純一
http://www.ohmae.com/

装丁……鈴木一誌+藤田美咲
発行人……山田一志
発行所……株式会社海象社
郵便番号112-0012
東京都文京区大塚4-51-3-303
電話03-5977-8690　FAX03-5977-8691
http://www.kaizosha.co.jp
振替00170-1-90145
組版……［オルタ社会システム研究所］
印刷……株式会社 フクイン
製本……田中製本印刷株式会社

Printed in Japan
ISBN4-907717-05-9 C2030
乱丁・落丁本はお取り替えいたします。定価はカバーに表示してあります。

（I・IIに登場する人びと）

・閉塞した社会に、新しい風を呼び込む人
・リサイクルで国際協力をする人
・雨水を活かし、世界の水危機の処方箋する人
・未来食で環境汚染時代をおいしく生き抜く人
・もの・地域・生活づくりの地元学を始める人
・江戸社会の循環構造を教え、広める人
・グリーンピースの経験を消費行動に生かす人
・菜の花で資源循環型のまちづくりをする人
・中米ニカラグアで草の根の飢餓対策を行う人
・生命あふれる奇跡の森、タイガを守る人
・エコノミーとエコロジーの共存を図る人

種子が埋もれています。

・サハラの緑を再生するために植林活動をする人
・パートナーシップで市民社会をつくる人
・地雷汚染に苦しむ国々で地雷除去をすすめる人
・有害化学物質廃絶に向けた取り組みをする人
・社会参加で里山と国土の復元を目指す人
・市民共同発電所の取り組みをする人
・21世紀は「環境革命」の時代、を教える人
・細川内ダム計画の阻止をした人
・木を育て、森に生きる人
・生きものが豊かにわく田んぼの復活を目指す人
・医療を通じて世界に平和の人道支援を行う人
・自然エネルギーで新しい経済社会をつくる人

ひとりから始まる。Ⅰ・Ⅱ

思いをカタチに変える
先達の知恵

三橋規宏 編

定価：本体各1400円+税
A5判 並製 Ⅰ・192頁 Ⅱ・208頁

この国には希望と感動の

「稼ぎ」と「仕事」の区別はついているか。
「稼ぎ」は日々、自分たちの家族が食べていくために現金収入を得ること。
「仕事」は今、自分がやっておかなければならないこと。
「稼ぎ」と「仕事」ができて、はじめて一人前だ。